本书为中国人民大学科学研究基金项目成果
（项目批准号：23XNLG07）

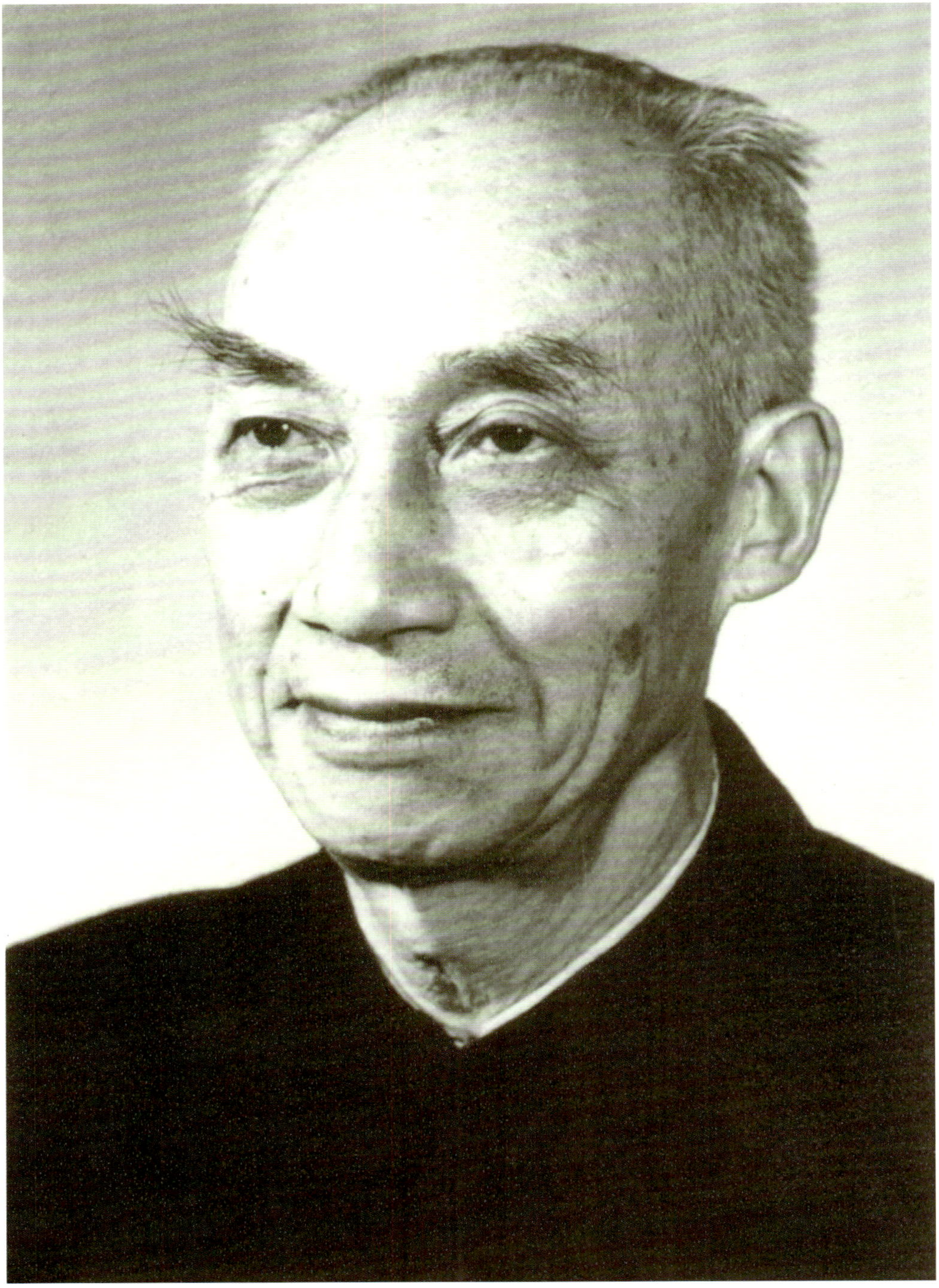

"中国人民大学校史文库"
编纂工作委员会

总主编：张东刚　林尚立

委　员：吴付来　郑水泉　杜　鹏　朱信凯　齐鹏飞
　　　　王　轶　胡百精　王　易　叶康涛　青格勒图
　　　　杨伟国　罗建晖　杨　东　林　晨　支晓强
　　　　刘后滨　李家福　王　丹　李贞实　李永强
　　　　陈　卓

《吴玉章全集》编纂工作委员会

顾　　问：吴本立　吴本渊　吴本浔　吴本蓉
总主编：张东刚　林尚立
主　　编：王学军　周　石
委　　员：吴付来　郑水泉　杜　鹏　朱信凯　齐鹏飞
　　　　　王　轶　胡百精　王　易　叶康涛　青格勒图
　　　　　杨伟国　罗建晖　杨　东　林　晨　支晓强
　　　　　刘后滨　李家福　王　丹　李贞实　李永强
　　　　　楚艳红　于　波　吕远红　马秀芹　王宏霞

《吴玉章全集》编纂学术委员会

主　任：戴　逸　高铭暄　张立文
副主任：张建明　杨慧林　贺耀敏
委　员：（以姓氏笔画为序）
　　　　王　萍　邓寿明　吕远红　乔　健　刘复兴
　　　　李　蓉　李新卫　杨凤城　张立波　张晓京
　　　　张雪梅　阚红柳

《吴玉章全集》编纂课题工作组

（以姓氏笔画为序）

于 波　马秀芹　王 丹　王宏霞　王学军　吕鹏军
刘春荣　李 珣　李贞实　李家福　杨 默　张立波
陈 卓　周 石　蒋利华　楚艳红

"中国人民大学校史文库"总序
致敬这所以"中国人民"命名的大学

2022年4月25日,习近平总书记在中国人民大学考察调研时强调,中国人民大学在抗日烽火中诞生,在党的关怀下发展壮大,具有光荣的革命传统和鲜明的红色基因。一定要把这一光荣传统和红色基因传承好,守好党的这块重要阵地。要加强校史资料的挖掘、整理和研究,讲好中国共产党的故事,讲好党创办人民大学的故事,激励广大师生继承优良传统,赓续红色血脉。

为深入贯彻落实习近平总书记在学校考察调研时重要讲话精神,学校全面实施"'走出一条建设中国特色、世界一流大学的新路'十大工程"。其中,编写出版"中国人民大学校史文库"项目作为高等教育红色基因传承和精神品格弘扬工程的重要组成部分,包括校史编研专题、校史人物专题、学科史和院史专题等,将以正史、口述史、文集等形式,全方位、多角度展现中国共产党创办的第一所新型正规大学的艰辛与辉煌,生动再现几代人大人为中国革命、建设和改革开放事业,为中国新型高等教育的建立和发展,为新时代探索走出一条建设中国特色、世界一流大学新路所作出的独特贡献。

这是一所具有光荣革命传统和鲜明红色基因、与党和国家同呼吸、共命运的大学。中国人民大学的前身是1937年诞生于抗日战争烽火中的陕北公学，以及后来的华北联合大学和北方大学、华北大学。学校自陕北公学创办之始就探索建立了党团领导下的校长负责制，全面加强党的领导，履行"为党育人、为国育才"的初心使命。毛泽东曾深情地说："中国不会亡，因为有陕公。"爱国人士李公朴称赞华北联合大学是"插在敌人心脏上的一把剑"。很多校友用青春和热血诠释了"为有牺牲多壮志，敢教日月换新天"的凌云壮志。从陕北公学学员孔迈一句"妈，把我献给祖国吧"，到众多踊跃参军、南下或去西北奔赴解放战场的华北大学毕业生，这所来自战火中的大学所独有的革命传统和牺牲精神，已成为日后"万千建国干部"和"国民表率、社会栋梁"的鲜亮底色，化作全面建设社会主义现代化国家新征程中"勇当开路先锋、争当事业闯将"的勇气与信念。

这是一所在党的几代领导集体的关怀下发展壮大，担负着特殊使命的大学。毛泽东同志曾先后十次到陕北公学授课，先后六次为陕北公学题词，要求造就"革命的先锋队"。刘少奇同志出席中国人民大学开学典礼并发表讲话，指出中国人民大学"是我们中国第一个办起来的新式的大学……中国将来的许多大学都要学习我们中国人民大学的经验"。1977年秋，在人民大学复校的关键时刻，邓小平同志给予了特别关怀，并强调了中国人民大学的定位："主要培养财贸、经济管理干部和马列主义理论工作者"。江泽民同志于2002年来校考察调研，强调发展繁荣哲学社会科学与自然科学同样重要，勉励学校努力成为以人文社会科学为主的世界知名的一流大学。胡锦涛同志于2008年、2010年来校出席活动、考察学校，要求学校弘扬光荣传统，"办出特色、办出水平"，努力创建"人民满意、世界一流"大学。习近平同志曾于2005年、2006年、2009年、2012年、2022年先后五次到学校出席活动、考察工作。2017年，习近平总书记致信祝贺学校建校80周年，充分肯定学校的办学成绩，明确指出中国人民大学在"我国人文社会科学领域独树一帜"，并殷切希望学校"围绕解决好为谁培养人、培养什么样的人、怎样培养人这个根本问题,坚持立德树人,遵循教育规律,弘扬优良传统,扎根中国大地办大学,努力建设世界一流大学和一流学科"。2022年4月25日,习近平总书记专程到学校考察调研并发表重要讲话,充分肯定学校85年的办学成绩,对学校未来发展提出了重要的政治嘱托,要求学校坚持党的领导,坚持马克思主义指导地位,坚持为党和人民事业服务,落实立德树人根本任务,传承红色基因,扎根中国大地办大学,走出一条建设中国特色、世界一流大学的新路。

这是一所为中国革命、建设和改革开放事业作出突出贡献,在我国人文社会科学领域"独树一帜"的大学。中国人民大学在长期的办学实践中形成了"人民共和国建设者"的摇篮、人文社会科学高等教育的重镇、马克思主义教学与研究的高地的办学特色,为我国人文社会科学繁荣发展作出了奠基性、引领性贡献,新中国的经济学、法学、新闻学、马克思主义理论等诸多学科由中国人民大学首先创立并走向全国。从1950年至今,国家历次确立重点大学,中国人民大学始终位居其中;在国家历次重点学科和一级学科评估中,学校都取得了骄人的成绩。学校是国家"985工程""211工程"重点建设大学,2017年入选国家"双一流"建设高校,14个学科入选"双一流"建设学科。从陕北公学时期至今,学校共培养了37万余名高水平建设者和各行各业优秀人才,成为中国共产党探索创办新型高等教育、扎根中国大地办大学的典范和缩影。

这是一所一代代革命教育家、红色教育家、人民教育家筚路蓝缕、接续奋斗,"人师""经师"云集的大学。吴玉章、成仿吾、郭影秋等老一辈无产阶级革命家为学校的创立、发展殚精竭虑,夙兴夜寐,范文澜、李景汉、何思敬、吴景超、尚钺、许孟雄、何干之、戴世光、艾思奇、缪朗山、庞景仁、何洛、陈余年、宋涛、袁宝华、甘惜分、石峻、吴大琨、苗力田、吴宝康、佟柔、高鸿业、胡华、刘佩弦、王传纶、邬沧萍、萨师煊、孟氧、塞风、萧前、彭明、徐禾、黄达、孙国华、查瑞传、黄顺基、方生、卫兴华、钟契夫、刘再兴、彦奇、钟宇人、戴逸、方汉奇、高放、陈共、阎金锷、许征帆、周诚、何沁、罗国杰、李占祥、周升业、高铭暄、王作富、胡均、阎达五、许崇德、庄福龄、蓝鸿文、赵中孚、严瑞珍、林茂生、王思治、刘铮、赵履宽、林文益、陈先达、李秀林、夏甄陶、李文海、吴易风、方立天、胡乃武、周新城、张立文、曾宪义、郑杭生等一大批"经师"与"人师"相统一的"大先生"为党和人民的教育事业，为学校的学科发展、学术繁荣和人才培养作出了重大贡献。他们无论是在革命的战壕中，还是在教育战线上，所有的牺牲与奋斗的出发点与最终目标，都是为了祖国和人民，这是中国人民大学的鲜明特色和优良治学传统。进入新时代，全国高等教育领域仅有的两位"人民教育家"国家荣誉称号获得者卫兴华教授和高铭暄教授均出自中国人民大学。

"党办的大学让党放心、人民的大学不负人民"。如果不了解中国人民大学独特的办学历史与光荣传统，就不会理解人大人的忠诚、艰苦奋斗与实事求是的价值取向和精神追求。如果不了解中国人民大学在中国高等教育史上的独特地位和开创性贡献，就不会理解今天学校培养"复兴栋梁、强国先锋"、走出"一条建设中国特色、世界一流大学的新路"的底气与担当。

翻开人大校史，迎面而来的不单单是一所学校的发展历史和一段段感人至深的文字，还有在中国历史发生翻天覆地变化的百年间，感应时代之变、回应时代之问的一个特殊群体的贡献和一所学校所铸就的功勋。在这里，珍藏着不同时代的鲜活印记，矗立着一座座须仰视的丰碑，引人思考，催人奋进，带给我们坚定前行的力量。

校党委书记 张东刚　　校长 林尚立

2023 年 6 月 1 日

《吴玉章全集》序言
"一辈子做好事"

高山仰止，景行行止。

在中国近现代史上，有一位立德、立功、立言"三不朽"，近乎完人的人，即"延安五老"之一的吴玉章。1940年1月15日，毛泽东同志在中共中央为吴玉章补办的六十寿辰庆祝会上有感而发讲了这样一段话，对吴玉章作了高度评价："一个人做点好事并不难，难的是一辈子做好事，不做坏事，一贯的有益于广大群众，一贯的有益于青年，一贯的有益于革命，艰苦奋斗几十年如一日，这才是最难最难的啊！""我们的吴玉章老同志就是这样一个几十年如一日的人。"

吴玉章，原名永珊，字树人，1878年12月30日出生，四川荣县人，我国杰出的无产阶级革命家、教育家、历史学家和语言文字学家。他一生追求真理、献身革命，为中国人民的解放事业、为共产主义伟大理想，始终不渝、奋斗不止，贡献了自己的全部精力。从早年追随孙中山先生开展旧民主主义革命，到后来加入中国共产党，投身于伟大的新民主主义革命和社会主义革命与建设，吴玉章在中国近现代史上每一个转折关头，都站在革命的进步的一面，始终奋进在时代的最前列，被誉为"一部活的中国革命史的缩影"。

吴玉章是民主革命的伟大"先驱者"。生于外忧内患的年代，吴玉章从小对国家前途、民族命运忧心如焚，积极寻找救亡图存的道路。1903年东渡日本，1905年加入孙中山领导的中国同盟会，积极组织反抗清政府的武装起义。1911年，他奉命回四川领导四川人民的保路运动，发动了荣县独立和内江起义，建立了中国第一个县级革命政权，这也是同盟会真正组织和领导的第一次成功的起义，比武昌起义还早15天。

吴玉章是共产主义事业的忠诚"奋斗者"。他于1925年加入中国共产党，在中国共产党领导下，为争取民主主义和社会主义革命的胜利、为实现共产主义而不懈斗争。他参加过南昌起义并担任革命委员会委员兼前敌委员会秘书厅秘书长，起义失败后被派往苏联、法国等欧洲国家工作，参加过共产国际第七次代表大会等。1938年回国后，担任陕甘宁边区文化工作委员会主任、鲁迅艺术学院院长等职。1945年12月，随周恩来去重庆，参加政治协商会议，为新民主主义革命作出了卓越的贡献。1938年底在一次与蒋介石的会面中，蒋介石对他说：你是老同盟会、国民党的老前辈，还是回到国民党来吧。吴玉章明确表示："我加入共产党是相信马克思列宁主义的科学真理，深知只有共产主义才是社会发展的唯一正确道路，对于这一点，我是不动摇的，决不会二三其德，毫无气节的！"

吴玉章是新型文教事业的坚定"开拓者"。他笃信教育振兴中华的理念，曾表示"我一生都乐于办学校，愿为国家培养人才作贡献"。他早年倡导并组织留法俭学会，后在法国发起创办勤工俭学会和华法教育会。吴玉章青年时代就立志于文字改革，在苏联期间认真研究中国文字拼音化方案，在延安时期积极研究和推行新文字运动，新中国成立后，他领导全国的文字改革工作，制定并实施了《汉字简化方案》《汉语拼音方案》，推广普通话，成为我国文字改革的先驱，为新中国文字改革作出了开创性贡献。

吴玉章是中国人民大学的卓越"缔造者"。1937年，党中央决定创办陕北公学，专门培养抗战人才，吴玉章深以为然并积极为其奔走筹备，是陕北公学筹备委员会的重要成员,对如何办好陕北公学提了许多宝贵意见。1948年,华北大学组建成立,周恩来致信商请吴玉章担任校长。新中国成立后,中央人民政府以华北大学为基础创办中国人民大学,毛泽东同志签发任命书请吴玉章担任校长。吴玉章担任中国人民大学首任校长达17年之久,为中国人民大学奠定的坚实基础、留下的光荣传统、形成的优良校风、塑造的办学风格,始终激励着一代又一代的人大师生不断砥砺奋进。1960年5月他以80多岁的高龄,写下一首"自励诗":"春蚕到死丝方尽,人至期颐亦不休。一息尚存须努力,留作青年好范畴。"他是这样说的,也是这样做的。88岁高龄的他还时常登上讲台给中国人民大学师生讲党史。

2022年4月25日,习近平总书记在中国人民大学考察调研并发表重要讲话,强调"要加强校史资料的挖掘、整理和研究,讲好中国共产党的故事,讲好党创办人民大学的故事,激励广大师生继承优良传统,赓续红色血脉"。今年是吴玉章同志诞辰145周年,我们特组织力量,以时为序,分类编排,广泛搜集,辑为《吴玉章全集》。所收资料起自吴玉章留学日本时期,迄止1966年去世,包括吴玉章所撰写的著述,以及由别人代笔而经他或修改、或寓目、或署名之文,乃至别人记录的演说词和谈话等,分为论著、往来函电、诗词歌赋、对联题词挽幛等。对存在不同版本的论著,予以辨析。出版《吴玉章全集》,全面反映吴玉章老校长一生追求革命、追求光明、追求真理的奋斗实践,建设新型高等教育的探索实践,领导新中国语言文字改革的创新实践,对于推进党史和校史研究,传承红色基因、赓续红色血脉,走好建设中国特色世界一流大学新路具有重要的意义。

《吴玉章全集》分6卷,分期和专题如下:第1卷,从1904年至1938年完成《救国时报》工作任务回国前(1904年5月14日—1938年);第2卷,从1938年到武汉新华日报社工作至1946年底(1939年8月

23日—1946年）；第3卷，从1947年初至1954年出席党的七届四中全会（1947年1月1日—1954年2月6日）；第4卷，从纪念《中苏友好同盟互助条约》四周年至撰文回忆"五四"前后（1954年2月14日—1959年4月3日）；第5卷，从出席中国人民大学第七次科学讨论会至去世前的谈话（1959年5月4日—1966年10月底）；第6卷，往来函电、诗词歌赋、对联题词挽幛卷。

  吴玉章的文稿，很多是在他的革命实践和教育实践中创作的。战争年代，吴玉章为革命事业而辗转各地，文稿亦随之散落于各处，由于漫长的时间和各种历史原因，许多已经散佚。此次中国人民大学启动编纂《吴玉章全集》后，编纂组尽最大可能广泛搜集了各个时期的材料，并充分参考前人整理研究成果，但是仍有待进一步发掘，尤其是吴玉章早期在苏联期间的文稿，不免还有遗漏。目前，学校正在通过多种方式积极征集，如吴玉章老校长亲友、战友、同事、学生等相关人士手中仍保存有吴玉章文稿，恳请赐赠原件或复印件，以便后续补充修订。

  "文章合为时而著，歌诗合为事而作"，《全集》所收内容，突出表现了吴玉章"一贯的有益于广大群众，一贯的有益于青年，一贯的有益于革命"，"始终是站在时代的前面奋斗着"，代表了老一辈无产阶级革命家心系百姓、关注现实、服务国家社会的优良传统，具有其独特的史料研究价值。

  吴玉章曾说，"能够献身于自己祖国的事业，为实现理想而斗争，这是最光荣不过的事情了"。让我们重温吴玉章的光辉思想，传承发扬红色教育家、人民教育家精神，"树雄心，立大志"，为强国建设、民族复兴而努力奋斗。

《吴玉章全集》编纂课题工作组

2023年5月

代序
一辈子做好事　一贯的有益于革命[*]
——缅怀吴玉章同志

吴玉章同志在我们党的历史以至中国近百年的历史上，是一位重要人物，他对祖国对人民有突出的功劳和卓越的贡献。他革命一生的光辉榜样，他的革命精神和高尚品德，永远是我们建设精神文明的师表。

毛泽东同志在吴玉章同志六十寿辰的祝词中说："一个人做点好事并不难，难的是一辈子做好事，不做坏事，一贯的有益于广大群众，一贯的有益于青年，一贯的有益于革命，艰苦奋斗几十年如一日，……我们的吴玉章老同志就是这样一个几十年如一日的人。"吴老一辈子做好事，一贯的有益于革命，是我们党的光荣、革命的光荣！我有幸从少年时代起，就受到他的亲切教导。几十年来，他的身传言教，他的崇高形象，我目染耳濡，深深印在脑海里。他热爱人民，热爱青年，广大人民和青年将永远纪念他。

吴老从真诚的爱国主义者，发展成为坚定的革命民主主义者，进而转变成为忠诚的共产主义者，这是我国许多杰出的老一辈无产阶级革命家所走过的共同道路。

吴老是革命的先驱者，又是著名的马克思主义教育家、历史学家和

---

[*] 录自《人民日报》1984年4月4日，第5版。

中国文字改革的倡导者。

吴老从青少年时代起，就是一位深切关心祖国兴亡的爱国主义者。吴老少年时代在四川自贡市读书时，出于强烈的爱国心，曾热烈拥护和宣传康、梁维新变法运动，被称为"时务大家"。吴老是孙中山领导的民主革命的积极参与者和领导骨干之一。在日本留学时，他结识了孙中山先生，成为真诚的革命民主主义者，被选为中国革命同盟会的评议员。他奋不顾身地参与了谋炸两江总督端方、谋炸珠江口水师提督李准和谋刺清朝摄政王载沣的活动，并策划和参与了1911年3月29日①的广州起义（黄花岗之役）。起义失败后，他潜回四川，参与领导了四川人民保路同志会的斗争。在武昌起义前两个月，他领导了四川荣县起义，宣布荣县独立。在10月10日武昌起义后，他领导了四川内江起义，成立内江军政府，任行政部长。随后到重庆，参与创建了蜀军政府。

1912年，孙中山在南京成立中华民国临时政府，就任临时大总统，吴老受孙中山邀请，在总统府秘书处工作。

南北议和后，他拒绝了袁世凯许诺给他的高官厚禄，1913年参加了孙中山领导的倒袁的二次革命。失败后，袁世凯下令通缉，他被迫流亡法国。1914年，他进巴黎法科大学学习。同时，他同蔡元培、李石曾等发起组织华法教育会，积极倡导和推动留法勤工俭学运动，组织华工教育，争取华工权利，并继续进行反袁斗争。

袁世凯倒台后，吴老于1916年回国，随后参加孙中山组织的护法运动。1918年受孙中山委派，作为孙中山的代表，到广州参加护法军政府的工作，同军政府中的南方地方军阀作不懈的斗争。

1920年底，为了反对北洋军阀的"武力统一"的狂妄野心，他回四川组织和领导了四川"自治运动"。

---

① 此日期为农历。

从 1922 年开始，吴老从革命民主主义者开始转变为共产主义者。

1922 年，吴老担任成都高等师范学校校长。这时，他先后受到王维舟、恽代英的影响，拥护俄国的十月革命，开始信仰马克思主义，与杨闇公等二十多人，秘密创建"中国青年共产党"（即 YC 团），并创办了《赤心评论》，宣传革命思想。

那时，我在成都高师附中读书。当时高师是四川的高等学府，高师的校长有很高的社会地位，吴老也已经是一位德高望重的革命家和教育家了。但吴老却平易近人，积极支持进步师生的革命活动，把高师变成为一个革命中心。吴老经常到我家中找杨闇公商量工作。那时，他和杨闇公、王右木领导着成都地区的革命活动。我很尊敬他，称他"吴老伯"。他常常很和蔼亲切地给我讲一些革命道理，介绍一些革命书刊给我读，并让我为他们传书送信，当一个革命交通员。他是我的老师和革命的启蒙者。

1925 年初，中国共产党和国民党发动促成国民会议运动，孙中山为此北上。吴老和刘伯承同志也于 2 月间从四川到了北京，经赵世炎介绍正式加入了中国共产党。从此，他完成了由彻底的革命民主主义者向坚定的共产主义者的转变，成为老一辈的无产阶级革命家，对争取中国新民主主义革命的胜利，对社会主义革命和建设都作出了重要贡献。吴老入党后，成为中国共产党四川党组织的一位创建人，同时也是国共合作的中国国民党四川省党部的创建人，在第一次大革命中，他作为中国国民党中央的一位负责人，发挥了重大作用。

1925 年五卅运动后，党中央派他回四川重庆，创建、扩大四川党组织，并着手整顿四川国民党组织。他在重庆创办中法大学，作为我党的活动基地，又在莲花池组建了国民党四川省党部。这时，杨闇公和我也到了重庆，吴老和重庆的党团组织也常在我家开会，他们让我作会议的记录员，并参加文件的刻蜡版和油印等工作。吴老主持的中法大学，聘请杨闇公、漆树芬（南薰）、萧华清、杨伯恺等同志担任教职员，在师生中发展和培养了一批党团员。在四川我党的创建中，吴老、杨闇公、王右木都是创始人，杨闇公担任了第一任省委书记。吴老以他的声望和社会地位，对四川党的创建，功绩卓著。

1925年秋，吴老和杨闇公等被选为四川省出席中国国民党第二次全国代表大会的代表，11月到广州。1926年1月，在国民党二大上，他被选为大会秘书长和中央执行委员，同国民党右派作了尖锐的斗争。吴老在延安时，曾对我讲起这段往事：国民党二大前夕，来广州开会的各省代表，稀稀拉拉到的不全，大会有开不成的样子。苏联顾问鲍罗廷同陈独秀商量，决定发挥我党的力量，把大会开起来，以发展国共合作。他们决定派吴老去筹办。吴老到国民党中央党部主持筹备工作后，依靠各省、市的共产党和国民党左派组织积极活动，很快选出了出席国民党二大的代表，大会得以胜利召开。这次大会，国民党左派占优势，战胜了西山会议派及戴季陶等右派，国共合作得到加强。

国民党二大后，他回四川。为准备北伐战争，他策动争取了川军两个旅、黔军两个师，后来编为国民革命军第九、十两军，攻下宜昌。

北伐出师后，吴老于1926年7月从四川经上海去广州。在上海逗留期间，他经常抽空到我党领导的上海大学看望师生们，对正在上海大学社会科学系学习的我和同志们多所鼓励，并带来闇公的嘱咐。吴老8月到广州，联合何香凝等左派同蒋介石的独裁倾向作斗争。他旋即随军到武汉。在武汉国民政府时期，他在国民党中央处于中枢地位，继续领导国共合作的北伐战争。他先是担任了国民党中央代替孙中山总理制的五人行动委员会成员。1927年3月，在中国国民党二届三中全会上，他被选为中国国民党中央常委兼中央党部秘书长。在这次会议上，吴老执行我党中央意图，使这次会议通过决议，剥夺了蒋介石的中央执行委员会主席和军事委员会主席的职权。以后，他曾到宜昌为武汉国民政府筹款400万元，并保护贺龙部队开到武汉。他协助朱德、刘伯承同志发动了四川泸顺起义。这次起义是我党较早地由自己掌握一批军队的重要尝试。他在武汉截获在重庆制造"三三一"惨案同蒋介石勾结的凶手杨引之，交付革命法院处死。他在国民党中央党部，紧密联合国民党左派，为反对蒋介石和汪精卫的反动倾向和反动活动，作了坚持不懈的斗争。

在第二次国内革命战争时期，吴老参加了英雄的八一南昌起义，致力于国际共产主义运动和国际反法西斯斗争的宣传。

"七一五"汪精卫"分共"后，吴老奉党中央之命，赴九江，转南昌，参加八一南昌起义，在周恩来同志领导下，担任革命委员会委员兼秘书长。溽暑之中，千里转战，备极辛苦。起义军在潮、汕失利后，吴老等出走流沙，驾一叶之扁舟，渡浩渺之大海，漂流到香港，辗转到上海找党中央。

到上海后，党中央派吴老到苏联学习。他和林老、徐老等在莫斯科中山大学特别班学习。吴老勤奋攻读马列著作，进一步从思想上理论上武装自己。我那时也正在莫斯科中山大学学习，同吴老经常见面，继续得到他的教益。这时，他开始用马列主义观点研究中国历史，同托派展开关于中国社会性质和革命性质的论战。

1930年10月，吴老从特别班毕业，与林老等分配到海参崴远东工人列宁主义学校任教。他开始从事汉语拉丁化新文字的研究，与瞿秋白等同志对创制新文字方案作出了重要贡献。1933年夏，他调任莫斯科东方大学中国部主任，并参加驻共产国际中国代表团的工作。他在中国部讲授中国历史，编写《中国历史教程》等讲义，对中国史有许多独到的见解，对中国历史科学作出了许多贡献。

1935年8月，共产国际举行第七次代表大会，吴老是中国代表团成员。在这期间，他参与起草了"八一宣言"，并在大会上作了长篇发言，报告了毛泽东同志领导的中国红军长征的英雄业绩和党的抗日民族统一战线政策。

共产国际第七次大会之后，他到巴黎创办中文的《救国时报》，宣传党的抗日民族统一战线政策。这个报纸利用国内《新生》周刊订户名单和地址，广泛寄到国内，推动了抗日统一战线，扩大了党的影响。当时上海和许多地方地下党的同志，同党中央失去联系，就是通过《救国时报》看到了我党抗日民族统一战线的纲领，才开始宣传的。

在抗日战争和解放战争时期，吴老在重庆、在武汉、在延安，为中国的民主革命事业同国民党反动派斗争，并在延安、在华北，从事党的培养干部的教育事业，积极从事文字改革工作。

七七事变爆发、国共第二次合作后，他与国民党政府代表张冲，作为中国政府代表在欧洲的巴黎、布鲁塞尔、伦敦等地，进行抗日反法西斯的国际宣传，使西欧各国支援中国抗战的运动有明显的发展。中国的抗日运动之所以能在国际上取得重大影响和热情支持，是与吴老的积极宣传分不开的。他在欧洲的演讲词，1938年在武汉广为印行，书名是《吴玉章抗战言论选集》。

1938年4月，他回到武汉，在周恩来同志领导下，先后在武汉、重庆、成都，从事抗日统一战线工作。同年7月，他是国民参政会的我党七名参政员之一。在1938和1939年，他先后在武汉和重庆与董必武同志等一起，同蒋介石的片面抗战路线和反共反人民的阴谋作斗争，同汪精卫的投降妥协阴谋作斗争。

1938年10月，他参加了在延安召开的党的六届六中全会，被选为中央委员。

1939 年 11 月，吴老任延安宪政促进会会长。1940 年 1 月，党中央为他的六十寿辰补行盛大的庆祝会，上面讲过毛泽东同志在祝词中称赞他"一辈子做好事，不做坏事"，指出"特别要学习他对于革命的坚持性"。就在这时，我同吴老在延安再次相见，杨闇公等早已牺牲，中国革命历尽艰险，终于在毛泽东同志领导下胜利前进。在延安，我常去吴老住的窑洞里长谈，倍增亲切。

1940 年 11 月，他被选为陕甘宁边区新文字协会会长。

在延安期间，他还先后担任了鲁迅艺术学院院长、延安大学校长，为党的教育事业尽力，培养了大批干部。

延安整风期间，康生干了许多坏事。康生在莫斯科拥戴王明最积极，到延安后又摇身一变，把自己打扮成反王明的英雄。康生为了掩盖自己而恶意中伤吴老。吴老为人忠厚朴实，因在莫斯科时曾在王明领导下工作，感到说不清楚，背了黑锅，内心痛苦。在整风中，他还对这件事作过检查。建国后，1958 年中国人民大学反教条主义，也是康生挑起的，其目的还是为了打击吴老。

1945 年 4 月，吴老参加了党的第七次全国代表大会，被选为中央委员。

日本投降后，1945 年 12 月，吴老去重庆，与周恩来等同志参加政治协商会议，参与党的南方局的领导工作。以后，又担任了中共四川省委书记，在国民党反动派的心脏地区进行战斗，领导川、康、滇、黔人民的解放斗争。

1947 年 2 月 28 日，国民党反动派派兵包围了曾家岩中共四川省委驻地和红岩村新华日报社，吴老临危不惧，团结全体同志同反动派坚决斗争。他大义凛然地痛斥国民党反动派卖国内战的罪行，表现了无产阶级的浩然正气和英勇不屈的崇高气节。他的严正斗争，迫使反动派不得不有所收敛。他终于率中共驻渝全体同志胜利返回延安。

吴老撤回延安后，旋即到山西临县组织领导了四川干部训练班的工作，为解放大西南培养了大批骨干队伍。

1948年，吴老到了党中央所在地河北平山西柏坡。1949年3月，参加了党的七届二中全会。这时，吴老已是七十高龄，他还写信给毛主席"请缨杀敌"，要求中央军委允许他带一支队伍参加解放大西南的战斗！

1948年5月，吴老担任了华北大学校长。12月30日，当他七十寿辰时，党中央发来贺信，说："中国人民都敬爱你……这是你的光荣，也是中国人民的光荣。"华北大学召开了盛大的庆祝会。北平解放后，他参加了人民政治协商会议，参与创建新中国。以后他是历届政协的常委。

建国以后，1949年底，吴老担任中国人民大学校长，直到1966年12月12日他88岁逝世。吴老作为人民教育家，是留法勤工俭学运动的倡导者和组织者，从中培养了一大批党的干部，蔡和森、赵世炎、邓小平、陈毅、聂荣臻等老一辈革命家都是留法勤工俭学的学生。这以后，吴老在成都高师、重庆中法大学、海参崴远东工人学校和莫斯科东方大学、延安鲁迅艺术学院、延安大学，到华北大学和中国人民大学，又为革命培养了数以万计的学生，为党输送了好几代干部，真是桃李满天下。吴老确实是当代中国文化教育事业的杰出代表。吴老作为老一辈革命家、教育家、语言文字学家、历史学家，他的著述甚丰。建国以后，吴老在党的第八次全国代表大会上当选为中央委员，一、二、三届全国人民代表大会代表和常务委员。他又是全国文字改革委员会主任。他在二十年代末，就在苏联远东地区，试用北方话拉丁化新文字为中国华侨扫盲。四十年代，他在延安又主持并亲自用拼音文字在农村进行扫盲试验。建国后，他到各省积极试验，推行文字改革工作，不遗余力。

吴老为革命立下那么大的功劳，但却始终那样谦逊谨慎，艰苦朴素。

吴老是一个勤于思索而又慎于言行的人。在延安和北京参加中央各种会议时，他都是经过深思熟虑才发表意见。他爱同刘伯承等同志谈心。有时也同我谈一些，交流思想。他在生活上艰苦俭朴，进北京后依然保持着艰苦奋斗的作风。他对人民大学的师生无比关心，不顾自己高龄，还亲自去听课、讲课、查铺。我觉得他自奉太薄，过于辛劳，曾劝他说："您年岁太高，身体又不好，有些事可以少管些。"可是，他说："不去不行啊！心里放不下！"这是一位多么好的长者、师长啊！

吴老从参加辛亥革命起，一生坚持革命，总是站在革命斗争的最前列，不断跟着时代前进。他一生勤奋工作和学习，孜孜不倦，从不松懈。他作风民主，和蔼可亲，十分关心爱护干部。他全心全意为人民服务，一贯有益于革命，是我们的光辉榜样，是建设社会主义精神文明的楷模。他的名字将与人民同在。

杨尚昆
1984 年 4 月 4 日

凡　例

一、本全集所收，起吴玉章留学日本时期，迄1966年吴玉章去世，涵括迄今所见的吴玉章所撰写的著述，以及由别人代笔而经他或修改、或寓目、或署名之文，乃至别人记录的演说词和谈话等。

二、本全集包括论著、往来函电、诗词歌赋、对联题词挽幛等内容。

三、本全集所收，或录自手稿（含复印、影印件），或录自吴玉章手订、手校的较早出版品，或录自最早刊载其著作的书籍报刊，亦有录自后人所编结集。

四、本全集所收，一般依所据底本的标题，底本无标题的，则由编者根据内容酌加。

五、本全集所收，按时排序。首为撰写时间，凡有撰写时日可稽，或经查考大体可以确定的，以撰写时间为序。次为出版时间，发表在报刊上、公开出版的，按照出版时间编次。不能确定撰写、出版时间的，列于各部分之末。

六、本全集所收，一般不做他校；引文明显舛误影响句意的，校勘注明；无法辨认或缺字，以□标出。

七、本全集所收，均分段、标点。原文的繁体、古体和异体字，除有特殊含义者保留外，皆依通用规范汉字处理。

八、本全集内的外国国名、地名、人名及其他外来语的翻译，皆依所据底本照录。

目 录

往来函电

毛泽东祝贺吴玉章六十大寿（1940年1月15日） （3）
吴玉章致故乡友人信（1905年1月） （5）
熊克武致吴玉章信（1911年11月14日） （10）
启事和函电（1912年8—10月） （11）
关于留法勤工俭学的电报（三则）
　（1912年9月14日—1919年10月3日） （14）
吴玉章致任鸿隽信（1913年7月3日） （15）
中华民国教育部审查处朋友致吴玉章信（1913年11月5日） （17）
张百麟致吴玉章信（1913年） （18）
吴玉章致宫崎滔天函（1914年2月15日） （19）
吴玉章致张继函（1914年2月15日） （20）
吴玉章等留法留学会负责人为四川自费生学业事致四川巡按使函（节录）
　（1915年11月15日） （22）
吴永杻致吴玉章信（1916年2月12日） （24）
吴永杻致吴玉章信（1916年4月11日） （29）
吴玉章等致云南都督唐继尧电（1916年4月25日） （32）
吴玉章等致云南都督唐继尧电（1916年4月28日） （33）

关于留法勤工俭学的书信（二函）（1916年4月、1920年7月18日）（34）
吴玉章为反袁外交致云南军政府函电（1916年4—9月）（36）
吴永枬致吴玉章信（1916年5月11日）（46）
唐继尧复谢东发、吴永珊、李汝哲函（1916年5月）（48）
唐继尧复谢东发、吴永珊、李汝哲函（1916年6月）（49）
吴玉章致张竞生信（1916年12月1日）（50）
黄复生致吴玉章信（1916年）（51）
汪兆铭致吴玉章信（1917年10月6日）（54）
胡公训为吴款事致吴玉章信（1917年12月31日）（56）
汪兆铭致吴玉章信（1917年）（59）
朱芾煌致吴玉章信（一）（1917年）（61）
朱芾煌致吴玉章信（二）（1917年）（63）
朱芾煌致吴玉章信（三）（1917年）（65）
刘启泰致吴玉章信（1918年3月12日）（67）
吴玉章致宫崎滔天函（1918年6月28日）（69）
吴玉章为孙中山赴欧出席和平会议筹措经费事致熊克武、杨庶堪电
　　（1919年1月28日）（70）
吴玉章为重庆四川自治期成会草拟致各界、各法团、各学校、各报馆
　　电稿（1920年12月7日）（71）
吴玉章为重庆四川自治期成会草拟的宣言电文稿（节录）
　　（1921年1月28日）（72）
吴玉章为全川自治联合会草拟询问制宪问题真象致省议会电
　　（1921年5月2日）（73）
吴玉章为全川自治联合会搬迁成都草拟致省议会、省长公署电（节录）
　　（1921年5月24日）（74）

吴玉章为全川自治联合会草拟的通电稿（1921年6月16日） （75）
吴玉章为全川自治联合会草拟反对英日联盟致英外交部、日外务省电
　　（1921年7月12日） （78）
吴玉章为全川自治联合会草拟反对英日联盟致孙中山、徐菊人电
　　（1921年7月12日） （79）
吴玉章为起草四川省宪法草案致受聘学者李剑农、高一涵等诸先生电
　　（1921年8月7日） （80）
国立成都高等师范学校函催吴玉章早日到校接事（1922年8月） （81）
吴玉章为接任国立成都高师校长事致正格、友于先生信
　　（1922年9月4日前） （82）
吴玉章为呈报履历致教育总长函（1922年9月） （83）
吴玉章为高师图书馆征集各县县志事致各县知事公署、各县修志局函
　　（1922年9月） （84）
吴玉章关于高师学生因保护省议员被打伤反被诬蔑一事致四川省长公署
　　等函（1922年10月） （86）
吴玉章为高师学生游览四川新都桂湖事致新都县行政公署函
　　（1922年10月） （88）
吴玉章为高师学生及各校学生因经费事联合去省议会途中被打伤事致
　　四川省长公署函（1922年） （89）
吴玉章为高师经费事致四川省财政厅函（1922年） （90）
吴玉章为到校视事致四川省教育经费收支处及各专门学校函
　　（1922年） （91）
吴玉章关于赠送图书与高师图书馆一事致四川省长公署函
　　（1923年1月） （93）
吴玉章为高师十年度周年概况报告致教育总长函（1923年3月） （94）

吴玉章为高师十年度周年概况报告致四川省长公署函
　　（1923年3月） ……………………………………………………（95）
吴玉章关于四川省学生联合会借用该校校舍为会所一事致四川省学生
　　联合会函（1923年5月） ……………………………………（96）
旅法四川勤工俭学学生会为经费事致吴玉章信（1923年7月28日）（98）
吴玉章为学生是否替考一事致四川刻经处函（1923年8月） …（100）
吴玉章关于英教士白明道无故殴伤高师附中学生一事致四川省交涉署
　　特派员函（1923年9月） ……………………………………（101）
吴玉章关于高师附中学生被城防司令部巡查队当众侮辱一事致川军
　　总司令部函（1923年9月） …………………………………（103）
吴玉章为高师云南籍学生参加国内外考察所需经费一事致云南教育司函
　　（1923年10月） ………………………………………………（105）
吴玉章关于高师附小教员加薪一事致附小主任函（1923年10月）（107）
吴玉章关于高师查无窦勤伯一事致成都地方检察厅函
　　（1923年11月） ………………………………………………（108）
吴玉章关于维护高师校内教学秩序致四川陆军第六师司令部函
　　（1923年11月） ………………………………………………（109）
吴玉章关于维护高师校内教学秩序致川军、讨贼军总司令部函
　　（1923年11月） ………………………………………………（110）
吴玉章为高师学生考察教育牺牲于路途者抚恤事致四川省长公署函
　　（1923年） ……………………………………………………（111）
成都高等师范学校公函（1923年） ……………………………（112）
吴玉章为高师附小学生在校外被绑架一事致川军总司令部函
　　（1923年） ……………………………………………………（113）
吴玉章关于高师学生被殴伤后英领事偏袒问题要求北京外交、教育两部

向英公使馆提出追究一事致川军总司令部、四川省长公署函
（1923年） （115）

《吴虞日记》中与吴玉章书信往来的信息（1923年） （117）

吴玉章关于高师本科三年级学生考察国内外各地教育状况一事致教育
总长函（1923年） （118）

吴玉章为高师教员张焯考察各省及日本各地教育状况发放证明书函
（1924年3月前） （120）

吴玉章关于明远学会借用会址一事致明远学会函（1924年） （121）

吴玉章等为总理陵墓奠基典礼日反动分子在宁捣乱情形致国民党
中央执行委员会函（1926年3月15日） （122）

吴玉章为顺庆起义致刘伯承电（1926年12月17日） （124）

吴玉章致杨闇公书（1927年3月17日） （125）

吴玉章致向忠发信（1928年2月25日） （126）

吴玉章给苏兆征、向忠发的信（1928年5月3日） （128）

吴玉章给苏兆征的信（1928年5月22日） （129）

张冲为吴玉章赴欧洲作抗日宣传事致吴南如信（1937年10月20日）（130）

全欧华侨抗日救国联合会致吴玉章信（1937年12月22日） （131）

毛泽东、吴玉章等参政员为捐款援助香港反汪罢工工友们电
（1939年9月12日） （132）

吴玉章致张西曼信（1939年10月7日） （133）

毛泽东致吴玉章信（1939年） （134）

博古致吴玉章信（1939年） （135）

西青联冯文彬等致函祝贺吴玉章六十大寿（1940年1月14日） （136）

中共中央致函祝贺吴玉章六十大寿（1940年1月15日） （138）

陕甘宁边区高等法院、政府、参议会联合致函祝贺吴玉章六十大寿

（1940年1月15日） （140）

中共中央统战部全体同志致函祝贺吴玉章六十大寿

　（1940年1月15日） （142）

中共中央党校全体同志致函祝贺吴玉章六十大寿（1940年1月15日）（144）

中财部致函祝贺吴玉章六十大寿（1940年1月15日） （145）

陕甘宁边区文化协会执委会全体同志致函祝贺吴玉章六十大寿

　（1940年1月15日） （146）

鲁迅艺术文学院全体教职员致函祝贺吴玉章六十大寿

　（1940年1月15日） （147）

八路军驻陕办事处全体指战员致函祝贺吴玉章六十大寿

　（1940年1月15日） （149）

吴玉章致张西曼信（1940年1月30日） （151）

毛泽东、吴玉章等中共参政员关于华北视察团事致国民参政会秘书处电

　（1940年2月3日） （152）

毛泽东、吴玉章等21人代表延安讨汪拥蒋大会及全体民众致全国同胞

　通电（1940年2月3日） （154）

吴玉章致李根源信（1940年9月26日） （159）

毛泽东、吴玉章等中共参政员关于新四军事提出12条善后处理办法致

　国民参政会秘书处删电（1941年2月15日） （161）

吴玉章等陕甘宁边区文化界人士致香港洪深先生慰问电

　（1941年3月10日） （165）

吴玉章等为柳亚子先生被国民党开除党籍一事致电慰问

　（1941年4月13日） （166）

毛泽东、吴玉章等中共参政员电悼张季鸾先生逝世

　（1941年9月22日） （167）

吴玉章给任弼时的信（1943年6月2日） （168）
吴玉章为动员侄儿到延安参加边区钢铁工业建设致吴端甫信
　　（1944年8月27日） （169）
吴玉章为动员侄儿早日启程赴延安致吴端甫信（1944年12月8日）（170）
吴玉章给任弼时的信（1945年4月13日） （172）
吴玉章关于《中国通史》稿的意见致吴亮平信（1945年） （174）
周恩来、吴玉章等中共政协代表就李公朴、闻一多被刺事致蒋介石函
　　（1946年7月17日） （177）
吴玉章致张澜慰问电（1946年8月20日） （179）
周恩来、吴玉章等中共政协代表关于召开国民大会一事致张厉生函
　　（1946年9月28日） （180）
吴玉章等中共代表为声明国民党军队如不停止进攻张家口及其周围的
　　一切军事行动，则应负国共关系最后破裂之责任致蒋介石、马歇尔
　　备忘录（1946年9月30日） （181）
吴玉章、张友渔等关于中共四川省委和《新华日报》有关问题致中央的
　　请示报告信（1946年10月16日） （183）
吴玉章、张友渔为请京沪各地响应重庆学生反美抗暴运动致周恩来
　　请示电（1947年2月10日） （185）
吴玉章为中共四川省委和《新华日报》撤回延安后对于财产处理问题
　　致张群电（1947年3月） （186）
吴玉章致张照信（1947年5月4日） （187）
续范亭致吴玉章信（1947年8月20日） （188）
吴玉章为起草新中国宪法草案的意见致毛泽东信
　　（1947年10月24日） （189）

吴玉章为请求党中央批准他带队参加解放大西南致毛泽东信
　　（1947年10月25日）　　　　　　　　　　　　　　　（193）
毛泽东致吴玉章信（1947年11月18日）　　　　　　　　　（195）
周恩来为华北大学校长一事致吴玉章信（1948年5月28日）　（196）
吴玉章为号召学习毛泽东主义致周恩来请示电（1948年8月13日）（197）
毛泽东关于不能号召学习毛泽东主义复吴玉章电
　　（1948年8月15日）　　　　　　　　　　　　　　　　（198）
吴玉章等关于华北大学送政府分配学员统计表致陈鹏信
　　（1948年12月2日）　　　　　　　　　　　　　　　　（199）
吴玉章七十大寿往来贺寿函电汇集（部分）（1948年底—1949年初）（200）
吴玉章为答谢凡海、素芒函（1949年1月10日）　　　　　（211）
吴玉章为修改《吴玉章同志革命斗争故事》致何其芳信
　　（1949年1月22日）　　　　　　　　　　　　　　　　（212）
吴玉章为修改《吴玉章同志革命斗争故事稿》致何其芳信
　　（1949年2月6日）　　　　　　　　　　　　　　　　（214）
陈其瑗致吴玉章信（1949年2月22日）　　　　　　　　　　（215）
吴玉章致刘大年函（1949年3月23日）　　　　　　　　　　（216）
吴玉章致刘大年函（1949年3月26日）　　　　　　　　　　（217）
吴玉章致外孙女蜀萍信（1949年5月15日）　　　　　　　　（218）
吴玉章为致世界学生第二届代表大会贺电事致冯文彬信
　　（1949年7月9日）　　　　　　　　　　　　　　　　（219）
吴玉章致世界学生第二届代表大会贺电（1949年7月9日）　（220）
中共中央情报部致吴玉章信（1949年8月12日）　　　　　　（221）
罗常培致吴玉章信（1949年8月19日）　　　　　　　　　　（222）
吴玉章关于中国文字改革致毛泽东信（1949年8月25日）　　（223）

吴玉章、范文澜、成仿吾等电毛主席朱总司令致敬信

  （1949年9月30日） （229）

吴玉章关于中国人民大学招生问题致刘少奇信（1949年10月14日）（230）

中苏友协会长刘少奇等致苏对外文协贺电（1949年11月5日） （233）

三位校长写信给正定毕业同学（1949年11月12日） （234）

"上海新文字工作者协会"成立大会给吴玉章的信（1949年） （235）

吴玉章致侄儿林宇信（1949年） （236）

吴玉章致外孙蓝其卫信（1950年1月16日） （237）

吴玉章等为商调李由义到人民大学工作事致北京市委刘仁信

  （1950年3月1日） （238）

吴玉章、胡锡奎、成仿吾致刘少奇信（1950年3月26日） （239）

吴玉章电慰居里教授（1950年5月5日） （240）

中共中央办公厅秘书室与吴玉章往来信（1950年5、6月） （241）

吴玉章、胡锡奎、成仿吾给大连大学校长的信（1950年7月18日）（243）

吴玉章致外孙蓝其卫、蓝其邦信（节录）（1950年8月29日） （244）

中国科学院聘任吴玉章为学术评审委员会委员通知书

  （1950年9月23日） （246）

吴玉章为中国人民大学选定西郊新校址致北京市委信

  （1950年9月28日） （247）

吴玉章致聂市长，张、吴副市长信（1950年9月28日） （248）

吴玉章致彭真信（1950年9月28日） （249）

吴玉章为中国人民大学开学典礼致毛泽东信（1950年9月29日） （250）

吴玉章为中国人民大学开学典礼致周恩来信（1950年9月29日） （251）

文化补习班第二班学生朱汉民给吴老的信（1950年10月10日） （252）

吴玉章致外孙蓝其卫信（节录）（1950年11月16日） （254）

吴老给全校同志们的覆信（1951年1月16日）……………………（255）

吴玉章致电日本教职员工会中央委员会（1951年3月4日）………（256）

吴老给李云龙同学的覆信（1951年3月8日）……………………（257）

吴玉章、胡锡奎、成仿吾关于招收研究生事宜给安子文的信
　　（1951年7月11日）……………………………………………（261）

吴玉章关于人民大学招生事给安子文的补充信（1951年8月17日）（262）

吴玉章致王惠德、田家英信（1951年8月27日）…………………（263）

罗常培、傅懋勣致吴玉章信（1951年9月14日）…………………（264）

罗常培致吴玉章信（1951年10月20日）……………………………（265）

吴玉章、胡锡奎、成仿吾为请专家到职、减少聘请专家等事给马叙伦的
　　函件（1952年2月2日）………………………………………（267）

马叙伦、吴玉章关于中国文字改革研究委员会成立情况致毛泽东信
　　（1952年3月12日）……………………………………………（269）

吴玉章关于学生功课太重致毛泽东信（1952年3月18日）………（271）

吴玉章给钱俊瑞转周恩来的信（1952年6月17日）………………（273）

吴玉章给苏联教育工会中央委员会主席的信（1952年11月6日）（274）

吴玉章致侄儿林宇信（1952年）……………………………………（275）

吴玉章致侄儿林宇信（1953年4月14日）…………………………（277）

吴玉章致外孙蓝其邦信（1953年5月26日）………………………（278）

胡愈之致吴玉章信（1953年5月29日）……………………………（280）

胡乔木致吴玉章信（1953年6月2日）………………………………（283）

吴玉章致外孙蓝其邦信（1953年6月26日）………………………（284）

吴玉章致外孙蓝其卫信（节录）（1953年）…………………………（286）

黎澍关于留法勤工俭学会的发起和一、二批学生到达法国经过
　　致吴玉章信（1954年3月12日）……………………………（287）

吴玉章在"五一"节给全国教育工作者的一封信

  （1954 年 4 月 30 日）   （288）

吴玉章关于及早确定本校校舍规划问题给习仲勋的请示

  （1954 年 7 月 1 日）   （295）

吴玉章致苏联国立哈尔科夫大学校长祝贺该校校庆电

  （1955 年 3 月 29 日）   （297）

吴玉章为莫斯科大学建校二百周年向彼得罗夫斯基的贺电

  （1955 年 4 月 27 日）   （298）

国立莫斯科历史档案学院院长阿·斯·罗斯洛娃关于中国人民大学

  成立历史档案系给吴玉章校长的信（1955 年 9 月 24 日） （300）

克列斯达列科给吴玉章的致谢电（1955 年 11 月 19 日）   （302）

吴玉章给列宁格勒大学亚历山德罗夫教授的贺信（1955 年） （303）

中共中央对外联络部关于我党中央确定吴玉章为法共中央机关刊物

  《新民主》月刊社编辑委员和（国际）赞助人一事致吴玉章信

  （1956 年 4 月 16 日）   （304）

韦悫为转送胡志明赠送《平民教育》刊物致吴玉章信

  （1956 年 11 月 26 日）   （305）

苏联总顾问古德廖佐夫等给吴玉章的贺信（1957 年 9 月 30 日） （306）

然明致吴玉章、胡锡奎、邹鲁风贺信（1957 年 10 月 1 日） （307）

中共中央对外联络部关于我党中央确定吴玉章为法共中央主办的

  《国际研究》杂志编辑顾问一事致吴玉章信（1957 年 10 月 16 日）（308）

格林致吴玉章、胡锡奎、聂真、邹鲁风等贺信（1957 年 11 月 11 日）（309）

中共中央对外联络部关于接待法共代表团员贝里奥兹一事致吴玉章信

  （1958 年 1 月 14 日）   （310）

吴玉章致董必武信（1958 年 1 月 31 日）   （311）

吴玉章致《红旗飘飘》编辑部同志们的信（1958年2月23日） （313）

吴玉章致侄儿林宇信（1958年3月19日） （315）

吴玉章致莫斯科经济统计学院院长信（1958年4月25日） （317）

吴玉章致柯庆施信（1958年6月4日） （319）

苈光明、向宝璜为汇报大同永定庄煤矿的生产情况致吴玉章信
（1958年6月15日） （320）

吴玉章为刘常昭希望搞文字改革致荣县县委书记徐文正信
（1958年7月14日） （322）

吴玉章致郭沫若信（1958年11月16日） （324）

工业经济系机械班同学给吴玉章的信（1958年11月26日） （325）

吴玉章关心家乡建设事业致荣县县委书记徐文正信
（1958年12月4日） （326）

小学生学习拼音字母的成绩（1958年12月29日、1959年5月19日）（328）

吴玉章给档案系车国成的信（1959年2月7日） （329）

吴玉章给拜泉县现场会议的贺电（1959年3月） （330）

刘弄潮致吴玉章信（1959年4月15日） （332）

刘弄潮致吴玉章信（摘要）（1959年4月19日） （335）

吴玉章致侄儿林宇信（1959年9月21日） （337）

吴玉章给苏联科学院中国学研究所和苏联汉学家史萍青的信
（1959年11月5日） （338）

吴玉章给武汉市注音扫盲现场会议的电报（1959年12月3日） （339）

吴玉章给山西省推行注音扫盲和推广普通话万荣现场会议的电报
（1959年12月25日） （341）

吴玉章给孙儿女们的信（1960年2月1日） （343）

吴玉章给山东省注音识字教学和注音读物供应平原现场会议的贺电
（1960年3月18日） （348）

吴玉章给河北省注音识字河间现场会议的贺电（1960 年 4 月 6 日）　（350）

吴玉章致毛泽东信（1960 年 4 月 28 日）　（352）

中共肖县县委宣传部为请题写《肖县拼音报》注音报头事致吴玉章信
　（1960 年 7 月 29 日）　（353）

吴玉章致《青岛注音报》信（1960 年 7 月 31 日）　（354）

吴玉章致外孙蓝其卫夫妇信（1961 年 2 月 17 日）　（355）

龚古今关于《第一次大革命的回忆》稿致吴玉章信
　（1961 年 2 月 21 日）　（357）

吴玉章、胡锡奎致苏联全苏函授综合技术学院、苏中友好协会负责人
　贺信（1962 年 2 月 22 日）　（361）

苏联科学院亚洲人民研究所给吴玉章的贺信（1962 年 4 月 20 日）　（363）

吴玉章致叶恭绰信（1962 年 6 月 17 日）　（364）

马卡洛夫给校长吴玉章等的贺信（1962 年）　（365）

吴玉章给孙女吴本立的信（1963 年 2 月 3 日）　（366）

吴玉章致中国人民大学全体毕业同学信（1963 年 7 月 7 日）　（367）

吴玉章给长孙吴本渊的信（1964 年 1 月 8 日）　（369）

吴玉章致郭影秋信（1964 年 2 月 10 日）　（371）

吴玉章为调李逸三到文改会工作致周扬信（1964 年 7 月 15 日）　（372）

吴玉章致李维汉信　（373）

吴玉章给中国人民大学图书馆全体团员们的信　（374）

吴玉章致潘梓年、范文澜信　（375）

诗词歌赋

东游述志（1903 年 2 月 9 日）　（381）

留日诗草（六首）（1904—1905 年）　（382）

和印泉老兄"七七"三年抗战纪念感赋原韵（五首）

　　（1940年9月26日） （384）

纪念一九四一年"三八"妇女节（1941年3月9日） （387）

和朱总司令游南泥湾（1942年9月1日） （388）

悼李公朴、闻一多先生（1946年） （394）

答谢董老寿诗（1947年2月元宵节） （396）

四川省委被迫自重庆撤回延安有感（1947年3月） （398）

华北大学校歌（初稿）（1948年8月） （399）

酬谢老且志无过（1948年8月） （400）

敬和熊老寿我新诗（1949年1月2日） （402）

中国人民大学校歌（歌词）（1950年） （404）

庆祝长江大桥通车（1957年10月15日） （405）

丁酉八十初度有感，兼酬董老（必武）同志同游七星岩诗

　　（1958年1月26日） （406）

十三陵水库落成颂（1958年7月1日） （407）

自励诗（二首）（1959年11月12日、1960年5月） （408）

诗赠徐乾（1960年3月26日） （409）

观《黄河飞渡》电影后题（1960年4月2日） （410）

悼伯渠同志（十二首）（1960年6月） （411）

纪念我党成立三十九周年（五首）（1960年7月1日） （415）

初秋忆伯渠同志（1960年9月15日） （417）

庚子初冬《汉语拼音识字读本》编成忆伯渠同志

　　（1960年12月3日） （418）

参观党史纪念馆（1961年4月9日） （419）

记任君季彭火化归土（1961年5月8日） （420）

游西湖有感（1961年5月8日） （421）

送李新同志回北京（1961年5月29日） （422）

赠张德远大夫（1961年6月2日） （423）

纪念辛亥革命五十周年（八首）（1961年9月） （424）

纪念龙鸣剑烈士（1961年9月） （426）

纪念邹容烈士（1961年9月） （427）

纪念喻云纪殉难五十周年（1961年9月） （428）

洛阳旧城留诗（1961年10月28日） （429）

参观三门峡水库感赋（二首）（1961年10月30日） （430）

悼念赵世炎、陈延年二同志就义三十四周年（六首）

    （1961年11月9日） （431）

访韶山冲（1961年12月17日） （433）

庆贺党四十周年（1961年） （434）

过济南冒风重游大明湖趵突泉（1961年） （435）

参观广州农民运动讲习所（1962年春节） （436）

为中州宾馆题（1962年3月12日） （437）

重题《陶庵留碧》（1962年6月22日） （438）

忆赵世炎烈士（五首）（1962年7月19日） （439）

悼念李硕勋烈士（1962年8月3日） （441）

忆杨闇公同志（1962年8月） （442）

无题（1962年12月6日） （443）

访鸦片战争时虎门炮台（1962年） （444）

春日即事有感（1963年2月16日） （445）

和朱老、徐老游桂林攀登明月峰唱和诗一首，步原韵

    （1963年2月20日） （447）

重游杜甫草堂（1964年3月） （449）

对联　题词　挽幛

挽孙中山联（1925年3月） （453）

题赠胡素民联（1926年） （453）

挽王铭章联（1938年5月9日） （454）

赠空军中队锦旗题联（二副）（1938年5月22日） （454）

为世界青年学联代表团访问延安题词（1938年5月25日） （455）

挽"十·二三"烈士联（1938年12月5日） （455）

挽范筑先联（1938年12月23日） （455）

挽郭朝沛联（1939年7月） （456）

挽平江惨案烈士联（1939年8月） （456）

为《新中华报》周年纪念题词（1940年2月7日） （457）

为《中国工人》创刊题词（1940年2月7日） （457）

挽吴承仕联（1940年4月19日） （457）

挽蔡元培联（1940年4月26日） （458）

挽张自忠联（1940年8月15日、1946年5月19日） （458）

挽徐谦联（1940年） （459）

挽张冲联（1941年11月9日） （459）

贺李丹生先生八旬上寿（1942年9月10日） （460）

挽杨松联（1942年11月26日） （460）

贺刘伯承寿辰联（1942年12月17日） （461）

贺郭小川杜慧新婚联（1943年2月3日） （461）

为十九路军抗日十四周年题词（1946年1月28日） （461）

挽黄齐生联（1946年4月19日） （462）

挽"四八"烈士联（1946 年 4 月 19 日） （462）

为纪念"五四"运动题词（1946 年 5 月 4 日） （462）

纪念"七七"抗战殉国诸烈士题词（1946 年 7 月 7 日） （463）

致刘光同志悼词（1946 年 7 月 23 日） （463）

致李公朴、闻一多先生悼词（1946 年 7 月 28 日） （464）

挽陶行知联（1946 年 8 月 4 日） （464）

徐老特立七十大寿（1947 年 1 月 10 日） （465）

为号召人民反抗国民党反动派的进攻题词（1947 年 1 月 12 日） （465）

挽续范亭联（1947 年 9 月 26 日） （465）

华北大学校训（1948 年 8 月 24 日） （466）

为华北大学成立题词（1948 年 8 月） （466）

挽杜斌丞联（1948 年 10 月 7 日） （466）

中共中央贺吴老七十寿辰寿联（1948 年 12 月 30 日） （467）

校长题词（1949 年 7 月） （467）

为华北大学校庆题词（1949 年 9 月 30 日） （467）

为《语言与文化》题词（1950 年 1 月） （468）

挽"三三一"惨案烈士联（1950 年 3 月 31 日） （468）

挽任弼时联（1950 年 10 月） （468）

为国庆和校庆纪念题词（1951 年 10 月 7 日） （469）

为国庆、校庆、亚洲和平会议题词（1952 年 10 月 5 日） （469）

为中国人民大学庆祝十月革命三十五周年题词
（1952 年 11 月 7 日） （469）

挽斯大林联（1953 年 3 月 8 日） （470）

挽张澜联（1955 年 5 月 13 日） （470）

为中国人民大学第一次学生科学报告会开幕题词

 （1956年4月21日）   （471）

给《高等学校俄语教学》创刊号的题词（1958年9月17日） （471）

为吉林师范大学附属中学《劳动者》杂志题词（1958年10月17日）（471）

为哈尔滨普通话学习成绩观摩会题词（1958年10月24日） （472）

题书联（1958年11月18日）   （472）

吴玉章题词（1958年11月18日）   （473）

为上海市控江二村小学题词（1959年1月7日）   （473）

题李大钊选集（1959年5月）   （473）

为先进代表大会的题词（1960年1月28日）   （474）

为谢觉哉夫人王定国题书（1960年3月20日）   （474）

为《万荣画册》题词（1960年3月）   （475）

为中国农业发展题词（1960年12月3日）   （475）

为上海鲁迅纪念馆题联（1961年3月3日）   （475）

题《革命烈士诗抄》联（1961年6月11日）   （476）

访韶山冲题联（1961年12月17日）   （476）

给元勇题词（1962年7月24日）   （477）

春联（1962年12月30日）   （477）

题赠吴本清联（1963年1月24日）   （478）

关于开展学习雷锋同志活动的题词（1963年3月10日） （478）

游峨眉山题联（1964年春）   （479）

编后记   （481）

往来函电

毛泽东祝贺吴玉章六十大寿*

（1940年1月15日）

今天大家欢聚一堂，为吴老祝寿。想起我在三年前为徐老祝寿时的感想，我那时就说过，我们替他祝寿，不是无原因的。记得我在小的时候，很不欢喜老人，因为他们是会欺负青年人的，青年人谁没点错误呢？但是你错不得，他们对你是很凶的。一切事情，小孩子和青年人是没有发言权的。中国的青年人受封建家庭封建社会的苦太大了。但是现在世界是变了，青年人欢喜老年人，就像我们的吴老、林老、徐老、董老、谢老，都是很受青年们欢迎的。为什么有这个转变呢？因为这些老同志不但不欺负青年，而且非常热心地帮助青年，他们的行为足为青年模范，所以青年都十分热爱他们。党外也有很多受青年尊敬的老人，例如马相伯就是一个，他做寿时我们共产党还打了贺电去，因为他主张抗日与民主政治。人总是要老的，老人为什么可贵呢？如果老就可贵，那末可贵的人太多了。因此我们一定要有一个标准。就是说，可贵的是他一辈子总是做好事，不做坏事，做有益于人类的事，不做害人的事。如果开头做点好事，后来又做坏事，这就叫做没有坚持性。一个人做点好事并不难，难的是一辈子做好事，不做坏事，一贯地有益于广大群众，一贯地有益于青年，一贯地有益于革命，艰苦奋斗几十年如一日，这才

---

* 录自《毛泽东文集》第2卷，人民出版社1993年版，第261～262页。

是最难最难的啊！

我们的吴玉章老同志就是这样一个几十年如一日的人。他今年六十岁了，他从同盟会到今天，干了四十年革命，中间颠沛流离，艰苦备尝，始终不变，这是很不容易的啊。从同盟会中留下到今天的人，已经不多了，而始终为革命奋斗，无论如何不变其革命节操的更没有几个人了。要这样做，不但需要有坚定正确的政治方向，而且需要艰苦奋斗的精神，不然就不能抵抗各种恶势力恶风浪，例如死的威胁，饿饭的威胁，革命失败的威胁等等，我们的吴玉章同志就是经过这样无数的风浪而来的。因此，我们要学习他的各方面的好处，但特别要学习他对于革命的坚持性。这是最难能可贵的一件事，这是我们党的光荣，这是中国革命的光荣。我们今天大家欢欢喜喜地庆祝他的六十岁生日，我想主要的意义是在这里。

吴玉章致故乡友人信*

（1905年1月）

××鉴：

弟远桑梓，倏忽二年，时以不得与同志诸君谈心论世、砥学砺行为憾。今春家兄旋里，得与诸君周旋，聚首谈心，一堂讲学。家兄来函屡称：诸君奋发有为，堪为吾国柱石，此不独吾荣之幸，亦吾国之幸也。每思及此，不仅为之踊跃三百。以为国内如此振兴通达之士层见迭出，风气日见昌明，人民顿加醒悟，吾国虽弱，岂不能即转为强。故尝慨然曰：亚东本是同文国，崛起何尝逊白人，勃勃生机，私心窃幸。

乃近来略有所闻，反足令人短气。何也？或谓新学尽属欺人，或谓学界几成陷阱，故凡学界举一事，不以为非，亦不以为可。补苴罅漏，面是心非。使如此则我国之亡，非不讲学求新之罪，是讲学求新之罪也?!清夜自思，潸然泣下。自兹以往，不敢以维新救国、讲学出洋诸名词告诸君，更羞以足浅见陋之言强聒诸君矣！殆转念以思，不言而势已至此，言之而势亦不过仅及此，或言之而势反不至此。是以不揣冒昧，为诸君渎陈之。

以事过繁冗，略分内外。外界之事，诸君闻之熟矣。他不具论，其于我关系最大者为日俄战争。日人一战胜俄，遂有辽阳。自四月围攻

---

* 录自《吴玉章往来书信集》，重庆大学出版社1993年版，第1～4页。

旅顺以来，最为世界所注目。冬月中旬，歼灭其舰队，夺取其要垒，卒于冬月二十六日攻陷天险，敌俄军降伏。是日为西历元旦，日本全国欢呼鼓舞之情，难以笔墨述。美总统于宴会为之投箸，英人称之为世界第一强国。德法等新闻，赞美莫罄。正是：小将功成日，全球震动时。当西历除日，日攻围军司令官乃木大将愤攻围久无成效，誓于元旦日掷一军团，期以必克此而朝食，而于是日得俄将开城书，亦可为此军团幸。闻乃木三父子皆从军，战则誓以必死，其二子皆战死，而各报恐大将前敌以死而失其飞将军也，弥危之。吾不知日人之性何以若是其勇决也。于活动写真见南山之战，俄人于阵地设铁网，坚牢无比。日兵突进，战于网中，死伤山积不稍却，负伤者鲜血交流犹举枪奋斗。故俄人语曰：天下无论何物皆不能比日兵之坚忍而有进无退也。当战争之时，其心以为敌炮虽利，未必能扫我全军，纵使十死八九而所残之一二人已突进巢穴，举旗一呼，后者继进，此所以每战必得敌垒，每战必获胜利也。二十四日，海军大将东乡以旅顺敌舰全灭凯旋东京，万姓夹道欢呼，万岁之声闻于数里。夫东乡明治以前留学英国时，一寻常诚朴之士耳。其弟兄从西乡起义，尽瘁国难而死于斯时也。外族凭陵，内患迭起，国是未定，宗社将墟，其流涕痛哭当不亚于贾长沙也。而不数十年，使国家列为世界一等强国，固始愿不及此，而亦不可谓天下事不在人为也。

　　弟睹人新胜之国势，而以吾国事事拟之，竟成一反比例，不敢怨人，自怨而已。阅冬月二十八日《日新》北京来电，谓俄人要求我政府，欲福建之澳门①、厦门为泊军舰地。此等无理之事，固知万不行，然而侮我亦太甚矣！上海露兵暴行，屡见各报，此为繁富之区，稍有举动即能知之，吾独悲乎东三省、蒙古等之僻在一隅也。虽暴杀数十万数百万，亦

---

① 原文如此。

无人理之、无人言之也。又阅二十四日《日报》云：德人于山东仿俄人防守铁路政策，分三十余处，每处派兵二三百人，山东巡抚与之不合，竟强迫更换之。英人于西藏筑铁路直达重庆，要求甚力。种种无理之逼迫，接踵而来，能不令人发指！

然而外侮之来，固吾国势之弱。使吾国有勃然之机，则今日虽受侮，庸有雪耻之一日。而吾国内又何如也？社会政治无一不腐败，朝野上下，其所言所行，混混浊浊，几令人不欲置身于其丛中。而所恃者，仅学界耳。以为仁人志士多出其中，移风易俗匪异人任，故近日讲求教育普及之法，万众一心，举国一致。讵知新旧之争，其祸更烈；而讵知新与新之争，其祸尤烈。或丑诋一二人而谩骂全局，或择举一二事而痛毁全体，致使故乡父老闻而相戒曰：毋使子弟入此迷途也。抑谁之疚欤？！

近日学生东渡者将达三千，良莠不齐，议论亦多不当。故乡父老闻之，以为是皆少年无知之辈，未窥经典，略识之乎，故见异思迁，无操守性质；而尤敢以末识妄议前人，是不可不主持大义，以存先哲典型。故一切刑政制度应改革之事，无不起而厄之。吾固知父老之心非不欲救吾国也，而万事不能许其革新，适足以灭吾国！灭国非父老之罪也，吾辈之罪也乎？

夫今日之势，既不能闭关自守，则必与各国交通；与各国交通，则不可不观世界之大势。今日号独立国者，其政体非立宪即共和，其专制而称独立国者，仅俄罗斯与中国。俄自战败以来，民族蠢动，刺国务卿，刺波兰总督，刺警察长，莫斯科且集至数千、万人以抗。俄皇知专制国之不能立于二十世纪也，于西历十二月二十日下改革立宪之诏，谓非时势之不得不然耶！我父老欲存先王之志，闻言改革则以为学洋人。吾甚钦佩父老保祖国之心，然我辈今日所行之制度礼仪，衣服器具，何一为古先圣王之制乎？清夜以思，恍然自悟矣。

又，或以为游学者炫于人之辉赫，而未识先圣先贤之典章文武，遂自揄扬。夫如弟之孤陋寡闻，未能博览群籍，其言固不足短长。而谓集二三千之士子，萃二十余省之人才，一二通人博学亦未曾有，能不诬乎！

又或以内地亦不乏报章，而危词耸动不如是之甚，岂海外别有天地乎？而不知内地报章诸多忌讳，且海外并无访事人，所译各报皆人已实行之事，而安能于机之先，知各国之内情与对我之手段也！即在日本，于各报亦不得闻其详，而往往于其通人学士所著之书睹其密秘。而各报亦以保东亚和平为主义，稍有关于中国之事则反复论之，非欲警告中国也，亦借以作他山之石而激励其国民，故此次战争皆知奋身。使民夙无知识，不知亚东之关系，安能舍死而为邻国驱强敌乎！

今者日俄战事，各国有仲裁之说。彼二国事平，即我国事始。稍有识者皆知此番交涉之难。而况西有川汉铁路与英法之交涉，又有粤汉铁路与美之交涉，更有广西乱事与法人之交涉，其它山东、澳门、厦门等交涉，外交之棘手当莫如斯时也。

外界之激刺逼人而来，觉天地虽宽，竟无国民吐气扬眉之地。而回想我故国山河，闾阎父老，谓前此曾痛言时局，或有一二革新之机，反动力大，其进步愈速，祸未必非福。而不料无一线光明，反诸多疑窦。一人何足惜，所可伤者，二万里锦绣江山，四千岁文明古国，神明胄竟如斯乎！

　　无计能醒我国民，丝丝情泪揾红巾。
　　甘心异族欺凌惯，可有男儿愤不平！

杞忧人其不必矣，一眶血泪，无处可倾。今日东京市以旅顺陷落，祝捷于日比谷公园，其繁华热闹不忍看不忍言。走笔草此，我思古人贾长沙之策治安，殆以涕泣为宗；庚子山之赋江南，惟以悲哀为主。虽知其不详，非人所能主。

来日方长，尚祈为国珍重。不宣。

熊克武致吴玉章信*

（1911年11月14日）

玉章仁兄先生大鉴：

舟次匆匆惜别，未尽所怀。轮行无停时，明日可到汉口。屈指征尘，故乡不远。至时，必有以见告。

今日拾阅杨嘉绅寄信，见有托江苏都督府收发处蒋茹孙寄信。此人必与杨嘉绅有关系，后日察款，或不可少。请费神，就近调查，械知宜昌蜀军招练处。专此布达。即问

近佳

  同人附候

弟克武

十一月十四日

---

* 录自《吴玉章往来书信集》，重庆大学出版社1993年版，第11页。

启事和函电[*]

（1912年8—10月）

·启事·

一、朱芾煌、吴永珊启

各法团监：

敬启者，仆等不揣棉薄，膺命回川，内地情形，愧未深悉。谨于本月初三日开茶话会于筹边会，研究本省重要问题。凡在省各法团，均请遴派代表，届时赍临赐教为盼。

（载1912年8月3日《国民公报》）

二、四川留法俭学会广告

本会前月经同人发起，正拟筹办预备学校。今接朱君芾煌、吴君永珊来电，不日即将返京。如有志愿留法者，请于九月十五日以前到重庆取齐，偕两君前往。并可先向沈君宗元处取阅章程并介绍书。有志之士，幸勿失机。此布。

（载1912年9月5日《国民公报》）

---

[*] 录自《吴玉章在四川》，自贡市、荣县纪念吴玉章同志诞辰一百一十周年活动筹备领导小组编，荣教文准印字第000157号，1988年版，第14～16页。

· 函电 ·

一、给自流井税监电

自流井税监李丕文君：

兹奉大总统命来川慰问，兼调查一切事宜。刻已抵省，十日后即来贡聆教。祈将前后盐税办法情形预告清册，以备参考。

朱芾煌　吴永珊　鱼
（1912年8月）

二、致胡景伊、张培爵和省议会电

成都胡护都督、张民政长、省议会全体鉴：

出省以来，查川东南一带，秩序甚属安谧。赶轮还京，已移船矣。各法团代表何鸿恩、莫阶、邓德林、周辛斑、程靖、周笃卿、曾鼎勋、朱之洪等八人来请缓行。叩其原因，则以近阅省报，纷载护都督调第二师兵向川东出发，谓重庆有独立之说，派兵剿抚云云。重庆人心惊惶，不得其解。力挽芾、珊等留渝，秉公查办是非曲直，呈报大总统裁制，以判真伪而安人心等情。查川东一带，李绍伊及其多数匪党，悉心就诛，大寨荡平，人民安堵。黄宣慰使已回渝视事，贵护都督想不致无端出兵，重庆安宁更不得因此动摇。即有谣言，亦望贵护都督出以镇静，一面先行查实，真有独立之实据，本可严重询问，电请中央详示办法。重庆文武官吏皆负有保安之责，各法团亦应共谋安宁之祸，岂有放弃责任，含默不言者。一有纷扰，人民何堪！夫独立二字，乃对于满清政府之名词，各省同是中华民国，同戴中央政府，何得一因谣传，竟至轻信省报有又分省之谣。此自改建行政区域问题，非通过省议会及中央参议院不能解决，更无可信之理。现在中华民国已属约法时代，自总统以下同受法律之制裁，即有争议，亦当据律申理，断无动以武力从事者。苇、珊对于此事，务请胡护都督切实查明，若特因省报载重庆独立之谣而出兵，立请撤回，以安人心。若并无调第二师向川东北出发之事，则请明白宣布，并电示各法团以释群疑，事关安危，唯诸公审之临别之言，尚希加意。留轮以待，切盼电复。

苇煌　永珊　叩

（1912年10月）

关于留法勤工俭学的电报(三则)*

(1912年9月14日—1919年10月3日)

一、1912年9月14日电

成都民政长鉴:

寒日抵渝,号日乘轮东下。留法诸生,速令兼程来渝。江津政务废弛,匪警频闻,乞速委贤员,以复秩序,盼切祷切。

二、1912年10月6日电

成都都督、民政长、教育司钧鉴:

前日汪精卫、蔡元培诸先生在京发起留法俭学会,谅邀洞鉴。此举裨益于吾国青年教育无量,唯款项綦绌。查川东道库余款,前经洪祖学清算,除创设两校及拨助各校共十三万两外,尚余万余两。可否将此款汇寄该会?恳速交。

三、1919年10月3日电

霞飞路华法教育会沈先生鉴:

川生赴法,请妥为照料。

---

* 录自《吴玉章教育文集》,四川教育出版社1989年版,第13~14页。

吴玉章致任鸿隽信 *

（1913年7月3日）

叔永仁兄先生道鉴：

数月未上一函，罪甚，罪甚！兹走笔书此，不觉泪下沾襟。望兄睹此，无过于哀痛，以保千金躯，为我国造将来之福。

令弟季彭，前数月来沪，即同刘亚休、张荔丹二人，往西湖小住，每日清谈，颇饶闲趣。迩来，时局愈恶，险象环生，宋案、借款诸问题，层见迭出，国中几成一匪盗世界。与之谈论，颇觉有异。住数日，又欲返西湖。凤石劝渠留沪，不可。前数日，与荔丹游山，见小湖水，即往濯足，随即欲投入湖中，经荔丹挽之，未果。怒谓荔丹："何故阻我？"经荔丹婉劝，心稍转。隔二日，忽跃入烟霞洞池中，经石工救起。荔丹六月廿九夜急电沪，请亚休往，挽之来沪。亚休三十日即急行赴杭，至杭则季彭已不知所在。搜求一日，于七月一号，始于翁家山井中发见季彭尸。呜呼！季彭果自杀矣！

先是，荔丹于季彭二次投水后，始来函电，促同人往援。廿九夜，荔丹历言自杀之无益，吾人当觅一死所。季彭甚以为然，并言："愿应《民意报》之聘。"谈至夜三时，季彭已沉沉睡去。荔丹已守护两日夜，亦觉疲惫，即令僧人，将各门锁闭，始暂休息。迨五时起视，则不见季彭，

---

* 录自《吴玉章往来书信集》，重庆大学出版社1993年版，第17～19页。

门扇如故，惟窗开一扇，知渠从此出。遍寻不得。窗外荆棘丛生，欲出不易。季彭以羸弱之身，悍然冒万难而出，其决死之心，可想见矣！惟无遗书，不知其究受何种激刺。然观其近时诗文，则不出忧世愤俗之念。同人拟倩能手，即为之草一遗书，借以警世励俗，或亦季彭之所心许也。

兄万勿过悲，致伤尊体。现在时局，早有心人无不愤恨，愿拼一死，与此当道之豺狼，一决雌雄。无如金钱万能，士气颓败，凡所计画，多为奸宄所乘，徒令志士灰心，英雄短气。呜呼！人心如此，国不国矣！

亚休来沪，令弟与荔丹仍住西湖，所作诗文，满纸悲愤。五月，弟由京来沪，欲季彭有所著作，函促其来，至则事又稍变：文未果，作死为乐。但如季彭之死，则弟不敢赞成。

目下，大局日危，国民党人拟放弃政权，任彼凶残，屠戮人民，使人人备尝辛苦，或有回心之日。

弟数月来，往返京沪间，未成一事，午夜捶心，但悲身世。现赣、粤、皖三督已撤，鄂、豫间时有变乱，各地恐从此多事矣。议会已失效力，前途可悲！

昨得北京信，弟留学事，现已可行。拟即赴美，同苇煌等共研究政治。兄处现状如何？留学事，英美比较，以何为优？弟如去，出发当在八九月。赐复仍寄"上海北山西路四号陈凤石转"。

又，现在拟将《中华民报》同《民国报闻》合并组成一报，单论是非，不拘党见，能否如愿，尚难料也。草此，即请

道安

同学诸公均此

弟永珊再拜

七月三日

中华民国教育部审查处朋友致吴玉章信 *

（1913 年 11 月 5 日）

玉章兄鉴：

款领得，今日已由北京浚川源汇交上海康心孚，请即往询心孚为要。

吾兄留学法国，证书附呈，请察收。

此款系弟与王云五、曾通一三人展转作保，具有保状。万乞吾兄，决勿后期，准于本月十四日启程，专心求学，弟所切祷。

近日，因舍弟君墨欲还蜀，妙手空空，不名一钱，弟坐此异常拮据，挪用尊款八十元，后仍当筹还也。

心孚处款共壹仟壹佰元。心孚现寓威海卫路 A 字三十五号"丰康寓"，请即往询可也。匆函不尽。即叩

道安

弟拜

11 月 5 日

---

* 录自《吴玉章往来书信集》，重庆大学出版社 1993 年版，第 19～20 页。

张百麟致吴玉章信*

（1913年）

玉章仁兄同志大鉴：

匆匆握谈，未及详述，歉甚。拙作原称《四次战事本末》，因同志中有主张为《共和纪念书》者，遂定今名。来粤征求史料出售预约，幸得各当局之赞许，已有端绪。冀赓、景帆两公处亦有专函，望其助款，代销约券。惟本书出版期近，急于集款，我兄民国先觉，于此等纪载，必乐观其成，尚望量力资助。

弟于十三搭绥阳返沪，倘承忱助，请交谢慧僧兄手可也。俾得按时出书，感甚！

  此颂

道绥

小弟张百麟上言

---

* 录自《吴玉章往来书信集》，重庆大学出版社1993年版，第17页。

吴玉章致宫崎滔天函 *

（1914年2月15日）

拜启：

久未问候，真是抱歉。祝您在春日身体健康，生活愉快。我很早就想去法兰西，去年的十月十四日终于从上海出发，在今年的正月六日到了巴黎。我的住址如附件所示。我想知道目前日本和中国的情况，以及孙、黄等人的近况，您了解的话还请和我说一说。您的兄弟民藏先生还在上海吗，也请告诉我他的近况。

草草顿首

宫崎寅藏先生侍史吴永珊

二月十五日

---

* 录自《宫崎滔天家藏民国人物书札手迹》第3卷，华文出版社2021版，第227～228页，原文为日文手稿。

吴玉章致张继函[*]

（1914年2月15日）

溥泉我兄道鉴：

国事不堪问矣。迩来公私交困，大盗小偷，遍地皆是，豺狼当道，白昼噬人，真可谓暗无天日矣！然征诸各国历史，值此经济困难之时，其国中必不能安稳，变乱相循，意中事耳。惟救国之道，首重人才，若无真正爱国之人，徒纷纷扰扰，终无益也。弟意此后吾辈当团结真诚爱国之士，从改良社会、振兴教育实业各方面下手，不必图握政权。盖以今之时势论，无真实人才，人民又不能辨别是非善恶，即为政亦难如愿而偿也。现在东诸公有何计画，有何政见？望详悉示知。弟于去年十一月由沪来法，现寓巴黎市外古伯洼路易步兰街四十五，儒邦先生家，即前年兄在法时所寓之地。现正预备语言，间亦同法人来往。韦君到此以来，颇能活动，惟款不济耳。若能接济小款，收效甚大，望与黄、李、孙诸公言之。汪、李、蔡诸先生如恒。杂志未能出版。昨闻熊希龄已辞职，不知何因。内地杀人如麻，闻在东官费，几尽被裁撤，此间亦大有裁减之意，党见可谓甚矣。

---

[*] 录自《宫崎滔天家藏民国人物书札手迹》第3卷，华文出版社2021年版，第231～232页。

宫崎民藏先生返东否？现在何处？乞示知。白浪庵先生近况如何？乞代候，暇当致函与之。余续陈。即颂

道安

弟永珊白

二月十五日

吴玉章等留法留学会负责人为四川自费生学业事致四川巡按使函（节录）*

（1915年11月15日）

留法四川自费生全体呈，为沥陈留法困难状，谨拟补救办法，协请鉴核事。窃百年大计，树人为先。而善学儒生，家恒不富裕。生等鼓箧异域，今当变乱，处现况则汲汲然忧，观往事又奕奕然喜……生等自民国元年冬，由北京留法俭学会出发，先后计今已达三十人左右。据此会章程原载明，每人年中币六百元足用，汇到法后实际调查，所谓足用者，乃专指乡村中等农业言之，至于课艮级高者，费即递增，纵居行太简，亦相差甚远……暨夫欧战肇徂……在平时中币一元易二佛郎半，今则不及二佛郎，即全年中币六百元，可易千五佛郎者，今则不及千佛郎……此邦用度，较战前增高……本年春初，曾接到前巡按使汇来万零八佛郎……生等查改革前，在法四川官费生有刘恩浦、童支生、游汉章三名，归国后即未补送。又查民国元年，临时省议会曾议决，派欧美游学生四十人，分配各国，法得八名。二年春考试，当以取材不足，仅派游法一名，更期三年春补考，届时仍议从名。此间去岁春已设有留学会，每年即由此会切实调查……检验证书二份，一报之在法留学监督，请其报部；一报呈本省巡按使，请其照章补额，额满时，则作候补……可否

---

* 录自《吴玉章往来书信集》，重庆大学出版社1993年版，第20～21页。

之处，请迅赐批答。祗遵……

　　　　　　　　留法留学会　干事　季宗孟

　　　　　　　　　　　　　　会计　吴永珊

　　　　　　　　　　　　　　文牍　吴蜀奇

　　　　　　　　　　　　　　招待　吴昆吾

　　　　　　　　　　　　　　调查　杨子嘉

　　　　　　　留法自费生：吴蜀奇、罗士嶷、何鲁、吴钢、段子燮……熊卓异、朱玉林等共二十六人

吴永枏致吴玉章信 *

（1916年2月12日）

玉章弟左右：

一月十号（十二月六号）接到十二月二号所发之函一件。展读之余，知弟之学术经验大增进境，不禁喜出望外。尤冀锐意潜心探求精奥，以为将来出而问世，举措咸宜之备。学生时代，为人生最不可多得之境，学生而官费，而欧西，尤其难得。弟身膺其盛，万万不容轻易放过。虽显职厚禄，目前即可获而得之，权且置之不顾，待学术造到十二分有把握时，无须求而自然显达也。岁不我与，时哉不可失，希奋勉前进是祷。

回忆我兄弟三人之思想、之见识，何尝不着着高出于人；萦萦数十年，而依然本来面目。盖以公心似水，而人之借以资助而发财、而显贵者，不乏人。虽曰不义等诸浮云，惟君子固穷，致令子弟废学术者，害已非轻。老幼之死亡者，实堪痛恨也。

函叙及二哥，恐不免所料。如其然也，鼎足者去其一，悲痛之怀，宛如夏日矣。二哥秉性聪颖，襟怀远大，诚敬自持，廉洁堪风，以孔方之阻，限社会之浇诈，不获一展，而郁抑以亡，九泉下亦难瞑目也。此为吾等说梦，则幸甚，若确有是耗，天乎痛哉！

吾弟兄姊妹五人，仅兄与弟存在，当如何珍摄保重。虽不曰"留此

---

* 录自《吴玉章往来书信集》，重庆大学出版社1993年版，第21～25页。

身，担当宇宙"，而光前裕后，实是赖之。吾于是不能不与弟商订以后之方针：不再为人作嫁，先谋各人身家之幸福，得切实享受，然后推及社会，而国、而世界。或谓有国而后有家，然而室如悬磬，生活难保，幸福将安附耶？孟语"民为贵，社稷次之"。人为天地之心，天地非人不灵。是则人生之尊贵，殆莫之与京，虽尽造物之所有，以保卫之，不为过也。此据体有形之保卫，或者不乏其人，而寡欲清心，无形之保卫，恐不宿宿觏也。

夫人落到后天，即不免情欲，侈于情欲，身心隐受无形之损。而中规中矩，纯是真人之自然。而民胞物与，本其一片仁慈，立出修养之法，以示后起者之所率由。允执其中，不偏不倚，勿亡勿助，中庸之为德也，其至矣乎！

若夫不向善，固非美德；而太要好，亦是私心。体气化之运行，而纯处之以自然，行所无事而已。《大学》云："大人者，不失其赤子之心也。"探得此语之奥妙，而顺而行之，未有不头头是道者也。

二月九号接到一月四号手函，阅悉。黄复生君已到巴黎，昕夕同居，想此番必能研究世界最新奇之理想，最猛烈之技术，以为振兴中国之必要利器。

统观世界，自入二十世纪之国家，非讲军国民主义，不第不能以列强并峙，恐亦难于图存。近日欧战纯以空中制胜，用戈刃相击者，无论矣。若仅有快枪、机关枪之军器，亦未始不退避三舍也。深望弟同复生专学空中战术（课余之下去学为妙，或专学未尝不可），飞艇、飞船、最猛毒之氯气煤气之炸弹，为强国之需。

盖军事学者，似为当今各科学之冠，国家之存在与精神，皆恃乎此。即缩小而论，今番云南之独立，无论其人之流亡何地，但是学过军事者，与夫前时从过军者，均函电相约，且给以旅费川资。外此，则咸困于沪及各地，有明征也。

吾弟兄留学，开吾川之渐，于军事学则缺如，然非一朝一夕，即能学得。而欲求捷径，惟空中战术，可以驾乎前学军事之上。可否后函叙及？即不然，或设法遣子侄一二人，专学此术，亦甚善。以如斯穷困，此议恐不免乞人，思纨绔之梦呓也。不若弟分神去学，必靠实也。

近几月，屡接暲侄函，渠于中学校已毕业，此后应入何等何处之学校，请示于予。再四思维，莫衷一是。是以函商，希审查速复。

弟之费，有盈余否？若有余，须将前所言之航空技术学费除开；再有余，然后向资助子侄方面设想。不然，作罢论。然而于卫生上所必需者，万万不可省也。以外，则筐倒办自家正业，以免外人垂涎。（庶咸弟屡谓弟，不顾家，不盘子侄学业，有余钱，则资某某留学生，接济某某流亡。别家之子弟留学，弄钱到手，已经肥实了的，自家子弟废学，别人未尝代谋，家给不足，好友至交，未尝接济。朱芾煌同倒办事，后渠做官，并弄得官费，盘五个人留学，等语。）

子侄辈废学，是兄之咎。近来看穿世故，未有累得倒我心中之事。即家给不敷，我也不管。惟大小子侄，不学无术，使我昼夜焦愁，不能顷息稍安者也。此是兄之专责，不过书之一商，祈勿因此着急，有隘卫生，有妨学术，反加重兄之咎，则万万幸。

秉钧弟兄、陈凤石、童慎如，及川省非军人派流亡者，不下数十人，尚羁于沪。谢慧生、杨仓白等，尚在沪组织一什么私团体，名誉太糟。若辈之心术，素未扫除清白，辛亥反正任事，只知争权势，弄银钱，未尝树一堂堂皇皇正大之事业，以后恐未必有如此之好机会了。复生富于道德，于我们之各谊中，仅此一人，宜诚敬相待。以外恐不能不留心注意了。非故为此也，社会人类之驱我，不得不然也。

袁皇帝于阳历十二月十四日，倒旨消灭共和总统，而号称洪宪皇帝改元。革命党群集云南，宣告中外独立，共和政府讨伐袁世凯，堂堂正义，天理人道，世界公认其为应行之举（日本在滇设立公使馆，又派某少将入滇矣）。此次举义，军政界各执事，皆富有学识而几经历验者。观其宣告国内，照会国外，以夫执事之劝勉，戒滇警誓军士之严词，作战之计划，保护人民之条例，无非布公开诚，显然共和态度。军队已编定七师，尤陆续招练，约数月内，可编十余师，或二十师。阳历十二月二十四日电告袁皇帝，请求取消帝制，诛戮首逆杨、孙等十三人，以安民心，而息外侮，限二十四点钟达复。同日电告全国二十余省军巡，谓袁氏已称帝改元，请讨之。限回电，赞成者几省，骑墙者大多数，反对者二省（阎、段二将军）。袁世凯不复，反谓系革党造电，或被乱党所迫。又谓帝制，唐、任、蔡等皆代表民意，上书请愿，此举必处以反叛之罪等语。二十六集阖省军、学、士、商，及重要同人，开大会议决，树旗宣布独立。全滇三迤城乡市镇，咸树国旗，张灯结采，爆竹馨香，同升庆祝。先于二十二出兵二梯团，分赴四川，二十八九续出四混成旅。唐继尧除将军名称改为都督，组织共和政府，编织军队为护国军第一、二军，蔡锷总司令第一军入川，李烈钧总司令二军，由黔入湖南，已抵湖南，取芷江、麻阳、晃县等县。又一支驰抵广西之广南府。入川军分三支：取叙川（阴历一月二十号）一支，已由自流井到隆昌，内江、资中为士兵所占领，联为一气矣，一支攻泸州，一支占领永宁，出渠江，到涪州，据重庆下游。今日报谓：重庆已宣告独立。四川已成交战点矣。

又报载，及各处到沪者所云，山西、绥远、新疆、蒙古、陕、甘、两广恰似辛亥四川之保路同志军之情形。

王子睿昨日由南洋返沪，在香港住二日，广东实在有右所述之情形。一念之差，兵戎遍地，吾侪小民，何辜遭此。然而，不似第二次之怨乱。闻云南倡义，全国人民之爱戴欢颂，大有望拥国军必除此恶魔而始快之势。真正民意，于此可见也。

　　刘存厚响应拥国军攻取泸州，二月六号已得，今日报，雅州、嘉定府已失守，湖南之凤凰厅失守，北江之清远、花县、佛岗等共和军起义，高州一带之军队皆应之，省城（广州）大震，南边几稍静，而袁军之调动，水陆交错，人民均受痛苦，全国无安净土矣，太平景象不知何日始能出现也。

　　写至此接到家函云，人眷平安，事务如常。昕侄上弟之函附，余后及。顺询

学安

　　复生兄致意问好

兄栐启二月十二号　泐
一月初十日

吴永枬致吴玉章信 *

（1916 年 4 月 11 日）

玉章弟左右：

昨接到三月四号第二号手函，二月十一号发来之第一号与寄家中信，及复生附叶均收到。此次来函云：近日未得我函，颇念。

近两月虽未多寄函，然每月一函，则未尝有间。寄来之信，列有号头，有无遗失，一见即知。

其所以未多作信来者，因陕西人王汉波，登报鬻字，兄见广告所书甚佳，即访之，其人果善书法，性质亦好，遂友善，来往常密。仑儿之字，即大进步。又因马筱珊再三要求我教其十四岁之女孩，每日到渠家教授二三点钟。该女颇聪明，刚教两三星期，即有挺秀劲健之笔画。可见中国少年，无论男女，苟得良师训导，皆可造成人才。奈执政者不讲究，致国家之弱也。

兄恒言，中国人之聪明才智，不亚于欧西，苟得良师训导，必放光采于世界，可断言也。

复生尚未到沪。法人招华工，先给旅费，甚善。然时间万不限定，工场亦不可限定，随吾人择选，自由进退则尤美。兵工厂能进去则尤美中之美。选格极宽，除烂人流氓，坏种游浪外，总以诚实精灵，富于天

---

* 录自《吴玉章往来书信集》，重庆大学出版社 1993 年版，第 26～27 页。

良道德者为首选。

我家子弟，留大昕办理家务外，仑、铅、旻、暲八九子皆欲令其来学，以三四人入工场，每月所余之钱，合弟之余费，供给二三人入专门之费，大约可以敷用。是否？速复。

威尔丹炮台烈战，必有胜败。我国人之能否久居工场，亦是问题，宜从各方忖测。总期能持久，始得将各种实在工业项目，学习到确有把握，归国后须从天然物品，制成原料，又制造成精美各品，不需雇用外人为妙。章程订好，速寄下为盼。拟得到一定办法，命儿回乡相约，大约吾乡一二百人，或可做到。

吴超凡昨已函致县中办公事人张景乔、刘鸿文，嘱将公款资助无钱到沪者，每人三十元。若能行，来的必多也。

国中近日，一团糊涂。滇黔起义，川湘糜烂。广西继起，迫广东于初五日亦宣告独立，拥国军或可全占优胜地位。今辰忽闻，梁启超有倡复辟之论，真是怪事！岂奸人之设计欤？抑梁氏欲衷其素抱欤？岂造物吝惜幸福，吾四万万同胞之孽苦尚未受满欤？殊令人难解者也。

日前四川同乡会长石霖王君，约我到会，由渠报告会务，及一切善后办之事。议毕，兄即发言，谓现有一种紧急应办之事。袁世凯谋帝位，吾川首遭兵患，今申令取消，是自认不法。请渠速调去川中北军，以靖地方，遵照临时约法，速退位，以候国民大会按法裁判。全体赞成，即以朱白为顶名拍电，兄亦附骥。朱白为者，即荣县朱荣程之侄。

后数日，童慎如顶名，又拍一电，促袁世凯退位。明知不生效力，然登诸报章，或可鼓动人心。

近日，沪上、各省各界莫不电促袁退位，阻止北军入境。广东会馆开会后，即与招商局、轮船公司交涉，不运北军入粤，致令护军使已封之船退消，其各轮船局多粤人办事，皆不允运北军。于是遂派入闽，闽人亦纷纷电限，又调回京。闻北军大半不愿返。

今日传闻，南京独立，袁世凯终归倒毙。若梁氏复辟之说一倡，真是华人之大不幸也。可危者此耳！时事日非，吾人犹是韬光藏慧之际，弟其安心究学为是。余后及。此询

学安

兄梆启阳历四月十一号
阴历三月初九

家中来信老少均安，事务如常。

吴玉章等致云南都督唐继尧电[*]

（1916年4月25日）

云南省唐都督鉴：

英法报刊（快报），对我国情况的报导，态度是友好的，请继续迫袁卸任。

谢东发　吴玉章　李汝哲
1916年4月25日6时

---

[*] 录自《吴玉章往来书信集》，重庆大学出版社1993年版，第43～44页。

吴玉章等致云南都督唐继尧电 *

（1916年4月28日）

云南唐都督鉴：

请钧鉴向比利时部长声明：由汪荣宝三月于北京签订，到滇日期为十月之一千万法郎之借款，情况不实，请予否认。

谢东发　吴玉章　李汝哲
1916年4月28日

---

* 录自《吴玉章往来书信集》，重庆大学出版社1993年版，第44页。

关于留法勤工俭学的书信（二函）*

（1916年4月、1920年7月18日）

一、致吴稚晖书（1916年4月）

稚晖先生钧鉴：

别后未通一函，曷胜歉仄。前月黄君复生来巴黎，极欲同来一聆雅教，惜道远无从。兹黄君已返滇，而故国消息日渐佳良，无任雀忭。惟是吾人眼光，不徒在颠覆恶劣政府，而尤在促进社会文明，俾吾国由升平世至于太平世，以跻世界大同之域，实吾人之素望也！

自世界交通便利以来，大有以天下为一家，中国为一人之概。然而欧洲人种族之见甚深，倨傲之情特甚，而尤以英人为最。我国与英关系至切，第一、二次革命之成败，原因虽多，而英之排满助袁不无影响。此次革命军声势浩大，可望必成，而外交关系，今亦犹昔，是吾人不能不奋勉者也！

法人素重自由平等，性质稍良。加以石曾先生与周旋者十余载，而其有志之士，遂欲将其平民主义、大同主义推行于中国。是以近日于巴黎乃有中法教育会之成立。此皆数年来先生与石曾、子民、精卫诸先生朝夕所筹画，而今略得其成者也。中法教育会成立情形，石曾先生想有函书，无庸赘述。惟同人甚希望英伦亦有一此种团体，于前途必更有益。

---

* 录自《吴玉章教育文集》，四川教育出版社1989年版，第15～18页。

且于此次我国革命，尤觉刻不容缓。

兹有中法教育会副会长法议员母君，于月之九日有英伦之行，极欲将其所知之英国同志及议员等为吾人介绍，俾感情从此联合，前途容易进行。同人拟命弟与李君显章同母氏来英，与先生商办一切事宜。如运动英国舆论，使不助袁，及印刷英文通告书等等。不识先生于英人曾有联络及留英同人亦有此等组织否？如有，又应否须弟特别来英一行？统祈示知为盼。石君瑛、皮君式谷闻在英伦，与之一商如何？外致皮君一函，敬祈转达。

专此。

二、致蔡元培、李石曾书（1920年7月18日）

子民、石曾两先生钧鉴：

石曾先生函电均悉，以行将东下，冀一面谈，故未作复。乃行至渝城，痔疾忽发，不得已入法国仁爱堂医院治疗。至今已三阅月。大病虽全愈，而时局不靖，行路维艰，今尚滞留病院。近闻班乐卫君已抵北京，先生并将与之同赴巴黎筹办大学，诚盛事也。弟欲随两先生后，与斯盛举，不识何时启行，请函示知。如期迫则祈电示。函电均可由重庆法国医院转。

助留法学生款事，熊君慨允，惟现遇政变，无暇及此，只得缓图。川中学界思潮尚好，政局稍定，大有可为。知注并闻。即颂

道安

弟吴永珊敬启

吴玉章为反袁外交致云南军政府函电 *

（1916年4—9月）

一、4月3日电报

中国云南　唐都督鉴：

顷奉电命，曷胜感激。愿随公后，奠定河山，辑和中外。翘首东瀛，驻盼捷音。

二、法字第一号函（4月14日）

蓂赓先生麾下：

袁氏叛国，公等举义，内外国人，同声钦佩。四月二日，敬奉电命，托以外务。力虽棉薄，敢不奋励，当复一电，谅邀钧鉴。兹将英法对我共和军态度及此间同人办理各事件撮要列陈，敬祈鉴察。

（一）法国。滇事初起，法人未悉内容，多有目为叛乱，且有谓为被德人运动者。旋以檄告电传，义声四播，此间同人又极力排解，而舆论乃为之一变。近则举国上下，多表同情。其政府意向，曾托众议员母德（Mantet）询其内阁总理布理扬（Briand），得复，谓法政府对于民军深表同情，袁氏借款借路，绝不容许云云。其议院有大多数赞成民军，外交委员股议员母德尤能为吾辈尽力，其舆论尤多右民军，如《人

---

* 录自《吴玉章文集》上，重庆大学出版社1987年版，第17～27页。

道报》（L'Humanité）且大声疾呼应助民军，排斥民贼。母德及法惹勒耳（Fargenel）等均有论说登于该报。法氏屡有论说，载于《世界及政治一览》各杂志，尤为痛切。同人亦尝著论说登之。各报并印宣言书分送政、学、报界各要人。各寄呈一分，以备钧览。

近由蔡子民、汪精卫、李石曾诸先生同母、法二氏组织中法教育会，两国人士与会者不下百人，其中不少知名之士，将来邦交必日益亲密。母德于近日赴伦敦联军议院委员会议，甚愿为吾人介绍一二英议员，俾以后易于接洽。同人命珊于日内赴英，后事如何，容再续报！

袁氏曾以金钱贿买报纸，如《朝报》之通信员伊古落，袁曾厚馈之，近返巴黎。胡维德亦曾宴之于使署，故该报常有袒袁之意，然亦只取消极的办法，不登利于民军之新闻而已。

又，法政府欲招徕华工，同人等拟乘此时机，选择青年，以工兼学，既可谋个人生计，复可储国家人才，蔡、汪、李诸先生现正筹划此事，不日当托专人于国内办理。黄复生先生刻由法返滇，此间情事，询之可得其详。

（二）英国。英人性质与法大异，无一视同仁之感，有惟我独尊之概，其倨傲之情，不可向迩。外国人士欲与周旋，大非易事。且信本国人过深，持保守性太重，对于我国事务，只信其侨民之言，而此辈非受袁氏贿赂，则只顾其商务，而其政府外交惯性，则止知外国政府，不管外国民意。又有朱尔典、马利孙辈为袁氏辩护等，英人毕竟袒袁。迩来民军声势大振，出彼意表，虽未免惊疑，然于故习，未易骤变。日昨《日日新闻》犹有曰："袁氏虽可议者多，然欲我国商业于东方不受影响，莫若扶袁。"此可代表一般英人心理。

又，彼近来与日人暗斗殊甚，彼以为我国民党举事，多半为日人所耸动，心甚不懔。幸其疲于欧战，救死不暇。近见远东英系新闻，论调已变，彼等以其在东方之本国人已不附袁，亦从而和之，吾辈既知英人意在保商忌日，即可以利害动之，如谓欲保远东和平，必须中国能独立自强，而欲达此目的，非除旧布新整理内治不可。袁氏固陋性成，罔知大计，当此文明竞进时代，国民咸欲维新，而袁氏侈言复古，意气皆驰，终必乱信。数年来盗匪纵横，即其明证。近顷北京又有兵变之说，袁氏无能尤昕昕在人耳目。窃谓以此觇英人，则促清帝退位之朱尔典，不难一变而为促袁氏解职之朱尔典也。

综览英法情势，各异其趣。欧战以前，英人雄视五洲，法颇不竞。兹以战事迁延，情见势拙，英国陆军之窳陋，行径之恶劣，次第败露。而法国举国竞业，能拒强邻，兹威尔丹炮台大战，以独立支撑，已历数旬。德人军备号称世界第一者，乃悉其精锐，攻一炮台，迟久而不能下，已成强弩之末。而法国以此声誉日隆，浸浸乎有凌驾英人之势。至于极东，则日人势力日宏。去腊，袁欲引英拒日，以加入联军为承认帝制之交换条件，继经日本抗议，英人逡巡，谢罪而已！故今日外交问题，英人不敢拂日法意见也。至于德人，形格势禁，即欧战德获全胜，势力亦鲜能及于远东，况未必能胜乎。故德人举足左右，无足重轻，而联军各国与吾国壤地相连、关系密切，一有不慎，影响至巨。窃谓我国外交宜亲联军而联美国，仍以保全领土、开放门户为主旨。是否有当？伏乞钧裁。

公等军书旁午，未敢多陈空论。兹有数事询商，恳即明示：

（一）承认问题。斯时宣告独立者已有数省，各国曾否承认为交战团？如尚未，似宜急组织统一机关或暂由各省都督推定一人总理外交事务，随即与各国公使或领事交涉。同人已印刷要求承认书，分送各机关及重要人物，寄呈一分备阅。

（二）德人借款事。顷据母德氏言，闻德人有借款与共和军之说。是否确有其事？恳即详示，以便答辩。

（三）英领调停事。报称，袁氏托驻滇英领事劝滇中当局取消独立，且有以金钱运动之说，公等屹然不动云云。此事真象究竟如何？

以上各件，请速赐示。抑有陈者，欲外交之得手，须时时有新闻载于欧洲各报纸，以铸造舆论。外国人士习闻我国情势，友谊自觉不同。又举凡国际交接，无论巨细，均须参预，盖使世界人无忘我有屹然一国立于世界也。故欧战以来，无论大小各中立国，对于两军死伤兵士，均有赠恤，虽多寡不同，而礼貌则一。惟我国与黑人国独无此举，法某总长曾对胡惟德言及，而胡氏漠然置之，无怪外人屏我于列强之外也！现民军于国际仪式可置勿论，而新闻之传达决不可缓。此后遇有重要事件，如关于政变、战况、外交等项，望及时赐电，以便设法登报，并希随时函示各种详情，以免隔阂，而失机宜。

临颖神驰，特候捷报。专此，敬颂

勋安！

民国五年四月十四日

三、法字第二号函（4月29日）

蓂赓都督麾下：

四月十四日寄呈一函，谅邀钧览。兹将此间近情，列陈于左：

（一）赴英情况。珊英伦之行，前曾述及，十五日抵伦敦，母德氏为介绍英议员四人，曰阿可洛，国民党领袖；曰戈斯登，曰瓦得尔，均工党领袖；曰郝耳蒙，自由党领袖。皆于议会甚有势力，而愿意赞助民军。阿氏为新闻泰斗，颇能左右报界。近日英国舆论已有转动，《泰晤士报》及《朝报》甚称誉民军。四月廿一日，《泰晤士报》略谓，欲保远东和平，非去袁不可，联军政府宜急筹善策，以保持商务云云（该报附呈）。

该报势力甚大，此论一唱，谅于前途不无影响，同人乘此时机，印一宣言书分送政、学、报各界要人，使不再袒袁氏。效果如何，当于此后舆论觇之。

（二）招工事件。此事发生已历数月，去岁法政府曾派人赴北京与梁士诒订约，招五万人。俟以梁氏渔利，所招流品甚杂，习染玩恶，将来必无良果。法政府甚悔托梁之失策。兹已改约，限其暂招五千人以作试验。李石曾先生等以此事于吾国侨民极有关系，办理得当，利固无穷；若一不慎，害亦甚巨，美洲华工可为殷鉴。乃商之于法政府，承认代招优秀诚笃之青年，内托民军政府，外觅明达人士，认真办理，矫恶习以杜流弊。已由李君与法政府订约，先于民军势力所及之地招五千人以观成效。结果如良，将谢绝梁氏而专托李君。其详情将由蔡、汪、李诸君另函陈述不赘。惟此举于外交前途颇有关系，盖法政府舍彼就此，即微表其承认民军之意，苟其成绩与梁氏所招者优劣判然，则其信服民党之念益增，国际亲交，此为引线，亦未可知。拟请转饬民政厅长，用个人名义分函各县劝学所襄理此事，俾底于成，前途幸甚。

至于法人对于民军极表同情，前函已述。所印各件，分寄诸报馆，间亦登载。有大同正谊会者，于四月十七日开会议决，代呈法外交部，请速承认民军。其开会情形，曾登共和党报，裁呈备核。

又，珊滞英时，报称蔡总司令与川督议和，许袁留任以组织责任内阁，兵权不属总统等为条件云云。明知消息来自北京，必不确实，然虑万一出此，则大非前途之福。当即由学商界电致公等。电文云："上海《时报》转参、众两院议员暨蔡、唐诸公鉴：请复集国会，遵宪惩袁。据位要和，将再误国计，万祈审慎！"四月廿五日又由东发电致明公等，谓："英法助吾，恳续迫袁辞职。"想两电均邀惠鉴。昨报又称：段祺瑞组织内阁，袁愿将大权交出，传闻袁有召集旧国会，然后向其辞职之说。

凡此种种，何为确息？颇难臆度。在同人之意，斯时袁已处绝地，急宜从根本上推翻，苟且言和，姑息养奸，国势阽危，何堪再误！况斯时列强咸不直袁，彼外援已绝，不乘此机去之，将来恐又有变。公等明察，想早见及此也。

顷自使署得来消息，汪荣宝日昨抵法，据称袁氏于前月向比借款千万元，息七厘，用洪宪年号，比人不允，乃用倒填年月法，改为民国四年十月借款。该约系汪氏于北京签字云云。汪回比使任，大约以促比交款之事为重。袁氏卖国之术，愈趋愈工，类似之约，殆不仅此。前日英报有袁氏借美款四十万之说，河山有尽，饕餮无厌，非速禁阻，国何以堪！望即日电致驻京比使，不认此项违法之约，警其万勿交款，以顾邦交。一面布袁罪状，使举国周知。四月廿八日曾发一电，呈述此事，文字简略，恐不明了，特再详陈。同人等已就近先行警告比政府及其重要议员，促其注意。函稿及截报三节，一并附呈，以备查核。

以后遇有要件，恳随时电示机宜，以便遵办，而免遗误。云山东望，不胜翘企之至。

敬颂

勋安！

再，顷得电局来信云：兹奉河内来电，安南与云南来往私电，已停止不发，四月廿五、廿八各电，未便照拍云云。此事疑窦颇多：

（一）廿八电，廿九即得电复。胡以廿五电廿六不得复，而于廿九始同时得复？

（二）电系致云南都督，并非私电。

（三）此事如系法政府所为，则应通知电局不收受致云南电报乃廿五日电已去数日，廿八日电又经拍去，而滞于安南，复电又缓急不回。明非法政府之行动，而弊端全在安南也。此或系袁氏买通安南法吏所为。兹已由各方探其内容，并托母德君询其当局，不日想可知其究竟。望明公速与法领事及安南政府交涉。久不得贵处函电，岂均被搁置耶！四月三日得尊电后即复一电，十四日寄上一函，不知均得达否？恳统希赐示为幸。

廿九日又及

四、法字第三号函（5月10日）

蓂赓都督麾下：

四月廿九日邮呈法字第二号函，谅达左右。兹以李君光汉赴滇招工之便，略撮近事，托呈钧鉴。

四月廿五、廿八连发两电，阻于安南，当即托法国议员母德氏质问其当局，前函已言其详。昨见三月廿六日上海《中华新报》，日本递信省接袁政府通告，谓凡致滇、黔、桂各省私电，暂不收发；安南阻电，大约因此。然安南为法属地，不应奉袁氏命令，况中国尚未加入国际电信条约，袁氏不能据该条约第七条要求各国拒绝通信。法政府一觉察此事，解决想不甚难。

至袁借比款事，昨由汪精卫先生特赴比京，诘汪荣宝。初尚支吾，继晓以利害，始和盘托出，并以外交部寄与存案公文等件出示。借款名目系陇海铁路续借款一千万法郎，签字者为陇海铁路督办施肇基，而非汪荣宝。承借者为比国普及公司，该公司有办事人在北京，至于倒填年月及其它条件，略如前函所述。此款须俟该公司于旧比京发行债票时始交付，此债票应由驻比中国公使签字。汪氏言彼决不签字，然恐秘书或他人代签，则彼不负责。且一等秘书王侃叔系袁私人，驻旧比京，如代签字，事亦可行云云。此时唯一办法在阻止该公司不承借此款，或暂不交款而已。汪氏又言，尚有一二交涉未甚妥协，故此事进行尚迟迟也。现于各方面运动，冀破弃该约，吾辈所得门路颇多，想不难达到目的。

此后情况当随时呈报。

顷见报称，成都已独立，山东亦动摇，究竟大势如何？望一一详示为幸。

此请

戎安！

五月十日草

五、法字第四号函（6月12日）

蓂赓都督麾下：

军务院成立，公被选为抚军长。中外额手咸庆得人。从此统一河山，再造民国，直指顾间事。果也，义师未达，贼胆先寒，六月五日袁氏畏罪自戕，元恶既除，凶焰顿息，平和一复，国运斯昌。眷念前途，曷胜庆幸！

数月来同人所经各事，已三次函陈，谅均邀鉴察。兹将近状，再陈于后：

比借款事，经函致比政府力阻后，复晤其国务员，并托其国务员汪德威耳氏就近调查，当以其财政部复函相示，据称：此系私家银行借款，既未求政府赞助，亦不须政府允可云云。窃度比政府之意，似不愿干涉秘事。唯闻约虽成立，付款颇艰，前日汪荣宝赴比旧京，路过巴黎，声言彼不愿与闻借款事，袁氏将派施肇基来比旧京办理一切云。然汪氏何以赴比旧京？令人不能无疑。目下政局已变，内幕想必揭晓清白也。

阻电报事，母德氏虽已函询其国务总理，久未得复。昨电局已将电费退还。然此事关系外交，亦不能搁置，拟继续追究也。

袁氏死后，此间各报多谓中国从此可恢复平和，且有谓中国新党与英法人士志同道合，亲德之潮或可消灭云云。窃维吾国屡濒于危，所以不至灭亡者，以列强均势相制之故。欧战起后，均势似破，而不知暗中亦有两势力以为平衡，即英法日俄之暗斗是也。盖俄人欲出黑海之心，未尝或懈；日人思霸东亚之焰，至今愈烈。近来日俄屡有协约，英日迭有建言，端倪见矣；欧战而后，列强对于我国将分两派，一曰英法、一曰日俄；美或助英法，德或辅日俄。一以财力盛，以兵力强，吾国国力未充，必须熟审事机，妥为应付，以图控制。

英法野心不如他国之烈，而与吾国关系素切。将来我国外交，似仍以亲英法为宜。此次英人事事袒袁，颇轻视我民军，国人必极怀恨。然须知此皆朱尔典辈少数人之私见，而未必为英政府之意。兹以朱尔典辈屡误事机，英人渐悔，此后想必变其方针，重视民意，赞助新猷，正宜利用，以顾方来，不可激于情感，而误前途趣向。近见沪报，颇詈英人，故虑及此，一隅之见，尚祈亮察。

同人际此有为时代，愈当振刷精神，专研学术，以图他日赞襄国事。以后关于内政外交事件，如有谘询，一奉明示，即当竭其驽钝，以副盛意。

专此　敬颂

勋安！

六月十二日

六、法字第五号函（9月20日）

蓂赓督军先生钧鉴：

迭奉复书及《义声报》，欣悉一是，自公等举义以来，未逾半载而天下大定，虽曰天命，岂非人事哉！

袁氏暴毙，破坏之事虽终，建设之业方始。诚如尊论所云：后事正多，前途茫茫也。惟吾人际此运会，益当振刷精神，融通中外，应世界之潮流，副国民之希望，以树亿万年有道之基。此心此志，窃愿与贤者共勉之。

顷，蔡、汪、李诸公与同人，再四磋议，以为吾人当及时为国家育人才，为国民筹生计，此间自春初以来，曾有华法教育会之组织及招收华工之报考，皆欲达前二者之目的而有是举也。兹工商学各界日益发展，如得国内知名之士，大力维持，其发达当不可量。先生领袖名流，主持大计，对于进行事件欲陈述于左右者至多，而又非楮墨所能尽，众命珊归国一行，面承雅教，兹定于十月一号，由海道来滇，待商定大计后再至京师，一切情事，珊到时面罄，兹不缕缕。

李光汉君所招五千华工不识已就道否？务望早日使其赴法，以近日法国需工多而且急也。

专此　即颂

勋安！

九月廿日

吴永梽致吴玉章信＊

（1916年5月11日）

玉章弟左右：

四月十九接到第三号手书，忻悉一切。内云：以后每星期必寄一函。今已廿余日矣，未递到一函，深以为念。

迩来仍照前研究学术否？弟忧国忧民之怀重于身家，兄所素信者也。以兄陋见，溯以往而衡以现在，更揆之以理，推测将来，不能不期望乎刻间之学子，潜心探求最高妙而特出于当今之学术，以为后劲，方可为我共和民国前途幸庆也。况吾国潮流所趋，派不一致，其间虽不皆命世之英，又未尝不有二三数救时之彦。

袁逆之必倒毙，不过时日间耳。所虑者，袁除后之政治，恐不能统一就范也。然党派分歧，尚不为异。所怪者，无知识、无学术而拥兵自雄，且号为一班政客者，胸襟不□□，眼界不光明，心地不干净，若得居显职，难免不以五十步笑百步。

弟其抖擞精神，探求精深学术，察世界之经过，以括高大眼界，预备将来问世之需。彼空疏者，固难建白于当今，即自命政客者，恐亦不能持久也。此吾所以不免杞忧也。

中国现状，云贵两广浙江完全独立，锐意讨袁。其余大通、江阴亦

＊录自《吴玉章往来书信集》，重庆大学出版社1993年版，第28～29页。

树帜独立。冯国璋则以重兵将江阴取去，冯之居心，诚不可测也。今日报载，四川独立。又陕西、山东、湖南、湖北党人活动有得数十县、数要关者，不日大约会宣布独立。昨报，云贵、两广已组织军政府于肇庆。其详，阅报纸便知。

此次革命，难于辛亥十倍。吾甚望一班老奸巨滑、拥兵自雄者，一涤其旧习私衷，开诚布公以将事，则幸甚。不然，吾甚为前途□忧也。

刻以所居之地，空气大坏，适房主又要加租，故另佃法租界北褚家桥，爱来格路鼎宁里二十三号，拟十四五迁移过去。新房空气较好。以后，信直寄该处为是。

法招华工，船旅费，概由工场担任，甚善。然必不限时日与工场，此吾人之自由，则尤善。现已多数人报名愿去，兄不得不任经理。

沪上昨家函，特要其详。梁纯古亦函致弟，求详附上章程，希速寄来。旅费由何处取？亦即速复知为盼。余后及。此询
学安

兄栩启　第七号

兰大娘九旬大庆，家中送礼钱二十串，岐西六旬，礼钱十串，做匾一架"萱荣永映"，贺客贰日数十桌，真幸庆也。

五月十一号
四月初十日灯下泐

唐继尧复谢东发、吴永珊、李汝哲函*

（1916年5月）

顷据法字第一号来函，具见热心为国，筹画周密，不胜欣佩。承询三节：（一）承认问题，此间以为此次民军之所以战争者，即为争回各国曾经承认之中华民国是也，于法理上事实上均觉要求承认事属重赘。且一要求，必引起无谓之波折，故至今迄未议及之。不识尊意以为如何也？（二）德人借款，现尚无此事，或系袁世凯借以欺骗外交，煽动各国。诸兄在彼，乞注意为祷。（三）英领调和，事在初起义，曾探试二次，经严词拒驳，不复来矣。至统一机关，各起义省分皆以为急宜设置，现组织一军务院，互选尧为抚军长，经屡辞不获，现已于五月九号宣告成立，地点暂在广东。但尧在滇，一时不能脱离，军务院事，由抚军副长岑春煊暂代行折。顷者，两粤、川、陕、湘、浙等省先后独立，袁之大势，渐已失去。惟彼近仍竭力运动者，则一借美款，二求英保护是也。此外法人对我，自来感情甚好，惟袁氏常使其心腹煽动于河内、海防间。我军于运输事，现在枪械等件，尚难通过。此外各事，均属融洽，务望诸兄多方设法，破坏奸谋，联络感情，则目前之急务也。至一切详情，当另纸抄寄，余则续详。专复　即颂学安不一

　　　　　　　　　　　　　　　　　　　　　　　　1916年5月

---

* 录自《吴玉章往来书信集》，重庆大学出版社1993年版，第47～48页。

唐继尧复谢东发、吴永珊、李汝哲函 *

（1916年6月）

敬复者：

　　昨复一函，谅邀鉴及。海天遥隔，正切驰思，接展惠书，暨详文函稿截报，均经领悉。承示英议员赞助民军各节，具见诸君联络有方，交际得道。复乘机将宣言书印送各界，以免袒袁，又发两电迫袁退职，同心爱国，无任钦迟。招工事件，已得李君石曾与法政府订约，先于民军势力所及之地，招募五千人，以坚法人信服民军之意，益敦国际亲睦，所见甚当。现李君光汉到滇，俟与妥商办理。至英国所称蔡松公与川督议和等语，并无其事。袁氏向比、美两国借款，忍心卖国，实为可恨。尚望诸君就近警告，促其注意为荷。至于函电梗阻各节，越南政府不无可疑，证以历次交涉可知，尚希诸君随时调查，举发为要。现在袁氏已逝，黎公已依法继任，外人极为满意，国家根本，从此可定。惟后事正多，前途茫茫，希诸君随时注意为祷也。专复
即颂台让

---

* 录自《吴玉章往来书信集》，重庆大学出版社1993年版，第52页。

吴玉章致张竞生信[*]

（1916年12月1日）

（前略）途中风浪尚平静，弟与蔡先生等各安适。月之十三日，经法领吉菩提有粤人吴汝炎君自马达加斯加来，同乘此船返国。吴君自幼经商于该岛，计去国已廿年，此为第一次返国，萍水相逢，颇觉快慰。据言吾国侨寓该岛者，约有二三千人，皆系经营商业，获巨利者颇多，前途大有望。惟自欧战发生以来，生意顿形阻滞，因之受损者亦复不少。加以我国无领事驻该埠，国人之生命财产，无所保障，时有恐怖之象。而法人对于华侨，又特抽人头及营业等税，与列国人待遇，大不平等。约计每人每年须纳于法政府者，不下数百佛郎，为数已觉甚巨，而暗中之损失，则尤不可量。我政府如能速设领事，则商民受益当不小。该埠华侨，对于国事，亦甚热心，革命时曾捐巨款。以袁氏专政，断绝关系者约二年。此次政变，亦曾捐款云云。（后略）

吴永珊

1916年12月1日

---

[*] 录自《吴玉章往来书信集》，重庆大学出版社1993年版，第54页。

黄复生致吴玉章信＊

（1916年）

滇黔确已独立。滇之最少，为少年党诸人经营，公之所知也。次则为中华革命党，董鸣勋主之，已得四团矣。徒以都督（将军）府暨军装局兵，为唐心腹，未易运动，迟回未发。而各省将军（冯张皆不可靠，绝望久矣！）欲动之谣大兴，唐遂有志南洋派诸人，乘时投机，已成约矣。

蔡锷突由京逃来，竟乃实行唐称都督，蔡（其军称拥国军）为第一军司令。当时颇排斥南洋诸人，李烈钧辈愤而至河口，育仁适晤之，后以黄毓成力持大体，乃召李归，任第二军司令。然精锐悉隶于第一军，所谓第二军者，饷械皆须新筹。

当李等行时，马独留为宣抚使，亦无兵无将，仅许回川招集旧部，此初起时情形也。今已得叙府、泸州，大战将集于重庆。若有内应，则善。否则，须恶斗也。

北兵往御者，川兵外，约三师，到渝者仅三千余人。

锡卯、青阳诸人皆已归。唯锡曾病卧于港，以是失误机，虽然蜀固不愁无用武地，特划一难耳。

少贞则留为我帮忙，凡可归者，皆已归去。

＊ 录自《吴玉章往来书信集》，重庆大学出版社1993年版，第38～40页。

滇又组织有所谓"挺进军"者，黄毓成为司令，坚挽育仁为营长，率师由黔入蜀。此其大略也。

吾党近所谋者，广州、武昌、南京、上海、奉天五地为主，余悉为辅。广州事，执信任之，已失败二次，殉者极惨，然犹再接再励。

武昌主者，为蔡济民，其人略滑，可虑。南京已运动张宗昌师长矣。奉天黄四、懒王等已进行，然此辈不能大成。不佞项日已得一前清垦务督办，与冯麟阁有旧者往说之，冯如允动，则此事济矣。

山陕皆时有数千或万人援之，大同、张家口亦频频告急，新华宫亦出暗杀案，猴子苦矣。

上海虽经往年十二月五日之败，然人心未懈。陆军运动，日有起色。海军经此一挫，猿颇防之，大舰皆开往他处矣。五日之役，高野亲赴前敌，当夜独留。不佞与□游元冲驻守，及高野等败归，机关部突来法捕多人，逢人便捕。不佞与高野、介石、山田诸人，登屋而逃，露宿人家屋上一宵而免。

是役死伤约百人，骁勇绝伦者，以杨虎为最。其人尚在，日进未已，盖率敢死士卅人，登肇和兵舰，逼之开炮者也。

尊论割据云云，极为透辟，不佞亦云：联邦之说，学理、国情，都未可厚非，特不宜为割据者所借口。不期遥遥而合，实则吾国国情，适合美之二重政府，不必轻言联邦，而致假借。嗟夫！后公今世，安有平情之论，听之而已。

党争之党，亦勿过戚。中国人安有如法兰西者。特恐薰莸杂处，大家捉浑水鱼，抢钱，则苦吾民也。

沪上报纸，攻讦尚未发露，特多敷衍装点之词，以是别有所忧也。

岑春煊来沪，密驻五日，便以到东，云将联合中山、周孝怀、张耀曾、章行、严继往，此时乃似政客策士得志之时，吾辈瓜瓜，忧深思远，真杞人也。要之，今日之革命存野心者，乃有可乐，吾辈但奋其良知，徒于枭猴时，一大快耳！

蔡、李诸贤，如此冷静，而国中乃令梁启超辈，指天画地，秘密策谋。谷钟秀等亦好为得意。语以吾小生，置身其间，归而蒙被欲哭，仍不如从暴徒游之为畅快。将来变态如何，诚非今日所能预计。大约战期必长，权利之争必烈，民生必苦，磬锤放在佛龛上，可卜而得也。

猿有可倒希望，独以无钱故，而日本反对帝制，态度已坚决，则虽欲暂时过瘾而不能。彼贼今日心情，必较吾辈为不适。盈虚消长，似非妄说也。唯珍卫不尽。

汪兆铭致吴玉章信*

（1917年10月6日）

玉章先生鉴：

日前上一函，言中法学务联合会将组织 Congrès，未知鉴及否？现已决定于本月廿日举行。为期已促，如先生能来最好，否则，望速指定在京之人为粤省代表与会。如能乘此机会，以粤省名谊，汇一较巨之款到京，为华法教育事业之助款，则更善矣。于会中固可得经济之助，于粤省亦可借为亲法之表示，望力图之。又有进者，则会之希望粤省代表来京，更有要义（principe），因此等 Congrès 为国际之大举，必有法公使到会，方足以壮声势而资联络。既有法使，又必不能无中国政府之代表作陪。若专有政府中人而无民党方面代表，则有二病：（一）似此会为政府党之所为；（二）似此事为民党所不与闻。欲使各面周全，惟有使此 Congrès 为中立性质，其对南北当局皆致邀请。此纯为教育与中法友谊，故西南代表到京，必不致有何危险。惟事前万不可宣露，代表来时，极宜秘密。惟至开会时，始云代表岑、伍诸公，为会致贺，并捐款若干，为会事之助。如此办法，似最相宜，尊意以为如何？如承赞同，乞即着手进行。此间正式邀请之函，三五日方能发出，不必候函到，即可着手。否则，恐来不及也。

---

* 录自《吴玉章往来书信集》，重庆大学出版社1993年版，第57～58页。

先生能来最好。否则，献文兄能来亦好。

又北京开会之后，粤省可邀请会中在粤亦开一会。在粤开会时，弟可至粤，并赴安一行。

近闻先生在粤筹备"孔德中学"，已有头绪，幸甚！余容续布。即颂
道安

弟铭敬启

十月六日

胡公训为吴款事致吴玉章信＊

（1917年12月31日）

玉章吾兄先生道鉴：

　　前具复函由汉傅弟转交，谅登签掌。今日接成都复电如下：吴款已收二千元，余约月底期准交申取，吴君收据寄川。著，铣。窃此电末，著即舍弟浚泉之名，铣即阴历十七。今十八日已到申，途次似已无阻滞矣。得电后已向前途收款五千元，遵照惠函办理，如数面交，令侄甘泉先生亲手收去。倘取得吾兄收据一张，快信寄川矣。此款，成都一方届期交付三千。此间预用本应补八月息，惟两面均系以友谊帮忙，勿须议补。再有启者，刘有嘉叙潼棉丝帮六七家，共计有款二万八千两，拟汇成都。但目前申地，银根较前更紧，利息较前亦陡增涨。与前途初有商议，成都交银一千两，此地交银九百八十两。即是每银千两，尊处要补出汇费二十两耳。如须兑此款项，谨代拟办法如左，乞即裁酌：

　　一、兑期候成都复电到申，成都某月日收得若干，上海即于某月日交出若干。倘成都迟交一日或半月，上海欲预期通融，则看成都复电到时，市面松紧。总之，竭力筹划，办得到一分算一分耳。

　　一、阴历年关伊迩，今年只能作此一次汇兑，缘此信到粤，需五

＊ 录自《吴玉章往来书信集》，重庆大学出版社1993年版，第55～57页。

日，赐复到申，需五日，拍电到蓉，蓉复电到申，需十日以外（此次系初六电蓉，至今日始得复电，已隔十二日之久），为时已将腊月半矣。上海习惯过腊月廿四日，即停止汇划，故此年内用款，只能占此一次汇兑也。

一、各家共计汇款二万八千两（不能兑津），尊处欲兑此款，数目不必拘定若干，但至少须兑银一万以上。因此次兑款，彼商往来私电，概系三等花费三十余元。如不求急，用四等电，则数目在万两以下，亦可从命。兑数太少，实在吃亏，如兑数多，则电费由几家担认，亏无几矣。

一、仍照前次办法，一面由尊处在粤拍电到蓉，一面另拟电稿，快信寄申，由弟处代拍，代拍电费由尊处自认。各商私电与尊处无涉，办法同前。

一、尊处由粤、由申拍电到蓉，汇款若干，仍请交中华书局胡浚泉手收，即照前此兑款之电文办理可也。

一、如不需兑款，亦希迅即快信见复，以便转达各商，彼好另由他处打兑。至盼专函。

即请

公安

弟胡公训顿首
冬月十八日

汉傅吾弟，祈致意，因事忙，未暇另函。

再启者，如再兑款，代拟电文如左：

成都×××，前汇五千元，申已收讫。今复电申兑蓉，乞即交中华书局胡浚泉，收银若干两，速电复。年关伊迩，往返需时，故拟此电。至文内，应否加入急需等字，则请兄自酌更易可也。

再前此五千元，成都约月底汇三千，敝处已预为交甘泉先生，用意谅允，对于交款之家负完全责任，倘临期成都误交，则兄处对弟亦应负完全责任。此系商界应有之交代，特此声明，不尽欲言。

即请

玉章吾兄再鉴

公训再拜
同日

前代电费三等十九元，已遵于交款内扣除。电局收据，面交甘泉先生转呈矣。

汪兆铭致吴玉章信

（1917年）

玉章先生鉴：

久未通问，为念。前函召弟速来，以事未完，不克如愿，歉甚！

弟之忙碌如故，各事之支绌如故，惟成绩颇可乐观。言学校已有二法文中学，他在计划中者尚有之。言以工求各预备学校，将达三百人。言编辑，法文函授讲义与直译之书均次第着手。言科学组织，"生物学院""微生物学院"亦在进行（天然疗养院为生物学院之附设，在西山）。

近将开"中法学务联合会"大会，为普通运动与我事（维持学校等）筹款之进行，并拟约集各处同志到会（略如欧洲 Congrès 之办法）。先生可否于开会时来京一行？此会将标名为 Congrès，中法两国人士俱有。在西方，此等会，不远万里而赴会者有之（此会在精神界如大赛会之在物质界），颇有到会之价值。且既有此重要之价值，亦遂无政治之嫌疑，先生尽可来京，今年十月间，有全国中学、高校大会（亦 Congrès 之性质），故"中法学务大会"之举行，亦欲借此时机。

先生如能来至善，并望西南当局及有大力者，亦表示赞同。此亦联合中法感情之一道。

先生之计划，及弟之安行，在此举之后尤为有力，最好先生来此同

---

* 录自《吴玉章往来书信集》，重庆大学出版社1993年版，第60～61页。

商之。尊意如何？乞即赐复为幸。此颂
大安

  大会事，望守秘密。

  显文先生同候。

弟铭敬启
廿六日

朱芾煌致吴玉章信（一）*

（1917年）

玉章先生鉴：

手示敬悉，撮要答复如左：

（一）现在和局进步，郑女士似可来京，不似昔之危险。学费事，容图之。

（二）吾人必多数人到巴，此为至要。弟去数月复返国，拟月杪赴沪搭法船赴马赛。为侨工与教育种种问题，现又设法请蔡先生亦往，尚不知成否。

（三）和局经五国之劝告，当不致复生阻力。先生与精卫兄是否至南京？否则，亦可赴法。

弟西行时必与先生等一晤，待商之事甚多。先生与精卫兄之行踪，望速示或电告，俾得相晤为盼。此复。

敬颂

道安

弟煌敬启

精卫兄想已痊愈，同此道候。

岑、伍二公捐款望设法速汇，各校需款甚殷。弟离京之先，必将此

---

* 录自《吴玉章往来书信集》，重庆大学出版社1993年版，第58～59页。

等事接洽妥当，方能启行。

  又此次赴法组织"侨务联合会"亦事之一端。过安南时，拟在海防、河内、西贡等处小作勾留。望先生等早为预备介绍书与该处华侨，如张南生君等。弟离京约在本月杪。至粤亦拟小住。详容再闻。

又及

朱芾煌致吴玉章信（二）*

（1917年）

玉章先生鉴：

十九日晚得奉来电，廿日开会宣布。蔡先生释以华语，铎尔孟君读以法文，为中西人士全体欢迎。惟具名者，洋文作 Wu、Tsang、Wang、Wao，宣布时假定为伍（秩庸）、岑（西林）、汪（精卫）、吴（玉章）四君，不知有误否？此电生极好之影响，如前函所云。惟亦有一种支节，则为某主战派所嫉视。彼固无可如何，惟恐于郑女士不利。故发电请女士缓来，因伊颇多秘密党之嫌疑也。

中法学务联合会与协进公会，纯为联合两国为学务及实业之进行。然主战之小徐颇为怀疑。后又于无意中，有运动和平及与安福派冲突之诸要人（熊、梁等）特表赞同。又加以广东来电，愈增彼疑。惟此为中法团体，彼固无可如何。此两会以后，于教育事业上，可生极大之力量。详容续布。

现在，大会已过，惟讨论会等事，仍继续进行，故甚忙也。匆布。即颂

---

* 录自《吴玉章往来书信集》，重庆大学出版社1993年版，第59～60页。

大安

　　　　　　　　　　　　　　　　　　　　　弟煌敬启
　　　　　　　　　　　　　　　　　　　　　　廿四日

精卫兄仍在粤否？何时返沪？

朱芾煌致吴玉章信（三）*

（1917年）

玉章先生鉴：

　　手示敬悉，并由献兄面谈一切。惟所详函至今尚未收到，献兄又急欲出京，无从答复，详函只好俟诸下次。今略言与献兄谈话之结果如下：

　　（一）弟本久有志于安行，此行原无不可，惟有经手多事，即行则不能。

　　（二）弟绝不敢居名谊，亦不敢负有专司。

　　（三）专司担任，最好为魏君（季兄之意），或张翼书君（汪兄之意）担任。

　　（四）弟如赴安，专事华法教育，间接有助，谊自当然，且旁助较直助为有效。

　　（五）无论为甲事或乙事，季兄均为必要。季兄亦久倦政潮，为此亦至宜，已作函商之，尚未得复。

　　以上之意，尊意以为何如？余俟接到详书再复。

　　弟前曾寄港一函（曹转），内言郑女士婚事，及教育各事，未知已入鉴否？教育事，尚望遇机筹款。近发通函，鼓吹法国学术文学，亦乞致

---

* 录自《吴玉章往来书信集》，重庆大学出版社1993年版，第62页。

力为盼。余由献兄面谈，不赘。专此，敬颂

大安

                 弟煌敬启

                 廿九日

刘启泰致吴玉章信 *

（1918年3月12日）

玉章乡仁兄先生伟鉴：

久钦大名，未聆雅教，寤寐萦怀，时深怅念。近维公私顺适，履证绥和，为颂且祝。

敬启者，泰籍隶蜀东涪陵，于前清由京师高等实业学校毕业。时值反正，溷迹四川，充办各地警察事宜，兼任各校英文教员，数年以来，尚著成绩。突因上前冬季，袁氏帝制发生，军燹四起，学校废弛，碍难驻足。延至前冬，由渝到鄂，由鄂到京，意拟重游京门，力图上进。讵羁京年余，毫无善状。甚至去夏之初，陡遇张逆复辟，京中扰乱，人心仓皇，是诚不能朝夕居也。不得已而再到天津，稍避其祸。乃祸未及己，而复遭洪水为灾，将泰之衣履行囊，损失罄尽。旅邸之间，徒唤奈何！幸蒙彼津人士，各一资助，于去腊抵沪，人地两生，进退维谷。

闻先生萦识优裕，仁慈有余，慷慨高风，甲于我蜀。此番由渝到沪，劳碌风尘，真所谓热心国事者也，泰闻之不胜钦佩。惜乎泰素未识荆，慕名请教，今特不揣冒昧，敬书拙联一副，聊抒鄙忱，务祈笑纳，即希指正，并恳从优惠助，俾得早日回渝。如蒙金允，速赐回示，感谢不忘。

---

* 录自《吴玉章往来书信集》，重庆大学出版社1993年版，第63页。

肃此　即请

旌安　　　谊属桑梓

　　　　　谅不见弃

　　　　　　　　　　　　　　乡小弟刘启泰号履安鞠躬

　　　　　　　　　　　　　　　　3月12日

　　　现住法界大世界后面新九号华栈内

吴玉章致宫崎滔天函 *

（1918年6月28日）

滔天先生钧鉴：

　　昨由郑毓秀女士带呈一函，想已入览。兹又寄郑君一函，即祈转交。闻中山先生已返沪，想女士未得见面。所计画如何？乞示。此颂

暑安

弟吴永珊顿首
六月廿八日

---

* 录自《宫崎滔天家藏民国人物书札手迹》第3卷，华文出版社2021年版，第233～234页，原文为手稿。

吴玉章为孙中山赴欧出席和平会议筹措经费事致熊克武、杨庶堪电*

（1919年1月28日）

成都熊督军鉴，并转杨省长鉴：

敖密。军政府特任孙中山及伍秩庸两先生为欧洲和平会议全权大使，同人皆劝中山为国一行。惟军政府筹措路资已形拮据，以中山地位及欧会关系，交际活动在在需钱。拟请两公由川省酌拨四万金备中山赴欧之用，盼速复。中山行止，决定再报。

永珊持叩
1月28日发

---

* 录自《吴玉章往来书信集》，重庆大学出版社1993年版，第64页。

吴玉章为重庆四川自治期成会草拟致各界、各法团、各学校、各报馆电稿*

（1920年12月7日）

四川各界、各法团、各学校、各报馆公鉴：

　　国宪九年弗成，蜀乱无日或宁，比者省权争回，上下一心望治。达读省议会及各军长官之宣言，均以吾川今日幸值千载一时之机，宜为长治久安，以图善后，何法，曰惟自治。国人等深惟世界趋势，国内舆情，欲求民治之实现，决非自治不为功。而自治七年之方，尤以促成省法为先务。爰特发起斯会，征集多数人意，草拟提出一种四川自治法草案，借供大众采择。务在先求一省完全之自治，而亦不背将来统一之宪法。本会已于十一月二日，邀集渝中各法团各界人士正式宣告成立，暂就夫子池教育会设办事处。简章宣言，次第进行……总以研虑精详，彻底能决为归。邦人君子，如肯念乱日望人之我治，何如起而自治。尚冀即时就地创立斯会，务期吾川自治根本法早日制定实行，则吾人即可早日享有民治之幸福。时哉勿失，机不再来，是在吾七千万人心理上一念之自决而已。

重庆四川自治期成会公叩

---

* 录自《吴玉章往来书信集》，重庆大学出版社1993年版，第65～66页。

吴玉章为重庆四川自治期成会草拟的宣言电文稿（节录）*

（1921年1月28日）

重庆四川自治期成会于一月十三日，在渝巴县图书馆开会决议致电熊锦帆等，劝其拒绝北庭任命。并电达北庭以川省为独立自治省份，北方对于川省内政不能干涉。

吾国革命去专制而建共和，原期解放民族，恢复民权，富裕民生。乃建国九年，屡遭祸变，分崩离析，民不聊生……值此骚乱之会，宜作根本之图。同人内察舆情，外瞻时变，民治主义，既深中于人心，民生问题复压迫于当世，亟宜顺应潮流，宣布自治，力求政治之革新，借谋经济之改善……方今各省自治风潮日趋激烈，我省议会各法团，屡有自治之宣言，而军民长官咸愿牺牲权位，以促自治之成，人心趋向，于此可知。吾人际兹运会，岂可逸千载一时之机。兹特将同人所主张，谨再郑重宣言，以期众志成城，达其目的……我川人誓当以自决之精神，达民治主义，求人类之幸福，维永久之和平，此心此志，愿共勉之！

---

* 录自《吴玉章往来书信集》，重庆大学出版社1993年版，第67页。

吴玉章为全川自治联合会草拟询问制宪问题真象致省议会电*

（1921年5月2日）

成都省议会钧鉴：

省宪问题，关系至重，如何制定，亟待研究。本会于四月俭日开会讨论，佥谓本问题须先以适当方式，妥筹一省宪会议组织法。根据学理兼顾事实，各方意见尽量容纳，施之实行庶无障碍，似不应一方包揽，报载贵会讨论各节，道远异辞未敢凭信，用特电询真象，若何之处，迅赐电复，无任祷盼。

全川自治联合会叩冬

---

* 录自《吴玉章往来书信集》，重庆大学出版社1993年版，第67～68页。

吴玉章为全川自治联合会搬迁成都草拟致省议会、省长公署电（节录）*

（1921年5月24日）

渝城自治联合会来电成都省议会、省公署，川各电局抄送各道尹、各县知事、各县自治会、各机关、各法团、各报馆钧鉴：

窃准敝会宜宾代表曾国宾等以成都为吾川自治中枢，本会会所自应联请迁往等由，特于敬日开会讨论。佥谓敝会发起之初，成都方面尚有障碍，暂就渝中开会，不过一时权宜之计。近日障碍已去，集合场所宜以成都为适宜等语。查本日到会人数一百五十一人，当付表决，赞成者一百二十九人，此案遂完全通过并克期迁省。特电奉闻，请烦查照，实纫公便。

全川自治联合会叩敬

---

* 录自《吴玉章往来书信集》，重庆大学出版社1993年版，第68页。

吴玉章为全川自治联合会草拟的通电稿*

（1921 年 6 月 16 日）

　　窃本会成立，所有会员，咸由各县法团郑重选派而来，原以促成川省自治为唯一帜志，此外并无何种企图。自在渝集议，以至今日，无事不与人以共见。会中经费，原议由各县自治经费项下挹注。在项下此款未经拨到以前，同人为维持本会起见，势不能不为设法挪垫。此次迁移成都，实由宜宾代表曾国宾等提议，复经特别大会讨论，当时代表列席者共计一百五十一人，赞成移省者一百二十九人，反对者不过二十二人，当然遵照多数意见移省，亟费谋进行。惟路费一项，需款甚巨，同人多方筹措，乃口成行。良以本会，倘于吾川自治前途稍有裨益，同人即以此故累人累己，亦复何憾。然绵薄之力，终有所穷，各县尚未力予援济，本会亦正难于支持所差。足以告慰者，本会同人，于此窘蹙之中，方且鼓其迈往之气，联翩就道，刻期如省，誓于此极端混沌之时，发现一线光明之路。今到省会员，已达八十余人，方且议定，继续开会，而来者尚络绎未绝也。乃重庆方面，突于本会迁移以后，发出邮电，谓本会议决移省，系主席吴玉章以武力迫胁使然。无论玉章本一书生，安得武力？而本会同人，又谁甘受其迫胁者？至谓本会经费何出，此在事前事后，已经一再声明，出于借垫。若疑借者安得如此热心，而垫者何以如

---

* 录自《吴玉章往来书信集》，重庆大学出版社 1993 年版，第 69～71 页。

此豪举，是真以小人之心，轻量天下之士。然此犹系对人问题，或其人在渝本有职务，抑另有希图，不能相随而去，争留渝不得，造言泄愤而已。不料愈演愈奇，竟有少数败类，假借本会名义，在渝开会。且复发出种种谬妄函电，颠倒是非，淆乱视听。至谓在渝代表尚有一百四十余人，并电请省会警厅，设法禁止本会在省开会。同人迭接各县函电，称奉正式公文，严饬各县法团，另选代表，到渝赴会。各县中亦有不得已而勉从其请者。如伪会所言，各县代表到会者既如此之少，何劳禁其开会，留渝者既如彼之多，又何须急于另选。其中真伪，不辨可知。特吾人濡笔至此，不胜太息者，本会移省，曾几何日，所经种种，良为难堪。吾人初亦未尝不知，"自治"文字，为当时对付刘积之前总司令之一种工具，而同人于时移势异之后，组织斯会，累及自身，累及朋友者，窃以独立自治之说，彼倡之于前，吾且和之于后；彼虽行之于伪，吾且动之以诚；即于其个人之私利不容，当亦为暂时之廉耻所制。而吾人于此希微之间，坚筑自治之垒，死且不朽，何恤人言，而今乃若此。现在渝中成立之伪国民委员会，原非出自本心，同人良不欲深与诘辩，苦其神明。惟本会方且在省开会，是非真伪，不可无别。溯本会在渝议决，移省之时，恰当政局将定之际，同人深恐态度不明，滋人疑虑，一旦卷入政潮，前途转多障碍。故于议决后，凡赞成移省之人，无不署名盖章，以昭大信。今多数会员，业经到省，渝中伪会，称有代表一百四十余人，安所从得？查其油印物中，所列名姓，除少数反对移省者外，或系窃名，并多假冒。即该伪会所举主席董云昭者，本会在渝，并无其人。主席如此，其他可知。而该委会堕地一声，即是承认省长，一面要求当局，认该伪会为四川绝对唯一之自治团体。其眼光之锐敏，手腕之矫捷，与夫立言之奇，想望之奢，良足以羞川人而愧当世之谈自治者矣！夫意见不同，取舍各异，此本至极寻常之事。少数会员，果本天良，反对移省，即在渝中，自树一帜，别开生面。无论取径如何，但期促成自治，同会俱当引为同调，东洛西潼，神明何间。必定须假冒本会名义，以相号召，示人以隙，于己奚益？至本会移省与否，完全以会务进行为前提，即有争执，不难调处。关于会员与本会利害有何冲突，何至留渝诸人，如饮狂泉，死力撑拒；暗中乃复借势相凌，对于本会多方压迫，如有深仇，不共日月。此中黑暗，何待揭穿，凡明眼人，一见自了。嗟乎！吾人于此无法无天之世，冀立自治之基本，已近于妄想；而他方当其为所欲为之时，谋锄自治之种，正自煞费苦心。此辈小人，利此须臾，得所依附。究其享乐，又复几何，竟为人驱除，自撤屏障，畏其是非羞恶之心，毫无公私义利之辨。言念前途，同人真将无以善后，而川事当亦不可复问矣！所敢自信者，将来之环境变化，虽未敢易言，而本会之自治运动，誓不为中止。同人智能虽绌，发显愿则宏。即不能为吾川塞乱源，亦不能不为吾川存正论。以此获罪，有厚幸焉。邦人君子，伏维鉴察。

全川自治联合会叩铣

吴玉章为全川自治联合会草拟反对英日联盟致英外交部、日外务省电[*]

（1921年7月12日）

伦敦外交部，日本外务省，英、日上下两议院，各报馆及英、日两国人民，并转中国驻英顾公使钧鉴：

　　查英日同盟条约前后订立三次，均以承认或保证中国独立及领土安全为口实。本年七月十三日为英日同盟第三次届满之期，将事改订。我国人民以吾国国际人格之独立，为世界各国所公认，不须他国之承认或保证。英日两国每次同盟条约侵害我国之国际人格，实违反国际之正义。本会将开大会讨论，佥谓贵国续盟既将改订，务请尊重我国国际人格之独立，勿将此等条文阑入。如再沿袭前约，侵害中国主权，不惟有害邦交，且恐危及亲善。除电贵国政府及议院、报馆外，并希英日两国人民一致主张顾全邦交，维持正义，敝国人民不胜盼祷之至。

中华民国全川自治联合会叩

---

[*] 录自《吴玉章往来书信集》，重庆大学出版社1993年版，第72页。

吴玉章为全川自治联合会草拟反对英日联盟致孙中山、徐菊人电*

（1921年7月12日）

广东孙中山先生，北京徐菊人先生暨参众两院，各部院，各巡阅使，各省总司令、督军、省长、省议会，各都统护军使、镇守使，各军师旅团营长，各报馆，各法团，各学校，各机关钧鉴：

吾国国际之地位，原神圣庄严之独立，为世界各国所公认，勿须他国之承认或保证。英日每次联盟，均有承认或保证中国独立及领土安全字样，实侵害中国之主权，违反国际之正义。本年七月十三日，为英日同盟第三次届满之期限，日本遣派皇储驰赴英京将续订同盟。英为希图远东势力之发展，英日为图谋侵略政策之扩张，其中情形日见险恶，关系存亡，一发千钧。本会特全体大会讨论，公决以为亟宜警惕英日两国，顾全邦交，维持正义，径电英日两国当轴暨顾使力争外，亟诸公以爱国热忱，协力抗议，并望各界人民一致主张为相当之对外，以期达到英日续盟删除侵害中国主权之字样，则全国幸甚。

全川自治联合会叩

---

* 录自《吴玉章往来书信集》，重庆大学出版社1993年版，第71页。

吴玉章为起草四川省宪法草案
致受聘学者李剑农、高一涵等诸先生电[*]

（1921年8月7日）

××先生钧鉴：

联省自治为救国之要图，制定省宪为自治之基础。川中宣言自治已久，迄今犹未实行。固因时事多艰，抑亦人民寡识，宪法之观念未真，自动之精神遂乏。四川既感困难，全局尤蒙影响。敝会为根本救济之计，拟请学者制定蜀宪草案，逐条逐句加以白话说明印刷，多分别送民间，并派员四出讲演，务期人民晓然于宪法之精神，纯为保障民权之具，已知利害切身，方能毅然自决自治，事业庶可实现。我兄学宏中外，当代名贤，四川人民素深景仰。敝会于七月十六日开会，经众公决，敬请我兄命驾来川制宪，蚩蚩氓众，俾有遵循，不惟川中之福，实亦联省之利。我兄恫瘝在抱，悲悯为怀，世局混沌至此，自是贤者席不暇暖时也。特先电达，当即躬诣道座，面陈一切，借表欢迎，卿云在望，无任钦迟。如蒙电复，尤为至幸。

全川自治联合会主席吴永珊叩

---

[*] 录自《吴玉章往来书信集》，重庆大学出版社1993年版，第72～73页。

国立成都高等师范学校函催吴玉章早日到校接事*

（1922年8月）

　　径启者，本校呈贵部政字第40号公函，内开径启者，查贵校长一职，业经本部照请吴玉章君接任案……近予结束准备交待，并函催新任校长克日就任外，相应函请贵部查照，函催吴玉章君早日到校接办用维进行，不胜切盼。
　　此致
　　川军总司令部

---

* 录自《吴玉章往来书信集》，重庆大学出版社1993年版，第73～74页。

吴玉章为接任国立成都高师校长事致正格、友于先生信*

（1922年9月4日前）

正格、友于先生鉴：

　　来书敬悉。兹定于九月四日午前十钟到校接事。敬以奉闻，诸希亮察　顺颂

文祺

名正肃
吴永珊　玉章

---

* 录自《吴玉章往来书信集》，重庆大学出版社1993年版，第74页。

吴玉章为呈报履历致教育总长函*

（1922年9月）

呈请

钧部俯赐

鉴核，指令只遵。谨呈

教育总长

附呈履历一纸

校长吴永珊

中华民国十一年九月　日

成都高等师范学校造呈校长吴永珊履历，呈请

鉴核

计开

吴永珊现年四十三岁，四川荣县人。前清宣统三年在日本第六高等学校毕业。民国二年由教育部派往法国留学，入巴黎法科大学肄业五年，教育部电调回国。六年教育部派为欧美学务调查员。须至履历者。

---

* 录自《吴玉章往来书信集》，重庆大学出版社1993年版，第77页。

吴玉章为高师图书馆征集各县县志事致各县知事公署、各县修志局函 *

（1922年9月）

径启者，本校为四川最高学府，图书设有专馆。无论何种图书，均应广为搜罗，以备浏览。而各地方地志，于疆域沿革，文化之兴衰，物产之丰啬，风俗之纯漓诸大端，均有详密之记载，足供历史学、地理学、考古学、人类学之研究。本校本科历史、地理部，列为专门讲授，搜求地志等书，远当遍于寰区，近先求诸本省。民国肇建，政体维新，川省各县县志，亦均次第修撰，以期完善。本校拟征集各县县志，以备教者、学者参考之用，而宏图书馆之收藏。用特拟具征集县志条规，借资访求，事关公益，谅荷赞同。相应将征集县志条规函送贵署、局，请烦转咨修志局，查照办理。具纫公谊，此致

××县知事公署

××县修志局

校长吴永珊

计送征集县志条规一纸

---

* 录自《吴玉章往来书信集》，重庆大学出版社1993年版，第81～82页。

成都高等师范学校征集川省各县县志条规：

一、本校征集之县志，以在民国元年以后纂修者为限；

二、纂修之县志，业已出版者，由各县修志局，捡出一部，径寄本校；

三、寄书所需费用或书价，径函本校，以便办理；

四、各县修志局，如愿捐赠本校图书馆者，本校当于书面加盖"某县局捐赠"字样，以垂永远，并登报志谢；

五、修志尚未出版者，俟出版时捡送。

中华民国十一年九月　日

吴玉章关于高师学生因保护省议员被打伤反被诬蔑一事致四川省长公署等函*

（1922年10月）

径启者，顷据本校全体教职员等函称：

径启者，窃查学款独立，明令屡颁，实行以来，障碍迭见。省会教职员本原来之主张，为继续之奋斗，全体决议，停课期成。方谓此理此心，自然辙合，群策群力，定可风行。不意事同挽日，回光难觅，鲁戈人非神尧，狂吠偏来跖犬。在同人既具决心，初不因无谓之恫喝而为冯妇改节。恐各方漫不加意，或不免以频来之告讦，遂疑曾参杀人。障碍依然，牺牲何益。兴念及此，可为寒心。

谨就同人苦衷，所处高师环境，于无如何之中，申不得已之辩。高师自迁贡院，地甚适中，各校遇有商筹，于焉集合，积久相沿，已成惯例。外观视线，易误目标。此次学潮汹起，早经弥漫全川。而乃沙影飞来，独欲中伤一校，虽曰人心叵测，亦缘地位使然。

贺伯中于教职员中资望最深，王右木关社会方面言论素激。其实，此次学潮，两君亦犹教职员会一份子耳。电机谈话，闻者不止一人，群众往还，观者岂惟空巷，何有破坏之词，与夫督率之实？熊哗必欲迁怒，报纸从而推波，已不可解。省议会被暴徒捣毁，学生团与议员俱伤，事

---

* 录自《吴玉章往来书信集》，重庆大学出版社1993年版，第75～77页。

实昭然，无可掩饰。嫌疑犯罪，何涉贺、王？犹复虚构其词，故入人罪，是诚何心？凡此避实击虚，有意嫁祸，无非擒王射马，离间同群，是高师以地位影响，首当其冲。贺、王又以高师关联，独蒙其枉。不知教育神圣运动牺牲，稍具人心，知为纯洁之举。矧在同事，岂敢退缩不前，在他方虽欲使高师横被恶名，在同人实不愿贺、王专此美誉。泰山可移，此志不变，知我罪我，安之听之。为此函达贵校长，请烦查照，转函各机关，借以表明心迹，而庶免淆乱观听，而误公理。所在事非自明，同人幸甚，高师幸甚。等情，除分函外，相应函请贵署、部、厅查照，具纫公谊，此致

　　四川省长公署
　　成都卫戍总司令部
　　四川高等检察厅
　　成都地方检察厅
　　省会警察厅

校长吴永珊
中华民国十一年十月　日

吴玉章为高师学生游览四川新都桂湖事致新都县行政公署函*

（1922年10月）

径启者，本校全体学生约三百人左右，定于十月廿六日午前七时，由教职员率领，整队出发，旅行到新都，游览桂湖、宝光之胜。即于是日午后，假座宝光禅院，集合宴会。为此函请贵署查照，先期通知驻防军队，出示晓谕居民，免生误会。届期派队弹压，以免滋扰。具纫公谊。此致

新都县行政公署

校长吴永珊
中华民国十一年十月　日

---

* 录自《吴玉章往来书信集》，重庆大学出版社1993年版，第79页。

吴玉章为高师学生及各校学生因经费事联合去省议会途中被打伤事致四川省长公署函[*]

（1922年）

径启者，查省城各校教职员，因累年学款无着，于前周一致罢课，力争以肉税拨充教育经费。各校学生，重视学业，冀望早日解决，日前自相联合，赴省议会请愿。省议会曾允各生，于本月十二日开会审查肉税提作教育经费案。十三日开会决议，各校学生复于是日午前，联合至省议会旁听，秩序井然。殊午后议会门内，突然发见暴徒数十人，手执棍棒，分头向旁听学生打击。学生等均赤手空拳，无法抵御，冒死走避，狼狈万分。事后清查，本校学生受重伤者廖其洗、陈德先二名，本校附中学生张瀚、宋大儒、肖宗朴等三名，本校附小学生受重伤者严汉昭、樊远明、曾昭明、杨光森等四名，均经舁入法国医院调治。

查省议会如何尊严之地，教育经费独立之案如何等郑重之事，旁听亦属定章所许，乃于议会门内发见暴徒，肆行逞凶，曷胜骇异！除将伤单附送外，究应如何处理之，相应函请贵署察照，并希办理见复。此致
四川省长公署

校长吴永珊

---

[*] 录自《吴玉章往来书信集》，重庆大学出版社1993年版，第74～75页。

吴玉章为高师经费事致四川省财政厅函 *

（1922年）

　　径启者，查川省自军兴以来，学款拮据，贵厅历年积欠本校经费甚巨。本校按月摊领之款，照成分送各教职员。因之，本校积欠各教职员薪脩，数目达四万余元。现在省教育经费独立，依法不能溯及既往，则本校积欠经费，当然由贵厅负责。近据本校已解职、未解职各教职员纷纷函请发给旧欠，前来本校实属无法应付。再四思维，拟请贵厅填发本校一个月经费预付证书若干张，以便分配各教职员承领，借以稍清宿逋。兹函送本校九年度，即民国九年十月份通知书一张，请如数填给百元、五十元预付证书，迅予函发到校，以凭分发。为此函请贵厅查照办理，实为公便。此致

　　四川财政厅

　　计送九年十月份通知书一张

校长吴永珊

---

* 录自《吴玉章往来书信集》，重庆大学出版社1993年版，第80页。

吴玉章为到校视事致四川省教育经费收支处及各专门学校函[*]

（1922年）

径启者，中华民国十一年八月十九日永珊准川军总司令部照会开查成都高等师范学校报部备查等由，准此，业于九月四日到校视事。相应函达贵处、校请烦查照为荷，此致

四川省教育经费收支处

四川法政专门学校

工业专门学校

外国语专门学校

商业专门学校

农业专门学校

省立第一女子师范学校

省立第一师范学校

省立第一中

国学专门学校

甲种工业学校

省立中城小

---

[*] 录自《吴玉章往来书信集》，重庆大学出版社1993年版，第78～79页。

省立南城小

省立西城小

省立北城小

北京高等师范学校

北京女子高等师范学校

南京高等师范学校

武昌高等师范学校

广东高等师范学校

沈阳高等师范学校

校长吴永珊

吴玉章关于赠送图书与高师图书馆一事致四川省长公署函 *

（1923年1月）

敬复者：

　　大示奉悉，承赠贵处已出版内典五十六部，计九十三本，于敝校图书馆均拜领讫。

　　仰见诸公身大愿宏，群伦普渡，无任感佩，特肃寸笺，借表谢忱。以后续有出版，尚希一一赠送。

　　四川省长公署

校长吴永珊
中华民国十二年一月　日

---

* 录自《吴玉章往来书信集》，重庆大学出版社1993年版，第89页。

吴玉章为高师十年度周年概况报告致教育总长函[*]

（1923年3月）

为呈送事，窃本校从民国十年暑假后开学起，迄民国十一年暑假止，所有十年度全年实施状况，及未来计划，业经钧部修正专门以上学校周年概况报告程式，制就本校十年度周年概况报告，理合具文呈送钧部俯赐察核，指令祗遵。谨呈

教育总长

计呈十年度周年报告一册（略）

校长吴永珊

中华民国十二年三月　日

---

[*] 录自《吴玉章往来书信集》，重庆大学出版社1993年版，第85页。

吴玉章为高师十年度周年概况报告致四川省长公署函*

（1923年3月）

径启者，查本校从民国十年暑假后开学起，迄民国十一年暑假止，所有十年度全年实施状况，及未来计划，业经遵照教育部修正专门以上学校周年概况报告程式，制就本校十年度周年概况报告，相应函送贵署，请烦查阅备案，实纫公谊。此致

四川省长公署

　　计送十年度周年概况报告一册（略）

校长吴永珊
中华民国十二年三月　日

---

* 录自《吴玉章往来书信集》，重庆大学出版社1993年版，第85～86页。

吴玉章关于四川省学生联合会借用该校校舍为会所一事致四川省学生联合会函[*]

（1923年5月）

径复者，准贵会函开：拟仍借本校为会所一案，后开用特函请贵校核夺，并希见复，等由。准此，查贵会成立以来，从未借本校为会所，偶借地点开会，亦附有条件。彼此均属有案可稽。关于借本校为会所一节，本校碍难照办。如暂借本校教室，为开评议会地点，而又能履行本校所提出之条件，本校自当乐于赞助。兹将条款另纸开列，函送贵会，如能照办，即希见复，以便彼此遵行。此致

四川全省学生联合会

计送借开评议会地点条款一纸

校长吴永珊

借开评议会地点条款列后：

一、本校只借教室为开评议会地点；

二、所借地点，以不妨碍本校校务进行为限；

三、借期以阳历八月底为止；

四、借地日时，以星期六午后及星期日为限，但非星期日开评议会，须先得本校同意；

---

[*] 录自《吴玉章往来书信集》，重庆大学出版社1993年版，第88～89页。

五、所借地点内之器具，如有损坏，须负赔偿之责；

六、借期中如发生纷扰事件，本校立即收回；

七、每次开会，务须预前通知本校。

中华民国十二年五月　日

旅法四川勤工俭学学生会为经费事致吴玉章信*

（1923年7月28日）

玉章先生鉴：

先生与李、蔡诸公倡言勤工俭学，川生数百人能乘机西渡，皆先生之赐也。虽过去之艰苦备尝，而未来之希望实多。且犹有所恃而不恐者，以先生为巴蜀之明星，必能始终为吾人之后援也。屡得归国代表喻、陈、黎三君来函，知民政善后会议通过之常年经费四万元，及临时救济费一万元，先生之力实多。今在法川生望此款，若大旱之望云霓，徒见省署一纸空文，款子始终未至。其中原因，在吾人固可推知一二，然此款既有成案，不能不望先生联合蜀中绅耆，尽力催促也。吾人已直函省署，并加派孙军章君为归国代表，向巴蜀父老及当局请命，望先生以全力援助。

往时熊锦帆先生捐助吾人之银一万两，合法币九万六千有余，系先生经手汇来者。此款汇来之日，正吾人绝粮之时，而李光汉竟忍心秘而不宣，率至中法实业银行停业，此款亦不能取出。现李光汉坚言此款系兑与教育会者，并允许至多只能分一半与吾人。几经交涉，李坚言系先生指定补助教育会者，与吾人无干。然吾人明知此款不系熊锦帆先生补李光汉。谈判结果，谓如有先生来函，证明此款为川生所有，则此款仍

---

* 录自《吴玉章往来书信集》，重庆大学出版社1993年版，第95～96页。

然全数归诸川生。中法实业银行已有恢复之望，此款取出有期。务祈先生函知教育会并通知旅法四川勤工俭学学生会，勿许李光汉截留此款，并令其全数交与旅法四川勤工俭学学生会。如此，始不负熊锦帆先生栽成之美意，而实际有补于吾人。望先生千万留意，果有此款归教育会之命，亦祈千万收回，旅法川生皆拜先生之赐矣。云天在望，鹄候玉音。

　　此颂
道安

旅法四川勤工俭学学生会

1923 年 7 月 28 日巴黎

吴玉章为学生是否替考一事致四川刻经处函[*]

（1923年8月）

径复者，案准贵署函开：据政务厅教育科案呈学生王德煌报告，本校预科学生彭时雍系璧山人彭时雨冒名替考一案，除原文有案外，后开相应函请查明核办，并希赐复。等由，准此，当经本校行查合川中学校知后，旋据合川县立中学校校长严绍陵函开：径复者，敝校学生彭时雨等由。准此，复据该生彭时雍呈缴彭时雨毕业证书，前来本校查验属实。惟查该生彭时雍，原名彭时雨，因毕业证书正在验印期间，而证明书又为工校扣存，始假胞兄彭时雍毕业证书报名投考。则学生王德煌报称，彭时雨假借证书一节，尚非无因。本校以该生彭时雨业将毕业证书呈校，资格已属相符，复严加复试核对笔迹，考察程度，均属相合。则学生王德煌报称该生托高尚志代考一节，概属子虚。该生资格程度，既与本校招生章程相合，自当力予曲全，以宏造就。除令该生彭时雍，回复彭时雨原名，照常肄业外，相应函复贵署，烦为查照，具纫公谊。此致

四川刻经处列列先生

校长吴永珊
中华民国十二年八月　日

---

[*] 录自《吴玉章往来书信集》，重庆大学出版社1993年版，第86～87页。

吴玉章关于英教士白明道无故殴伤高师附中学生一事致四川省交涉署特派员函*

（1923年9月）

径启者，案查英教士白明道无故殴伤本校附属中学学生巫绍伯一案，前经贵署认为华洋诉讼，定期六月七日午后二钟传案讯断，殊英领事违法袒凶，关于定期讯断一事，并无答复。本校六月六日准贵署十二年交字第二三号函开：相应照抄五日本署催函暨英总领事与本署本日往复函件共三件送贵校查阅。至前定七日午后二钟讯断一事，暂从缓办。一俟确定办法，再为通告。等由，再查六月六日贵署致英总领事函称："本特派员兹特为最后郑重之声明，贵总领事关于此案，始则请求传案，终则推卸传案，实为彼此办事上所断难继续进行之表示。以后事件，即希贵总领事，无须与本特派员办理为要。"等语，迄今日久。

贵署关于本案，既未定有办法通知来校，而在本案未结以前，依□□□□□继续贵署最后之声明，当然不能与英总领事办理交涉。

乃日来本校风闻贵署特派员接任以后，关于中英案件，业已继续办理。如果属实，不惟本案永无解决之日，且使国家威信丧失，惹起外人蔑视。想贵特派员或不出此，但人言啧啧，谅非无因。究竟贵署近来关于中英交涉，已否继续进行？关于本案，采取何种办法？相应函请贵署

---

* 录自《吴玉章往来书信集》，重庆大学出版社1993年版，第90～91页。

明白见复，以释群疑，实为公便。此致

  四川交涉署特派员李

校长吴永珊

民国十二年九月　日

吴玉章关于高师附中学生被城防司令部巡查队当众侮辱一事致川军总司令部函[*]

（1923年9月）

径启者，案据本校附属中学主任郭鸿銮报称：顷据附中五班学生王开佑面称：本月初九为星期日，生与同学罗炳焯、陈声圻二人，均着制服，请假外出，午前十时，同在北打铜街鞋铺购物，偶遇城防司令部巡查队，生等肃立铺前道旁，静候通过。因生一人所着制服系黑色，余同学均白色。有一士兵喝问曰："你是什么人？"生答称："我是学生。"又问曰："什么学生？穿这个衣服。"生答称："我是附中学生。"并脱制服相示。殊该队队长近前，连击生颊两次。生等无力抵抗，忍受回校。窃思生等途遇巡查，并无越轨行为，竟被该队官无故当众掌责，非惟侮辱学生，实属蔑视学校，应请主任，转恳校长，函请城防司令部，将该队官予以相当惩办，以儆将来，实为德便，等情。

查该生所称各节，经主任查明，当系实情。该队官职司稽查，士兵敢于滥用职权，殴辱身着制服之学生，实属任性渎职，逾越常轨，依法应有相当制裁。应请校长查核施行，以维教育。等情，据此，当经校长以事出意外，亟宜将双方实情询明，以便处理。面晤蒲参谋长，嘱其将巡查队官不法情形，转达城防司令部刘旅长。蒲参谋长因病不克外出，

---

[*] 录自《吴玉章往来书信集》，重庆大学出版社1993年版，第93~94页。

乃致函刘旅长，约于十一日午前十时，由校长到刘旅长寓所，面商办法。翌日届时刘旅长未予接见。校长回校，群情颇为愤慨。经刘旅长派副官长来校道歉，而对于殴打学生之队官，若何惩处，尚无确切之办法，似不足以息众愤。用特函请贵部司饬城防司令部，将该队官依法惩处，以维学校。实纫公谊。此致

  川军总司令部

校长吴永珊
中华民国十二年九月

吴玉章为高师云南籍学生参加国内外考察所需经费一事致云南教育司函[*]

（1923年10月）

径启者，据本校滇籍学生武臣奭、杨长青等呈称："窃生等于民国十年，蒙滇省教育当局函送来校，就体育、乐歌专修科肄业，拟至民国十三年六月，应行毕业。曾经填具入校状况表，由校函达云南教育司在案。本校内例，于三年级学生毕业前，由学校派人率领，考察国内外教育，以为借镜之资，生等自应随往，借收实益。查滇省补给国内留学生津贴办法，第九条载：凡已补给津贴各生，毕业回滇时，均发给川资银一百元，等因。又本校此次考察旅费，每名额定实洋三百元，由各原籍县知事视学在地方款项下关给。生等籍隶滇省，此项旅费，自应由本省原籍县知事视学关发。为此，理合呈请校长，转函云南教育司，分令思茅、鹤庆两县关给生等考察旅费三百元外，云南教育司应发给回籍川资每名一百元，统于民国十三年二月以前汇兑来校，转发承领，以便考察，而宏作育，实沾德便。"等情。据此，查该生等呈称各节，当无不合。本校预定考察出发时间，至迟不过来年三月。相应造具该生等姓名、籍贯表，函送贵司，请烦查核办理，并希早日见复。实为公便。此致

---

[*] 录自《吴玉章往来书信集》，重庆大学出版社1993年版，第94～95页。

云南教育司

计送滇生姓名籍贯表一册

校长吴永珊

中华民国十二年十月　日

吴玉章关于高师附小教员加薪一事致附小主任函*

（1923年10月）

径复者，案查贵主任函开：附小教职员牟为楷、白昭炜、吴必明等，服务年满，成绩卓著，请照附小教职员服务规程第二十条，给予特别加俸。前来查牟教员等，在校教授有年，深资倚畀，亟应加俸，以昭激劝。惟现值教育经费拮据异常，若概予加俸，实属无款挹注。兹从本年九月起，牟教员为楷、白教员昭炜均特别加俸一级，吴教员必明暂从缓议。为此，相应函复查照，此复

附属小学主任

校长吴永珊

中华民国十二年十月　日

---

* 录自《吴玉章往来书信集》，重庆大学出版社1993年版，第96～97页。

吴玉章关于高师查无窦勤伯一事致成都地方检察厅函＊

（1923年11月）

径复者，准贵厅五一七号公函，除原文有案外，后开相应函请贵校转知窦勤伯，届时按时到厅，以便侦查，并希赐复，此致等由。准此，查本校并无窦勤伯，无从转知，相应函复查照。此致

成都地方检察厅

校长吴永珊
中华民国十二年十一月　日

＊ 录自《吴玉章往来书信集》，重庆大学出版社1993年版，第99～100页。

吴玉章关于维护高师校内教学秩序致四川陆军第六师司令部函*

（1923年11月）

径启者，本校校门以内空地时有贵师独立第二旅士兵入内操演。本校以其有碍教授，叠经劝阻。殊本月四日午前十一时，该旅某队官，率队捆缚逃兵一名，押入校内，不服阻止，随就校内空地，将该押犯枪毙。是夜始将尸身抬去。查学校为造就人材之所，文化重地，理宜保持尊严，何能假为处决罪犯之地！该队官蔑视教育，任意入校，执行死刑，有损本校尊严。为此，相应函请贵部令饬所部旅、团，不得再在本校校门以内操演，并不得假作刑场，以维教育。至擅行入校行刑之队官，应该严加惩处，以儆效尤。实为公便。此致

四川陆军第六师司令部

校长吴永珊

中华民国十二年十一月　日

---

* 录自《吴玉章往来书信集》，重庆大学出版社1993年版，第97页。

吴玉章关于维护高师校内教学秩序致川军、讨贼军总司令部函 *

（1923 年 11 月）

径启者，本校校门以内空地，时有第六师独立第二旅士兵，入内操演，妨碍教授，叠经本校劝阻。殊本月四日午前十一时，该旅某队官，率队捆缚逃兵一名，押入校内，不服阻止，随就校内空地，将该押犯枪毙。是夜始将尸身抬去。查学校为造就人材之所，文化重地，理宜保持尊严，何能假为处决罪犯之地！该队官蔑视教育，任意入校，执行死刑，有损本校尊严。为此，相应函请贵部令饬各师、旅，不得再在本校校门以内操演，并不得假作刑场，以维教育。并请训令第六师司令部，将该擅行入校行刑之队官，严加惩处，以儆效尤。实为公便。此致

川军、讨贼军总司令部

校长吴永珊

中华民国十二年十一月　日

---

* 录自《吴玉章往来书信集》，重庆大学出版社 1993 年版，第 98 页。

吴玉章为高师学生考察教育牺牲于路途者抚恤事致四川省长公署函＊

（1923年）

径启者，据眉山联合县立中学校校长徐原烈函称：族侄徐慎，系贵校毕业学生。今夏游东，考察教育，事竣归来，溺殁宜昌，不幸以身殉学，至为痛惜。前托友人，特往宜昌，侦察尸骸，亦复无着。所遗孀女孤孥无依，尤堪悯恻。查考察旅费，省署曾令眉山劝学所关给旅费三百元。该所仅给付二百五十元，致累该生四处告贷，始克成行。迄今死者已矣，生者茕茕，犹负债务，情极可矜。用特函请贵校长，转函省署，令饬眉山劝学所，补给该生家属旅费五十元。并请省署从优给予恤金，以赡遗族，而清夙逋，实为德便，等情。据此，查徐校长原烈函称各节，当系实情，相应函请贵署查照，训令眉山劝学所，补给该生家属旅费五十元，并请酌量议恤，仍饬令眉山劝学所关给，以慰学魂。具纫公谊。此致

四川省长公署

校长吴永珊

＊ 录自《吴玉章往来书信集》，重庆大学出版社1993年版，第84页。

成都高等师范学校公函[*]

（1923年）

径启者，本校本年派遣本科三年级生考察国内外教育状况，以资借镜。素稔贵教员、贵学监学术湛深，经验宏富，堪以委托率领指导事宜，特请担任本届教育考察团指导员。并请顺便调查一切，除委托条款暨考察路线、考察各生注意要件及调查事项附送外，相应函请查照办理。实纫公谊。此致

林教员茗侯

杨学监南屏

计送委托条款一纸，考察路线一纸，考察各生注意要件一纸，调查事项一纸。

校长吴永珊

---

* 录自荣县吴玉章故居陈列展档案，《成都高等师范学校公函——十二年师字第40号》。

吴玉章为高师附小学生在校外被绑架一事致川军总司令部函 *

（1923 年）

径启者，本校附属小学校，本日午后一时，突来一人，口称黄姓，请会本校附小学生蔡怀璋，称自灌县兑款来省面交等语。该生请假出外会晤，方行至后子门，即有多人聚集，将该生拉至后子门边。复将该生三兄蔡怀恩，一并拉向东御河沿街行走。幸经本校附小教员刘子舟眼见询问，该黄姓口称，有某某命案等语。子舟知系拉磋，当集合本校警察暨值班警士，街邻亦协同救助，当获盗匪三名，余犯逃逸。所获三匪，询称名张石青、王绍明、苟正福，不讳。查张石青即冒充黄姓，来校会晤蔡怀璋之人，显系纠众捉人勒赎。当即飞报城防司令部，随即由该部派队来校，押解该三匪到部讯办。以此白昼劫人，亟应严办。相应将该犯等，函送贵部，请烦提案严讯，依法惩办，以戢盗风。此致

　　四川省会城防司令部

　　贵部训令城防司令部，从严惩处，以戢盗风，而靖闾阎。是为德便。此致

　　川军总司令部

---

* 录自《吴玉章往来书信集》，重庆大学出版社 1993 年版，第 98～99 页。

计送盗匪张石青、王绍明、苟正福三名外，在张匪身内搜出名片三张，收据一纸，丝绦一根，戏票一张。

校长吴永珊

吴玉章关于高师学生被殴伤后英领事偏袒问题要求北京外交、教育两部向英公使馆提出追究一事致川军总司令部、四川省长公署函*

（1923年）

径启者，英教士逞凶，领事偏袒，外交、教育两部向英公使馆请其严重彻究，以重法权而维睦谊。

查本校附属中学学生，于五月十二号午后，应成都南门外华西协和大学校中学部球团之邀，前往华英球场蹴球。比赛即罢，本校附中学生巫绍伯、陈道英，于球场侧近，遇有西孩三人，年仅数龄，天真可爱，因操英语，询其姓名、年龄，西孩嬉驰而去。巫陈二生，方拟他适，突有一西人奔来，不问事由，合抓二生，陈生足捷得免，巫生随被抓住，挥拳殴打，并将制服扯破，问之不答。巫生面部、腿部均受重伤，嗣急奔得脱。时有华英寄宿舍会长李柏春君，及该校学生亲睹其行凶情形，无不愤慨填膺。调查该西人系英教士白明道其人。巫生绍伯，受伤回校，呈请本校提出交涉。本校当请瀛寰医院诊验，出有伤单一面。函请华西大学校查复该教士行凶事由，随有该校中学校长刘宝书，于五月十四日到校，面晤本校附中主任任翱，称教士素有神经病，是日行凶，恐系发病状况等语。当经任主任据理驳诘，刘宝书无言而去。嗣后该校复函，

---

* 录自《吴玉章往来书信集》，重庆大学出版社1993年版，第91～92页。

对于行凶情形，则略而不提，意欲含糊了事。复经本校函诘，该校竟搁而不复。该教士自知理曲，而又怙恶不悛，反先发制人，在成都英领事署，捏造种种蜚语，控告巫生，冀图抵制。旋由四川交涉署转请省署，贵署行文到校，本校始将当日肇事原因，及巫生被殴受伤情形，详细声叙，连同伤单证书，函请交涉署查照办理。而英总领事根卓之，听信白明道一面之词，意存偏袒，不问是非，始终怙恶，对于无故受伤之学生，则请传案治罪，对于任性逞凶之教士，则置之不理，于是舆论大哗，各界愤慨，各报评论其非，日有数起。成都之校长团及全川之学生联合会、省议会亦先后函请交涉署，向根总领事严重抗议。根总领事自知办理偏私，为公道所不容，乃于六月一日及六月六日先后函辩，词意矛盾，以自掩饰，希图搪塞了事。交涉署见根总领事办事前后反复，已于六月六日致函根总领事，宣言无须再与交涉署办理案件。是中英邦交在川省已因此案而断绝。查伤人抵罪，各国刑律，载有专条。白明道无故殴人成伤，依照中英条约，应予研讯治罪，以重国交。乃根总领事，身为外交官吏，袒护凶徒，罔恤人言，渎职徇私，莫此为甚。本校巫生，无辜被殴，有冤莫白。相应将此案始末，缕晰声叙，并抄录本校与交涉署、英领事署往复公文，及瀛寰医院伤单、李柏春证函，函送贵部、署，请烦查酌，直向驻京英公使，促其将偏袒凶人之根总领事，速行撤换，而治白明道以伤人之罪，以重法权，而维睦谊。并令知交涉署，于此案未了以前，无论何项中英交涉，暂不办理，实为公便。此致

　　川军总司令部

　　四川省长公署

校长吴永珊

《吴虞日记》中与吴玉章书信往来的信息*

（1923年）

三月

三月二十七日 星期二 晴 寄吴玉章信，附《北大日刊》一张，以载有《杭州大学章程》也。

五月

五月九日 星期三 晴 吴玉章来信（四月二十五日寄）言：予前寄杭大章程及信，均收到。高师三年级生，委托该校教员林茗侯、杨南屏领赴各省考察教育，于四月二十四日东下，抵京嘱予接洽。成都高师寄来教育大会报告一册。

五月二十七日 星期日 晴 寄吴玉章《北京大学日刊》三张，内有《湖南自修大学章程》。

六月

六月九日 星期六 阴 聂开阳来，言外专学生张鸿翼同高师参观团来京，……以玉章信付开阳交高师参观团。

---

* 录自《吴虞日记》下册，四川人民出版社1986年版，第104、114、118、120页。

吴玉章关于高师本科三年级学生考察国内外各地教育状况一事致教育总长函 *

（1923年）

成都高等师范学校呈：

　　为呈请事，窃查高等师范所以培养中等教育师资，学生一经毕业，即服务学校，故在修学期中，宜多予各生以研究之机会。往年三年级生，于第三学期，实习完竣，由校派员率领，参观省城各学校教授法，以资考较。民国十一年，本校仿照京鄂各高师办法，于本科三年级生实习后，派员率领赴日本及长江各省考察，教育成绩昭著。本届三年级生，自应赓续举行，以宏造就。兹定本年四月，派员率领各生，分途考察国内外教育状况，借收实益。一部拟于武昌、南京、无锡、南通、上海、横滨、东京、京都、大阪、下关、朝鲜、奉天、北京、山西等处考察；一部拟于武昌、南京、无锡、南通、上海、广东、厦门、香港、菲律滨等处考察。惟各生考察教育，虽派有专员指导，而于各地方情形，究未熟悉，非得各该地学校指示不为功。拟请钧部通令各国立学校知照，并转咨各该省省长通令各该地学校知照。又考察各生每人仅备有旅费三百元，而各地生活，继长增高，舟中所需，尤属不少，区区旅费，恐难敷用。查团体旅行，各轮船、铁路公司，向有减费之规定，况在学子，尤当特别

---

* 录自《吴玉章往来书信集》，重庆大学出版社1993年版，第82～83页。

优遇。拟请钧部转咨交通部，通令考察路线所经各轮船公司、各铁路公司，凡本校考察学生，一律免费，以示优异而恤寒畯。又横滨、东京、京都、大阪、下关、朝鲜、香港、菲律滨等处，或属外国领土，或为外国租借地域，各生远适异国，尤感不便。拟请钧部转咨外交部，照会各该国外务省，通令各该国海关，勿得留难阻止；照会各该国文部省，通令各该地学校，予以介绍接洽，俾免困难。所有呈请，各缘由是否有当，理合具文呈请钧部俯赐鉴核施行，指令祗遵，谨呈

教育总长

校长吴永珊

吴玉章为高师教员张焯考察各省及日本各地教育状况发放证明书函 *

（1924年3月前）

成都高等师范学校证明书

  本校手工教员张焯，学术湛深，性情和平，教授九年，成绩昭著。兹因回籍之便，考查各省及日本各地教育状况，用备观摩。相应给予证明书，以便考查。此证。

校长吴永珊

---

* 录自《吴玉章往来书信集》，重庆大学出版社1993年版，第82页。

吴玉章关于明远学会借用会址一事致明远学会函*

（1924年）

径启者，案查本校前租与皇城前门旧通省师范附小地址为贵会设置地点，诚以贵会会员，皆系本校之毕业生，且租借之目的在研究学术，补助教育，故本校予以扶助，俾得成立。不图日久弊生，竟致任听非会员入内居住，已大反原租借之初意。近日更有非会员所组织之马克思主义研究学会，在内设立，并任听其他各会，借地讲演，或借为其他各种不法团体集合地点。布散传单，竟大书特书本校为通信处。似此违反原约，不惟妨碍本校主权与名誉，且足以淆乱社会之观听。用特函达贵会，务于三日内，将非会员而住贵会者与其他一切学会或团体，一律起迁出会。以后无论何种学术团体，借地讲演，须得本校同意，并无论何时，不得容留非会员住居。如再有以上弊端，一经本校察觉，定行为无条件之收回，勿谓言之不预也。为此，函请查照办理，并希见复为盼。此致
　　明远学会

　　　　　　　　　　　　　　　　　　　　　　　　校长吴永珊

----

　　* 录自《吴玉章往来书信集》，重庆大学出版社1993年版，第100～101页。

吴玉章等为总理陵墓奠基典礼日反动分子在宁捣乱情形致国民党中央执行委员会函[*]

（1926年3月15日）

中央执行委员会钧鉴：

　　敬启者，总理陵墓奠基典礼于三月十二日在南京举行。泽如奉国民政府命令，主持一切，于十日先期到宁。亚子、季恂、玉章亦偕同全国各级党部代表及同志于十一日到宁参预。乃甫抵车站，即有已经江苏省党部开除，现在自称南京伪市党部及孙文主义学会委员之反动派宋镇仑、朱丹父、高岳生等哨聚多人，高叫打倒左派口号，乘群众下车时将江苏省执行委员侯绍裘同志以司的克杆棒痛击，同时并殴及南京市执行委员陈君起女同志等。幸经多人劝散，始得无事。然亚子、季恂等见此情形，早知于明日奠基礼尚多危险，因至总理葬事筹备处南京分事务所，商筹善后办法。不料该处已无一人，不得已折至惠龙旅馆与泽如商议，当令筹备处主任干事杨杏佛同志召集各委员，乃仅林焕庭同志一人出席，结果迄无办法。泽如等尚冀明日奠基典礼，仗总理在天之灵，或无意外。不意该反动派宋镇仑等怙恶不悛，届时竟胆敢在总理遗像之前复行捣乱，一呼孙文主义万岁口号，立即向本党同志开始攻击，先用铁杆木棒乱打，继用石子乱掷，致同志侯绍裘、严绍彭、朱汉玺、丁晓峰、赵薪傅及女

---

[*] 录自《吴玉章往来书信集》，重庆大学出版社1993年版，第101～102页。

同志陈君起等均身受重伤，其余轻伤者不计其数。同时将江苏省党部旗帜及党旗、国旗撕毁践踏。当有总理夫人宋庆龄同志及孙哲生同志，又湖北省党部代表朱国屏同志，汉口特别市党部代表陈定一同志，上海特别市党部代表杨贤江、韩觉民同志，郑州市党部代表龚逸情、王转运同志，开封市党部代表庄集生同志，宿县县党部代表李象华同志，松江县县党部代表孙宗望同志，中央执行委员会青年部代表黄日蔡同志，上海教职员救国同志会代表陈贵三同志，暨泽如、亚子、季恂、玉章等均在场目睹。泽如等伏念总理奠基典礼何等郑重，稍有人心者决不敢借此捣乱。乃该反动派分子自称南京伪市党部及孙文主义学会委员之宋镇仓、朱丹父、高岳生等竟敢公然如此举动，足以证明若辈下流无赖，假借总理神圣之名义，实行其帝国主义及军阀走狗之手段（此次暴动时在场警察竟帮反动派打本党同志，足见其平日勾结有素）。对于此点，应请中央发表宣言，明白暴露其罪状，并申明除广州以外，一切未经党部批准，擅自组织之孙文主义学会均与本党无关，以揭破其阴谋。而葬事筹备处对于此次事后事前非但毫无准备，此先引进反动分子请其担任招待等职，事后又漫不顾问，甚至连护送受伤同志至医院等事亦置不问。总其罪状，实有袒护反动派之嫌疑，亦应请中央立即电令改组。庶慰总理丰典，不胜大幸。

　　此颂

公安

中央监察委员　邓泽如　柳亚子
中央执行委员　朱季恂　吴玉章
同敬启

1926年3月15日

吴玉章为顺庆起义致刘伯承电*

（1926 年 12 月 17 日）

开江刘伯承同志转慕颜、汉三、伯乾诸同志鉴：

前闻义旗高举，使沉沦之四川，弥满革命空气，令人雀喜。时闇公同志来，敬悉诸同志举义经过详情，备尝艰苦，曷胜慨喟。我政府出师北伐以来，不数月即扫平吴、孙两大军阀。可见困难险阻。已为目前民众迫切之要求……诸同志内遭环境压迫，外受潮流之激荡，偏师以来，薄海腾欢，奋斗精神，足使帝国主义者及其走狗寒心破胆，革命勋功，信当永垂史册。尚望始终坚持，努力杀贼，我民众扶杖田间，伫看自由之花，定不远矣！

特电驰慰　敬祝党祺

弟吴玉章叩筱

---

* 录自《吴玉章往来书信集》，重庆大学出版社 1993 年版，第 103 页。

吴玉章致杨闇公书*

（1927年3月17日）

闇公同志：

贵翰诵悉。吾兄为党工作，奋斗之忱，不胜钦佩。然川中新进之同志，尚拘于姑息之仁，不敢进而实行，此种伪慈悲，误事不少。试观现在之潮流，一般人士无非老朽无用少年堕落反动份子，皆宜铲除者乎。征之俄国革命之初期，杀戮反动份子数万人，逮及今日，亦未有以为惨忍者。当时如不出此，则革命尚未成功矣。吾兄须将此中意味，注入青年脑中，盖运用之妙存乎其心，成功之大，正未可限量也。以上所需之费用，已由鲍罗廷顾问汇到四万五千元。二三日内又汇二万五千元，款项一到，当寄重庆。

特此奉覆。并祝努力。

吴玉章
三月十七日

---

* 录自《申报》1927年5月18日，第7版。

吴玉章致向忠发信*

（1928年2月25日）

忠发同志：

我听说你回转到莫斯科来，就想来同你谈谈，只因住在病院里，医生不许外出，所以不能来看你，真是抱歉得很。现在我的痔疮割后，已经有四十多天了，三月八日就可以出院。出院以后，我想要在共产国际中央执行委员会内学习党的工作，因为俄国对于党的组织是极严密健全的，他有多年的历史斗争，政治经验，很值得我们取法的。我们中国的共产党是很幼稚的，要担负现在这个时代的激烈斗争，非有健全的组织不可，所以我到莫斯科来的志愿，除了研究列宁主义的革命理论，和考察苏联社会主义的建设而外，最要紧的，就是学习党的实际工作。我的决心是一面研究理论，一面实际工作，以半工半读的方法来达到我的志愿。我已经写了一封信给共产国际中央执行委员会，要求他派我在这个会内练习一点工作。你是中共在此地的代表，所以我要将这个情形告诉你，并望你代我说明我过去的工作经过。我想我在党的机关内作党的内部工作，是很相宜的。因为我向来是在党部内作工，一切情形，是知道的，在此地我党的总机关内来考查比较一下，就可以知道我们的缺点在甚么地方了。你如果有空时间，来此地一谈，则最好不过了。此地是乡

---

* 录自荣县吴玉章故居陈列展档案，原文为手稿。

下，在大森林中，风景很好。我托吴鸣和来约你，因为他知道我的住址，他曾来过，路径很熟的原故。以外的事，随后面谈。

  此致
党的敬礼
  李、江两同志均此

吴玉章

二月廿五日

吴玉章给苏兆征、向忠发的信＊

（1928年5月3日）

兆征、忠发两同志：

　　叶同志于四月廿八日回莫斯科，想已见面。现在如果没有一定的事要我作，我想在此多住些日子，因为此地空气较好，生活程度也较低。大约五月尾六月初才回莫斯科，如何？请便时给我一信。国内情形如何？亦请告我。

　　此致
党的敬礼

吴玉章
五月三日

＊ 录自荣县吴玉章故居陈列馆档案，原文为手稿。

吴玉章给苏兆征的信 *

（1928 年 5 月 22 日）

兆征同志：

你的信我今天才接到，此间住满了期，即归来，本月三十一日动身。国内变故正多，客观的条件是非常之好，只可惜我们本身太弱，此层我极同意。现我身体已比前更好了，即当返来从事工作。你前次的信，因为叶同志返莫京原故，原函退回，遂未得见。

共产党的敬礼

玉章

五月二十二日

---

* 录自荣县吴玉章故居陈列展档案，原文为手稿。

张冲为吴玉章赴欧洲作抗日宣传事致吴南如信[*]

（1937年10月20日）

南如先生：

兹有吴玉章先生赴西欧宣传抗战，事关国家，当蒙赞同，特介绍乞予协助，公私俱感。肃此顺颂

勋祺

弟张冲

1937年10月20日

---

[*] 录自《吴玉章往来书信集》，重庆大学出版社1993年版，第104页。此信根据吴玉章生前保存的原信直录。

全欧华侨抗日救国联合会致吴玉章信 *

（1937 年 12 月 22 日）

玉章先生大鉴：

敬启者，祖国抗战形势日益开展，海外侨民，援助抗战运动之能热烈进行，首重侨胞本身政治总动员。敝会同人，有鉴于此，爰特趁此新岁佳节，分别于一月二日在比央古及于一月九日在巴黎市内举行新年演讲大会。素仰先生热心救国，敢请先生届时莅会讲演，作侨胞救国之指南，是所欣幸。专此，并颂

大安

全欧华侨抗日救国联合会
民国廿六年十二月廿二日

---

* 录自《吴玉章往来书信集》，重庆大学出版社 1993 年版，第 104～105 页。

毛泽东、吴玉章等参政员
为捐款援助香港反汪罢工工友们电[*]

（1939年9月12日）

《新华日报》转

香港《南华》《天演》《自由》三报反汪罢工的工友们：

你们为进行反汪派汉奸们争而宣布罢工离职，很明显的，你们是给了新中国人民一个模范的好榜样。而且更说明了工人阶级在抗战中的先锋作用，坚决不屈的积极斗争精神。这一运动的继续开展与扩大，正是给予日寇和汉奸的最严重的一击。

我们特以最大的热忱向你们致诚恳的慰问和崇高的敬意！并每人捐资五十元（合计共三百五十元）交付《新华日报》代转，以表微忱。

此致

民族解放敬礼

毛泽东　陈绍禹　秦邦宪　林祖涵

吴玉章　董必武　邓颖超

1939年9月12日

---

[*] 录自《吴玉章往来书信集》，重庆大学出版社1993年版，第106页。

吴玉章致张西曼信＊

（1939年10月7日）

西曼先生大鉴：

昨送上毛泽东同志一文想已转到。林伯渠兄需要立法院出版之"各国宪法""各国选举法"及其他文件，拟请费神各捡二三份送交曾家岩五十号周公馆。想能办到，并请于二三日内惠赐为荷！专此即请文安

弟吴玉章上
十月七日

＊ 录自《张西曼纪念文集》，中国文史出版社1995年版，第377页。

毛泽东致吴玉章信*

（1939年）

吴老：

　　写了一篇理论性质的东西，目的主要为驳顽固派，送上请赐阅正，指示为感！

毛泽东即

---

* 录自《吴玉章往来书信集》，重庆大学出版社1993年版，第107页。

博古致吴玉章信＊

（1939年）

玉章同志：

　　匆促间南行未及踵辞甚歉。

　　中国历史稿秦汉三国段已阅过，觉得甚好。余尚未毕阅。原稿已交震寰兄乞查收。草草，再见　祝

健康！

弟博古上
十六日早

＊ 录自《吴玉章往来书信集》，重庆大学出版社1993年版，第105页。

西青联冯文彬等致函祝贺吴玉章六十大寿 *

（1940年1月14日）

玉章同志：

我们怀着无限兴奋，在你六十大寿的今天，向你敬致最崇高的青年的革命敬礼！

你的生活是伟大中华民族近几十年急骤的革命斗争的缩影，是全中国人民为摆脱奴隶锁枷，争取自由解放的指标。从同盟会时代起，经过辛亥革命，经过五四运动，经过一九二五到一九二七年的大革命，经过十年苏维埃运动，一直到伟大的民族抗战的今天，无论在国外在国内，在文艺战线上或是在政治斗争中，你始终是站在最前进的岗位。从中国共产党产生之日起，你就参加了这个澈底代表中国人民利益的革命队伍。你一贯是站在真理的、光明的、大众的一方面。你是中国人民底骄傲，是我们青年的导师！

你是中国永远不老的一个青年，我们年青的一代，不但要学习你百折不挠数十年如一日的斗争精神，而且在你的身上看到了中国革命的灿烂前程，看到了中国青年应走的光明道路，看到了什么是伟大时代的崇高人格！

我们恭祝你的健康，恭祝你的长寿！我们将紧跟着你的脚步走到中

---

* 录自《新中华报》1940年1月17日，第3版。

国革命的最后胜利!

　　　　冯文彬　李昌　宋一平　乔木　刘光　高朗山
　　　　　　黄华　刘玉堂　白向银　同贺
　　　　　　一九四〇年一月十四日

中共中央致函祝贺吴玉章六十大寿*

（1940年1月15日）

敬爱的玉章同志：

当你六十大寿之日，我们特向你致热烈亲切的敬礼！你在六十年的生活中，有四十年□过的革命家的战斗的生活。

你是中国革命最先进最觉悟的老战士，你始终是前进的，你始终是站在时代的前面奋斗着，因此，你始而参加了同盟会的领导，继而参加了国民党的领导更进而参加共产党的领导。

你是炸摄政王的组织者，你是黄花岗起义的参加者，你是辛亥时内江起义的英雄，你是一九二五—二七大革命的领导者，你现在是我党的优秀的领导人和全国人民最高民意机关的代表，你的生活和斗争，是近几十年里一部活的中国革命史的缩影。

你是我党可贵的历史专家，你的广博的学识，你对马列主义的理论和方法的忠诚的探究，你的坚毅不懈的努力，使你在这方面已有了一定的成就，这对于我党和中国人民，都是难能可贵的贡献。

你不仅是中国教育界文化界的前辈，而且是青年男女先进的导师，你对青年男女的关心和爱护，你的诲人不倦的精神，给与青年们以深刻的印象。

---

* 录自《新中华报》1940年1月17日，第3版。

你是中国新文字的创始人之一，你对新文字的贡献及提倡新文字的热忱与成绩，已在中国新文化发展的道路上，放出了灿烂的光辉。

你是中国革命的老前辈，是中国共产党的老布尔塞维克，你对党对人民解放事业的忠诚，你的崇高的人格，你的高尚的革命道德，你对同志对人民真诚的热爱，你的坚苦耐劳认真切实的作风，你的谦逊和蔼的态度，将永远成为所有共产党员和革命青年的模范，你的事业，就是中国革命和人类解放事业，□个伟大的事业是一定会在全中国和全世界胜利的。兹以无限热诚祝你健康长寿，祝你能亲见到中国人民和世界人类解放事业的光荣胜利。

中国共产党中央委员会

1940 年 1 月 15 日

陕甘宁边区高等法院、政府、参议会联合致函祝贺吴玉章六十大寿*

（1940年1月15日）

吴玉章同志：

书称五幅，诗咏九如，称庆贺寿，古今同欢。伯渠、自立等原本斯意敬致华封之祝，聊献冈陵之颂。公蜀中望族，泰伯兴家，温恭笃厚，德量宽宏，多才多艺，聪颖过人，继马述列，信仰崇高之真理，游法旅苏，学萃中外之精英，尤致力于国学，发扬中华民族固有之文化，精研□史，阐明人类社会进化之科学，不仅为中共先进，亦系当代完人。谋略更优于孙武，肇造民国，仗义远胜乎陈涉，卒推帝满，尤堪敬佩者，当大革命遭受挫折之际，公始终不屈不挠，克忠克坚，以布尔塞维克之革命精神，起无产阶级先锋队员之模范作用，领导中国无产阶级及广大劳苦群众，为革命事业，英勇奋斗！作中流之砥柱，为后辈之梯航，岁寒松柏，大义凛然。抗战以还，□□伟略，提倡边区文化教育，兴科学艺术，边区文协、鲁艺、自然科学研究院等，皆公所领导，匪特增强边区"抗战"力量，□且创造中华民族之新文化，实不愧青年导师、革命楷模！伟矣我公，高山景仰，大哉斯人，与世长存，黄发台背，足征寿者之相，是翁矍铄，必享期颐之年，□聚一堂，成功相庆，畅饮□酒，

---

* 录自《新中华报》1940年1月17日，第3版。

万寿无疆！

            秘书长 曹力如

        正 高 岗 民政厅长 高自立

陕甘宁边区参议会议长   财政厅长 霍维德

        副 张邦英 教育厅长 周 扬

        正 林伯渠 建设厅长 刘景范

陕甘宁边区政府主席   副 厅 长 朱开铨

        副 高自立 保安司令 高 岗

            副 司 令 王世泰

陕甘宁边区高等法院院长 雷经天 保安处长 周 兴

            副 处 长 谭政文

            审计处长 曹力如

          率全体工作人员敬祝

       中华民国二十九年一月十五日

中共中央统战部全体同志致函祝贺吴玉章六十大寿 *

（1940 年 1 月 15 日）

亲爱的玉章同志：

我们怀着无上的欢欣以崇高的敬意，祝贺你的六十大寿，祝贺你光荣的战斗的六十年。

在你六十年的生活的路上，实行了我们祖国几十年来的伟大革命史篇，从过去到现在，你永远为祖国的一切革命事业而战斗。你参加了同盟会的创立，领导了内江起义，助成了辛亥革命的胜利。你参加了五四运动，为了中国新文化运动而战斗。你参加了一九二五——二七年革命的领导，你献身于共产主义的事业，你为中国人民的独立、自由幸福，为中国无产阶级的澈底解放而进行了长期的坚苦的革命工作。现在你已经是六十岁了，但你仍然以青年般的毅力和热忱而勤苦耐劳地为党的事业而奋斗。

你六十年来的□活，是和中国一切进步事业密切地□在一起，你的名字将教育着鼓舞着千千万万的优秀儿女，为了光明真理而战斗到底，你是我们党员和革命青年的活的模范。

祝贺你的六十大寿，我们将循着你的道路，学着你"愈战愈坚"的精神，学着你"坚苦耐劳"的作风，为党的路线，更勇敢地迈进。

---

* 录自《新中华报》1940 年 1 月 17 日，第 3 版。

以热烈的布尔塞维克的友爱,敬祝你的健康愉快!

　　　　　　　　　　　　中央统一战线部全体同志敬贺

　　　　　　　　　　　　一月十五日

中共中央党校全体同志致函祝贺吴玉章六十大寿 *

（1940年1月15日）

敬爱的吴玉章同志：

我们全体同志以最高的热忱，庆祝你的六十大寿，向你致崇高的敬意，祝你健康！

远在中国共产党成立以前，你就是为中华民族解放，为被压迫阶级解放而奋斗的一位出色的革命家。中国共产党成立以后，你就成为我党最坚决最优秀的布尔塞维克的指导者。你的一生——从同盟会到中国共产党——象征着中国的革命历史。你一生的革命事业，光辉地照耀着我们的祖国，昭示我们前进的道路。直到而今，已六十年。但是，你的精神，一点不老；你的工作，一刻不懈。你永远站在我们年青一代的党员的前面，灯塔似地领导着我们，慈母般地教诲着我们，有了你，我们更加兴奋，有了你，我们更易确定我们的人生观，更易认识革命的真理。总之，只要我们想到你，就会百倍地提高战斗决心和胜利信念。你不老，你越老越前进！你是我党的光荣，也是中华民族的光荣！当你六十大寿的今天，我们全体同志祝你长生不老！你永远领导我们前进！

中央党校全体同志敬祝

---

* 录自《新中华报》1940年1月17日，第4版。

中财部致函祝贺吴玉章六十大寿 *

（1940年1月15日）

玉章同志：

今天是您——我们敬爱的吴老同志的六秩大寿，我们特送来鸡八只，牛乳二十瓶，梨六斤，谨祝您的健康与时序俱进。

在这伟大的民族自卫战争的浪潮中，在这帝国主义第二次世界强盗战争中，当我们全民族正处在大难当头的严重危机里，你们——我们党的卓绝领袖，参加国民参政会的我党代表们，对于我全中华民族起着灯塔与南针的作用，指导着它的澈底的民族与社会的解放。

您的健康的增进，就是中国无产阶级及中华民族利益的增进，所以我们——中央财政经济部及其所属，谨祝您万寿无疆并高呼："吴老永不老"。

谨致

革命敬礼！

中央财政经济部及其所属——边区银行、光华商店、

自然科学研究院、会计人员训练班、难民工厂、

制革厂、振华造纸厂、新华肥皂厂、

□□厂及十里铺煤矿

一月十五日

---

* 录自《新中华报》1940年1月17日，第4版。

陕甘宁边区文化协会执委会全体同志致函祝贺吴玉章六十大寿＊

（1940年1月15日）

敬爱的吴玉章同志：

在今天庆祝你的六十大寿的时候，正是边区文化协会第一次代表大会刚刚闭幕，并且公举你来领导文协工作，领导全边区文化运动的时候。能够有你站在我们中间领导工作，是我们很大的荣幸。因为你是中国革命运动和新文化运动的老前辈，同时在中国革命和新文化发展的每一阶段，你都是站在先头地位。你曾亲身与孙中山先生共同组织革命同盟会，曾亲身准备和参加辛亥革命；你曾参加了五四新文化运动，并亲身准备和参加了一九二五一二七年的大革命；你曾奔走海外各国，为拥护十年的工农民主革命而呼号，并为建立抗日民族统一战线而努力奔走；你曾努力推动新社会科学运动及新文字运动。以你的长期的斗争经验和丰富的学识，来领导我们的工作，一定能够把边区的文化运动大大开展起来，一定能使边区的新文化成为全国更好的模范并推动全国，建立起新民主主义的中华民族新文化。因此我们要代表全边区的文化界，祝你

永远健康

陕甘宁边区文化协会执行委员会全体委员

＊ 录自《新中华报》1940年1月17日，第4版。

鲁迅艺术文学院全体教职员致函祝贺吴玉章六十大寿 *

（1940 年 1 月 15 日）

我们向你致敬，吴玉章同志！

在你的六十岁的生日我们来向你致敬，因为你光荣地参加了中国的三次伟大的革命，在每一次革命里你都是一个强有力的、站在最前线的战士。你的事业代表了中国革命的事业，你的道路就是中国革命的道路。我们向你祝贺，向你欢呼，而且热烈地拥抱你，就犹如向着革命祝贺，向着明天的胜利和光明欢呼，而且伸出我们的手臂去拥抱未来的幸福的新中国。

六十年是长长的日子。在漫长而又崎岖的中国的革命的道路上，许多你过去的伙伴英勇地牺牲了，或者悲观地放下了武器。而你，吴玉章同志，却一直向前走着，到今天你还是微笑地站在我们的队伍里，站在我们的前面，仿佛不是你追随着进步而是进步追随着你。我们来向你致敬，因为我们要学习你。

我们这一群年青的、献身革命的艺术工作者快活地围绕在你身边，像围绕着一个给我们以温暖和光亮的火炬。你不但是我们很尊敬的老同志，而且是我们很亲近的领导者。

---

* 录自《新中华报》1940 年 1 月 17 日，第 4 版。

我们一致热烈地祝你的健康！我们举起我们的手，犹如举起盛着快活的饮料的酒杯。

鲁艺全体教职员敬献

八路军驻陕办事处全体指战员致函祝贺吴玉章六十大寿*

（1940年1月15日）

我们亲爱的吴老同志：

值你六十大庆的日子，我们谨以无限的热忱与衷心的喜悦，向你遥致崇高的布尔塞维克的敬礼！

你是我们党内身经百战的老布尔塞维克中的一个，也是群众热烈拥戴的领袖与导师。你生在我们这个饱经忧患的国家与时代，你的一生也就是一个始终忠实于革命事业献身于伟大斗争的光辉模范。你不仅亲眼看到这几十年来的历史事变，参加到这个历史时期中每一个革命运动中去，而且领导着广大人民起来向压迫他们的人作斗争。从同盟会草创时代，到辛亥革命，讨袁之役，国民党□组，武汉□代，南昌暴动，国外从事中国工人教育及国际宣传工作，及现在领导抗日民族自卫战争与研究我们民族历史的特殊成就，都充份地表明了你是中国革命传统的真正承继者。由于你一生的艰苦的奋斗及其他同志的共同努力，让我们这年青的一代认清了应走的道路，并瞥见了那将要照遍祖国大地上的黎明。

我们是全国抗日军队中的先进部份。这个军队是在你所亲自参加的南昌暴动后经过多年残酷斗争锻炼出来的。在今天庆祝你六十高龄的时候，我们□感到你是和这个革命的武装力量血肉相关的，并且以有着这

---

* 录自《新中华报》1940年1月20日，第3版。

样一个积累宝贵经验而精神永远是年青的领导者而自豪。

  我们知道献给你最好的礼物，是学习你致力革命数十年如一日的坚忍顽强精神与待人接物那种真挚谦虚的态度，同时没有什么比继承光大一个革命者最关心爱护的历史事业，更能带给他无上的喜悦与安慰的。现在我们向你保证我们定要贯澈你□洒尽了心血的事业，并祝你健康长寿！

          第十八集团军驻陕办事处全体指战员敬祝

吴玉章致张西曼信 *

（1940年1月30日）

西曼先生：

　　现值抗战紧急关头，尚须国际加强援助。弟为增进中苏两国邦交、沟通中苏文化，特于十一月廿一日延安各界庆祝斯大林同志六十寿辰大会上提议发起组织中苏文化协会延安分会，得到一致热烈的赞同，立刻推出五十余人作筹备人，兹将致总会公函及筹备人名单一并寄呈，请提出常务理事会议核准并指示一切从速。示复为盼。如有须面商之件，请就近与董必武同志接洽为荷。专此

　　即颂

文安

弟吴玉章
一月卅日

---

* 录自《张西曼纪念文集》，中国文史出版社1995年版，第378页。

毛泽东、吴玉章等中共参政员关于华北视察团事致国民参政会秘书处电*

（1940年2月3日）

重庆国民参政会秘书处诸先生勋鉴：

近顷以来，此间迭据报告：陕甘晋冀豫等省特务机关通令所属，略谓国民参政会华北视察团行将莅临，主要任务在于搜集材料，证明此数省磨擦事件之发生，其咎均于共产党八路军陕甘宁边区。然后携返后方，向当局建议处理办法，并在下届参政会中提出议案，实行取消边区与八路军之特殊化，并乘机打击共产党。着各地特工人员注意搜集资料，并配合党、政、军各机关，准备欢迎视察团，务达上项目的等情。鄙人等以事属离奇，未敢置信。顷接尊处电示，始知果有视察团之组织。复查此视察团之团长成员，不仅无一共产党参政员被邀请参加，且连第四次参政中提出组织此类视察团之原提案人沈钧儒、邹韬奋、陶行知诸先生，以及素以老成硕望公正无私著称之张一麟、黄任之、江恒荣、张表方诸先生，亦无一参加。在全体团长团员中，除在二届参政会中，因发拥汪主和谬论而与共产党参政员及坚主抗战诸参政员发生剧烈冲突之国社党员梁实秋及国家青年党员余家菊两君外，余皆国民党一党之参政员同志。由此等人选所组成之视察团，对于视察事项所搜集材料及所作结论，必

---

* 录自《吴玉章往来书信集》，重庆大学出版社1993年版，第120～121页。

属偏私害公，殆无疑义。该团之与特务机关配合行动，尤属事有必至。犹忆前年十二月间，张君劢即曾著论主张取消边区与八路军特殊化及取消共产主义。未几，汪精卫发表艳电，竟倡言反共。设该视察团之目的与汪、张无殊，尽可以汪、张文件为蓝本，在渝作出大文，撰成提案，何必当此朔风凛冽之际，冒此严寒，多劳往返。如以为非有实地视察之名不足以收牢笼社会视听之效，即以此等有特殊关系之人物从特务机关手里收集向壁虚造之材料，写成一本二三十万字之视察报告书，痛骂共产党一顿，谓即足为反共限共溶共之法律根据，则亦仍属可笑之事。盖国内政治问题，原只能从合理之政治原则获得解决，岂有卖弄玄虚，而能真正解决问题者乎！或曰：你们共产党所云，未免估计不当。该视察团此行，盖十分正大光明，毫无腌脏龌龊之心理，其任务在于维系两党合作，立于团结与进步基础上，共谋边区等事之合理解决也。若然，则鄙人等所言幸而不中，而国事实获进步之益，鄙人等当于该团来延安时，准备以陕北特产之小米饭、高粱酒接待诸参政员同人，与之对雪举杯，畅论团结救国之大计，决不至慢待嘉宾也。敬祈贵处代为转达为荷。　　敬颂

勋祺

国民参政会参政员

毛泽东　陈绍禹　林祖涵

吴玉章　叩江

毛泽东、吴玉章等 21 人代表延安讨汪拥蒋大会及全体民众致全国同胞通电 *

（1940 年 2 月 3 日）

重庆国民政府林主席、蒋委员长，各院、部、会，中国国民党中央党部，军事委员会各部，国民参政会，反侵略大同盟，中苏文化协会，战地党政委员会，生活书店，商务印书馆，中华书局，青年记者协会，文艺界抗敌协会，中央社，国新社，《大公报》，《新华日报》，《扫荡报》，《中央日报》，三民主义青年团；各省省政府、省参议会、省党部，抗敌后援会，报界协会，各大日报；四川、云南、汉中各大学；西安、桂林两行营，各战区司令长官，各集团军总司令；全国抗战将士、抗战同胞钧鉴：

二月一日延安讨汪拥蒋大会，义愤激昂，一致决议，讨伐汪精卫卖国投降，拥护蒋委员长抗战到底。为挽救时局危机争取抗战胜利起见，谨陈救国大计十端，愿向国民政府，各党各派，抗战将士，全国同胞采纳而实行之。

一曰全国讨汪。查汪逆收集党徒，通敌叛国，订立卖国密约，为虎作伥，固国人皆曰可杀。然此乃公开之汪精卫，尚未语于暗藏之汪精卫也。若夫暗藏之汪精卫，则招摇过市，窃据要津，匿影藏形，深入社会，贪官污吏实为其党徒，磨擦专家皆属其部下。若无全国讨汪运动，从都

---

* 录自《吴玉章往来书信集》，重庆大学出版社 1993 年版，第 121～125 页。

市以至乡村，从上级以至下级，动员党政军民报学各界，悉起讨汪，则汪党不绝，汪祸长留，外引敌人，内施破坏，其为害有不堪设想者。宜由政府下令，唤起全国人民讨汪，有不奉行者，罪其官吏，务绝汪党投身豺虎。此应该采纳实行者一。

二曰加紧团结。今之论者不言团结而言统一，其意盖谓惟有取消共产党，取消八路军新四军，取消陕甘宁边区，取消各地方抗日力量，始谓之统一。不知共产党八路军新四军陕甘宁边区，乃全国主张统一之最力者。主张西安事变和平解决者，非共产党八路军新四军与边区乎？发起抗日民族统一战线，主张建立统一民主共和国而身体力行之者，非共产党八路军新四军与边区乎？立于国防之最前线，抗御敌军十七个师团，屏障中原西北，保卫华北江南，坚决实行三民主义与抗战建国纲领者，非共产党八路军新四军与边区乎？盖自汪精卫倡言反共亲日以来，张君劢叶青等数人和之以笔墨，反共派顽固派和之以磨擦，假统一之名，行独霸之实，乘团结之义，造磨擦之端。司马昭之心，固已路人皆知矣。若夫共产党八路军新四军与边区，则坚决提倡真统一，反对假统一；提倡合理的统一，反对不合理的统一；提倡实际上的统一，反对形式上的统一。非统一于投降而统一于抗战，非统一于分裂而统一于团结，非统一于倒退而统一于进步，以抗战团结进步三者为基础之统一乃真统一，乃合理统一，乃实际统一。舍此而求统一，无论出何花样，弄何玄虚，均属南辕北辙，实属未敢苟同。至于各地方抗日力量，则宜一体爱护，不宜厚此薄彼，信任之，接济之，扶掖之，奖励之，待人以诚而去其诈，待人以宽而去其隘，诚能如此，则苟非别有用心之徒，未有不团结一致而纳于统一国家之轨道者。统一必以团结为基础，团结必以进步为基础。惟进步乃能团结，惟团结乃能统一，实为不易之定论。此应请采纳实行者二。

三曰厉行宪政。训政多年，毫无结果，物极必反，宪政为先。然而言论不自由，党禁未开放，一切犹是反宪政之行为。以此制宪，何殊官样文章。经此行宪，何异一党专制。当此国难深重之秋，若犹不思变计，则日汪肆扰于外，奸徒破坏于内，国脉民命，岌岌可危矣。我政府宜即开放党禁，扶植舆论，以为诚意推行宪政之表示。昭大信于国民，启新国之气运，诚有未争于此者。此应请采纳实行者三。

四曰制止磨擦。自去年二月倡导所谓"限制异党办法"以来，限共溶共反共之声遍于全国，惨案迭起，血花乱飞。犹以为未足，去年十月复有所谓"异党问题处理办法"。其在西北华北华中区域，复有所谓"对于处理异党问题实施方案"。论者谓已有政治限共进入军事限共之期，言之有据，何莫不然。盖所谓限共者，反共也。反共者，日汪之诡计，亡华之毒策也。于是群情惊疑，奔走相告，以为又将重演十年前之惨剧。演变所极，湖南则有平江惨案，河南则有确山惨案，河北则有张荫梧进攻八路军，山东则有秦启荣消灭游击队，鄂东有程汝怀惨杀共产党员五六百之众，陇东有中央军大举进攻八路驻防军之举，而最近山西境内复演出旧军攻击新军并联带侵犯八路阵地之惨剧。此等现象不速制止，势将同归于尽，抗战胜利云乎哉？宜由政府下令处罚一切制造惨案分子，并昭示全国不许再有同类事件发生，以利团结抗战。此应请采纳实行者四。

五曰保护青年。近在西安附近设立集中营，将西北中原各省进步青年七百余人拘击一处，施以精神与肉体之奴役，形同囚犯，惨不忍闻。青年何辜，遭此荼毒！夫青年乃国家之精华，进步青年尤属抗战之至宝。信仰为人人之自由，而思想乃绝非武力所能压制者。过去十年文化围剿之罪恶，彰明较著，奈何今日又欲重蹈之乎？政府宜速申令全国，保护青年，取消西安附近之集中营，严禁各地侮辱青年之暴举。此应请采纳实行者五。

六曰援助前线。最前线之抗日有功军队，例如八路军新四军及其他军队，待遇最为菲薄，衣单食薄，弹药不继，医药不备。而奸人反肆无忌惮，任意污蔑，无数不负责任毫无常识之谣言，震耳欲聋。有功不赏，有劳不禄，而构雨愈急，毒谋愈肆。此皆将士寒心、敌人拊掌之怪现象，断乎不能允许者也，宜由政府一面充分接济前线有功军队，一面严禁奸徒污蔑构陷，以辑军心而利作战。此应请采纳实行者六。

七曰取缔特务机关。特务机关之横行，时人比谕唐之周兴、来俊臣，明之魏忠贤、刘瑾。彼辈不注意敌人而以对内为能事，杀人如麻，贪贿无艺，实谣言之大本营，奸邪之制造所。使通国之人重足而立，侧目而视者，无过于此等穷凶极恶之特务人员。为保存政府威信起见，亟宜实行取缔，加以改组，确定特务机关之任务为专对敌人及汉奸，以回人心，而培国本。此应请采纳实行者七。

八曰取缔贪官污吏。抗战以来，有发国难财至一万万元之多者，有讨小老婆至八九个之多者。举凡兵役也，公债也，经济之统制也，灾民、难民之救济也，无不为贪官污吏借以发财之机会。国家有此一群虎狼，无怪乎国事不可收拾。人民怨愤已达极点，而无人敢暴露其凶残。为挽救国家崩溃之危机起见，亟宜断行有效办法，彻底取缔一切贪官污吏。此应请采纳实行者八。

九曰实行总理遗嘱。总理遗嘱有云："余致力国民革命凡四十年，其目的在求中国之自由平等。积四十年之经验，深知欲达到此目的，必须唤起民众。"大哉言乎，我四万万五千万人民实闻之矣。顾诵读遗嘱者多，遵循遗嘱者少，背弃遗嘱者奖，实行遗嘱者罚，事之可怪，宁有逾此？宜有政府下令，有敢违背遗嘱不务唤起民众，而反践踏民众者，处以背叛孙总理之罪。此应请采纳实行者九。

十曰实行三民主义。政府与蒋委员长已三令五申责成全国实行三民主义，甚盛事也。顾言者谆谆，听者藐藐，无数以反共为第一任务之人，放弃抗战工作，人民起而抗日，则多方压迫制止，此放弃民族主义者也。官吏不给予人民以丝毫民主权利，此放弃民权主义者也。视人民之痛苦无视，此放弃民生主义者也。在此辈人员眼中，三民主义不过口头禅，而有真正实行者，不笑之曰多事，即治之以严刑。由此怪象丛生，信仰扫地。亟宜再颁明令，监督全国实行，有违令者，从重治罪，有遵令者，优予奖励，则三民主义庶乎有实行之日，而抗日事业即建立胜利之基。此应请采纳实行者十。

凡此十端，皆救国之大计，抗日之要图。当此敌人谋我愈急，汪逆极端猖獗之时，心所谓危，不敢不告。倘蒙采纳实行，抗战幸甚，中华民族解放事业幸甚。迫切陈词，愿□明教。

延安民众讨汪拥蒋大会主席团：

毛泽东　王明　张闻天　林伯渠　吴玉章　王稼祥
康生　陈云　邓发　李富春　高岗　萧劲光　张浩
张邦英　许光达　孟庆树　谭政　唐洪晨　高朗亭
冯文彬　管瑞才　全体民众三万人同叩东

吴玉章致李根源信 *

（1940年9月26日）

印泉吾兄道鉴：

相别二十有一年矣。人事变迁，不知从何说起。环顾内外，巨变频生。欧战方殷，日趋扩大，英、德相持，美、日敌视，未来演变，正在图谋，世界大战，势难避免。以一等强国之法兰西不及五旬，而俯首屈服。若大敌当前而犹排除异己，人心一失，倏忽沦亡，此可为殷鉴者也。

我神圣抗日民族革命战争，与敌搏斗，已过三年。我则愈战愈强，敌则愈战愈弱。此皆吾全国人民坚持团结，我前线战士英勇牺牲，故能捍卫河山，抵御强寇。今此世变逾恒，寇氛尚恶，近卫登场，谋我更急。冀脱泥坑，以图南进，诱降胁伏，奸计频施，溢炸行都，断绝通路，陕、洛、滇渝，三路并进，困难之来，自可预卜。惟望我全国军民，团结一致，再接再厉，不屈不挠，驱彼凶残，投诸东海。吾兄革命先生，军界巨子，国家多难，尤赖荩筹。我八路健儿，以百团大战，制敌后方，破其各路进攻之狡谋，摧彼遍设囚笼之毒计。当此危急存亡之秋，愿尽艰苦奋斗之义。全国同胞若能共勉，抗战必胜，建国必成。

顷于《大公报》上得读"七七"三年抗战纪念感赋。大著爱国情深，杀敌心切，老当益壮，敬佩殊深。特和数首，以表衷情。弟拙于此道，

---

* 录自《吴玉章年谱》，四川人民出版社1998年版，第261～262页。

不免贻笑大方,尚望不弃庸愚,加以斧正。来鸿有便,乞赐好音。书不尽言,即颂文祺。

　　和印泉老兄"七七"三年抗战纪念感赋原韵(略)

毛泽东、吴玉章等中共参政员关于新四军事提出12条善后处理办法致国民参政会秘书处删电*

（1941年2月15日）

国民参政会秘书处公鉴：

关于政府对新四军之处置，我党中央曾有严重抗议，并提出善后办法十二条，如：（一）制止挑衅；（二）取消一月十七日的命令；（三）惩办皖南事变祸首何应钦顾祝同上官云相三人；（四）恢复叶挺自由，继续充当军长；（五）交还新四军全部人枪；（六）抚恤皖南新四军全部伤亡将士；（七）撤退华中的"剿共"军；（八）平毁西北的封锁线；（九）释放全国一切被捕的爱国政治犯；（十）废止一党专政，实行民主政治；（十一）实行三民主义，服从总理遗教；（十二）逮捕各亲日派首领，交付国法审判等项。请政府采纳。在政府未予裁夺前，泽东等碍难出席。特此达知，敬希鉴察！

毛泽东　陈绍禹　秦邦宪　林祖涵
吴玉章　董必武　邓颖超　叩删

---

* 录自《吴玉章往来书信集》，重庆大学出版社1993年版，第129～132页。

附一：国民参政会秘书处为出席国民参政会事致毛泽东、吴玉章等中共参政员鱼电

（1941年3月6日）

董参政员必武，邓参政员颖超，并转毛参政员泽东，陈参政员绍禹，秦参政员邦宪，林参政员祖涵，吴参政员玉章钧鉴：

三月六日本会大会以全体一致通过决议如下："（一）本会于阅悉毛参政员泽东等七人致秘书处删电，董参政员必武等二人本月二日致秘书处函件，暨聆悉秘书处关于此事经过之报告以后，对于毛、董诸参政员未能接受本会若干参政员与本会原任议长之劝告，出席本届大会，引为深感。本会为国民参政机关，于法于理，自不能对任何参政员接受出席条件，或要求政府接受其出席条件，以为本会造成不良之先例。（二）本会连日聆悉政府各种报告之后，深觉政府维护全国团结之意，至为恳切。一切问题除有关军令军纪者外，在遵守抗战建国纲领之原则下，当无不可提付本会讨论，并依本会之议决，以促政府之实行。因是本会仍切盼共产党参政员，深体本会团结全国抗战之使命并坚守共产党民国二十六年九月拥护统一之宣言，出席本会，俾一切政治问题，悉循正当途辙，获得完善之解决，抗战前途，实深利赖。"特此录案电达，至希察照出席为荷。

国民参政会秘书处鱼

附二：毛泽东、吴玉章等中共七参政员关于重申不能出席本届会议理由复国民参政会秘书处齐电

（1941年3月8日）

国民参政会秘书处转全体参政员先生公鉴：

　　鱼电诵悉。诸先生关怀团结，感奋同深。四年以来，中共同人维护民族抗战与国内团结，心力交瘁，早为国人所公认。中共参政员对于历次参政会无一次不出席，亦为诸先生所共见。惟独本届参政会则有碍难出席者在。盖中共参政员为政府所聘请，而最近政府对于中共则几视同仇敌，于其所领导之军队则歼灭之，于其党员则捕杀之，于其报纸则扣禁之，尤以皖南事变及一月十七日命令，实为抗战以来之重变，其对国内团结实有创巨痛深之影响。一月十七日命令之后，敌伪抚掌，国人愤慨，友邦惊叹，莫不谓国共破裂之将至。中共中央睹此危局，自不能不采取适当之步骤，以挽危局，以保团结，乃向当局提出善后办法十二条。时逾一月，未获一复，而政治压迫军事攻击反日益加厉，新四军被称为"叛军"矣，十八集团军被称为"匪军"矣，共产党被称为"奸党"矣。延渝道上，"打倒共产党""抗日与剿匪并重""剿匪不是内战"等等惊心动魄之口号，被正式之政府与正规军队大书于墙壁矣。似此情形，若不改变，泽东等虽欲赴会，不独于情难堪、于理无据，抑且于势亦有所不能。耿耿此心，前有删电致参政会略陈梗概，当蒙洞察。嗣后参政会同人中颇多从中奔走，以图转圜者，泽东等感此拳拳之意。为顾全大计委曲求全计，乃由敝党代表周恩来同志及在渝参政员必武、颖超二人提出临时办法十二条，请求政府予以解决，以便本党参政员得以出席于本届参政会，同时并以此意通知参政会秘书处，然亦希望政府置答。泽东等所提善后办法与临时办法各条，乃向聘请泽东等为参政员之政府当局提

出请求解决，以为泽东等决定是否出席此次参政会之标准。政府自有予以解决与否之自由，泽东等亦有出席与否之自由。泽东等爱护参政会之心，今昔并无二致，如能在此次会期内由于诸先生之努力促成，与政府诸之当机采纳，使泽东等所提各种办法能有一定议及实施之保证，则本次参政会虽已开幕，中共在渝参政员亦必可应约出席，否则惟有俟诸问题解决之日。泽东等接受政府之聘请，为团结抗战也。皖南事变以来，加于国共间之裂痕实甚深重，苟裂痕一日未被消灭，则泽东等一日碍难出席政府所召集之任何会议。盖泽东等在目前所处之环境，与诸公实有不能尽同者焉。专此电复，尚希谅察。

       毛泽东　陈绍禹　秦邦宪　林祖涵

       吴玉章　董必武　邓颖超　叩齐

吴玉章等陕甘宁边区文化界人士致香港洪深先生慰问电*

（1941年3月10日）

重庆周恩来同志转洪深先生：

惊闻不幸消息，深为遗憾。抗战三年余，不独日寇未退，反而亲日派、投降派的活动日益嚣张，思想自由剥夺殆尽，先生愤不欲生，凡我士林，莫不同声感喟。延渝遥隔，不能亲往存候，聊递金五百，以寄同情，唯望早日康复，继续为新文化事业奋斗。夫人令媛，亦希摄护。此祝健康。

吴玉章　徐特立　林伯渠　范文澜
何思敬　陈伯达　周　扬　萧　军
舒　群　陈学昭　丁　玲　周　文
张　庚　王震之　姚时晓　吕　骥
刘伯羽　草　明　曾　克　齐燕铭
黑　丁　白　浪　雷　加　何其芳
荒　煤　江　烽　胡　萤　马　达
柯仲平　陈唯实　张仲实　艾思奇

三月十日

---

* 录自《解放》1941年第126期，第5页。

吴玉章等为柳亚子先生被国民党开除党籍一事致电慰问[*]

（1941年4月13日）

柳亚子先生：

阅报得悉国民党八中全会以先生屡进直言，迭舒谠论，开除先生党籍。拒谏筛非，远贤去能，徒增国家民族之危，益深志士仁人之愤，为国以失策而遗惧，先生以被诎而增荣。寇气尚恶，内战频与，疾首痛心，莫此为甚，吾辈四十年共同奋斗之光荣，将因此而愈增暗淡。差幸直道虽碍于一隅，正义犹存于天下，政令虽乖，民气犹盛。尚望本革命之初衷，凭奋斗之勇气，再接再厉，不屈不挠，为民族争生存，为国家留正气，民国前途，实深利赖。同盟旧侣，愿共勉之。

吴玉章　林伯渠　张曙时　元

---

[*] 录自《新中华报》1941年4月20日，第1版。

毛泽东、吴玉章等中共参政员电悼张季鸾先生逝世 *

（1941年9月22日）

张季鸾先生追悼会：

　　季鸾先生在历次参政会内坚持团结抗战，功在国家。惊闻逝世，悼念同深。肃电致悼，借达哀忱。

　　　　　　　　　　毛泽东　陈绍禹　秦邦宪　吴玉章　林祖涵

---

* 录自《吴玉章往来书信集》，重庆大学出版社1993年版，第134页。

吴玉章给任弼时的信*

（1943年6月2日）

弼时同志：

　　送上我的履历表和自传，请查收，赐一收据。还有一较详的自传，待写完后再送上。即致

布礼！

吴玉章
六月二日

---

* 录自荣县吴玉章故居陈列展档案。

吴玉章为动员侄儿到延安参加边区钢铁工业建设致吴端甫信*

（1944年8月27日）

端甫如握：

很久未得你信，不知近况如何？前托林老转给你一函，不知你已同林老见面谈过否？此间关于炼铁方面还有许多缺点，另纸开明，希望你细心研究，以便数年的经验得出一些改进的方法，很望你来此帮助一切。你看了所开的情形后就可以在技术上、计划上，以及在物质上有些准备，以使将来能切实尽力进行工作。有未尽处可同林老面谈。想来你是可以辞去现有工作而到此地来的，来的办法可同董老商量。总之，我十分盼望你来，来时可买几块力士肥皂和药肥皂以作我洗痔疮之用。又我的表发条坏了，能买一发条来还可以修理，大小和震寰的一样。震寰好久没有信来，你们常见面否？听说他设计的水电已成功，这是很好的。我现在身体很好，大林、其芳等都很好，可告其家中勿念。本清也好，可转告其家。草此即问

近好！

叔字

1944年8月27日

---

* 录自《吴玉章往来书信集》，重庆大学出版社1993年版，第135页。

吴玉章为动员侄儿早日启程赴延安致吴端甫信 *

（1944年12月8日）

端侄如握：

　　得十月十八日函，知你将家事处理就绪即可来此，至为欣慰，日望能早日见面。林老回，谈及与你畅谈数次，只望你来襄助，他觉得你对于家事尚无大困难，似乎还有顾虑。我以为这是你还未深知此间情形，及将来的趋势。此间生活是安定而有生气。我认为中国只有这一条光明大道，你一定是相信我的。你学得一专门技能必须用于有用之地，方不负数十年之苦心，你来于公于私都有大益。务希你下大决心，立刻将事务办妥，早日成行为幸。家庭安置在乡僻之区为好，子女能来更好。余俟面谈。

　　即问

近好

叔字
1944年12月8日

　　大林家兑来一万元已收到，钱存我处。因为他下乡工作未归，未能写信回家，请转告家中，以免悬念。陵及家中未及写信，可转告他们我身体很好勿念。表的发条和零件已收到。双双等均好，入科学

＊ 录自《吴玉章往来书信集》，重庆大学出版社1993年版，第136～137页。

院学习并参加工厂实习,甚有进步。此间人人是丰衣足食,过着愉快的生活。我家离公路太近,不免喧嚣,或者能入深山居住较好,又及。

吴玉章给任弼时的信*

——对若干历史问题的决议的意见并建议在大会上作有关国际解散的决议

（1945年4月13日）

弼时同志：

　　我有几点意见因病还未全好不能前来面谈，特以书面告诉你：

　　一、《关于若干历史问题的决议（草案）》修正稿，我看了以后觉得很好。但我觉得关于共产国际没有提及是一缺点：第一，我党之产生及以后都得了国际特别是斯大林的帮助很大，中国马列主义的发展，马克思主义的普遍真理与中国革命的具体实践相结合产生了毛泽东主义毛泽东思想，也正如列宁继承了马克思主义，发展了马克思主义一样，是毛泽东继承了马列主义，发展了马列主义，是马列主义在中国这个半殖民地半封建国家的实际应用，因此我们不只是应感谢国际，而且也应该着重指出国际的领导以明显表示毛泽东主义正是马列主义的发展，以明显表示我们思想主义的来源。自然在这决议中不能多所叙述，我想只要在头一句"产生以来"后面加上"一开始就得到共产国际的帮助"就够了。第二，"左"倾路线常常是借国际路线来掩护，如果不指明它是违反国际路线，则会使人误解以为国际路线也是错误的。当然在国际的某些指

---

　　* 录自《中国共产党第七次全国代表大会档案文献选编》，中共党史出版社2022年版，第167～168页。

导者，如罗米那兹、米夫等坏人是作了一些坏事，但国际的总的指导是正确的，一方面表明毛泽东路线正是执行了国际的正确路线，一方面表明"左"倾路线正是违反国际路线。我想在第5页"以此来掩护它自己的'左'倾路线"下面加"它常常以马列主义的教条、国际路线的外衣来掩护它自己的'左'倾路线，而其实它违反了马列主义，违反了国际路线。"一小段。不知我这两个意见妥当否？

二、我党自成立以来就为共产国际最好支部之一，现在共产国际解散了，我们如果不提到国际，则许多新党员还不知道这段重要的历史。我想在七大大会上中央的工作报告中会提到共产国际的解散问题，是不是应该由大会作一个同意国际解散的决议，一方面叙述国际的伟大作用及其对于我党的特别帮助，一方面表明国际虽然解散，虽然主张各支部民族化，但并不是放弃国际主义主张狭隘的民族主义，这样来避免误解并以塞反动者之口。

以上这些意见请你提交毛主席及主席团各同志作一番详细商讨为准。敬礼！

吴玉章

四月十三日

吴玉章关于《中国通史》稿的意见致吴亮平信*

（1945年）

亮平同志：

看了《中国通史》稿第一编，觉得很好。这是用马克思主义的方法来写历史的尝试。材料丰富，叙述通俗，处处注重社会发展的经济基础，出土物、龟甲骨文等实物为根据。这些都是很好的。

我觉得有几个缺点，写在下面：

一、关于家族的起源没有说到，就是说关于两性的关系的历史发展没有很好的说明。根据恩格斯、摩尔根的著作，和我们古史中的材料，如《左传》说"男女同姓，其生不蕃"，孔子说"君取于吴为同姓，谓之吴孟子，君而知礼，孰不知礼"，是最能解释这一问题的。因此，开始就从原始公社说起，没有溯及以前的社会这是不圆满的。

二、关于商鞅变法讲得比较多，关于管仲的功绩没有说到，对于齐桓及齐国的作用，估计得很低。

三、孔子作《春秋》开始了中国编年纪事的例子，这是他大的功劳。有成文史以后的年代要附一有系统的记载。

四、关于老子生在孔子之后，这是一个翻案，听说前几年在北京争论很烈。如果还没有得到可靠的结论，则不宜采入这个《通史》中去。

---

* 录自《吴玉章往来书信集》，重庆大学出版社1993年版，第138～140页。

以下是我对于《中国通史》稿第一编的意见：

一、为了要说明我们和旧历史家不同，必须首先说明我们编这历史的方法。特别在中国仅有唯物史观的少许萌芽，而还没有普遍地了解唯物史观的意义，更是需要着重指出。因此我认为在第一编的开始，或引言、绪论中必须说明编辑的方法。

二、编辑的方法也要分两种：一种是有成文史以前的历史传说时期，这时期的材料有许多是后人伪造、假托，不是尽都可靠。我们只有用恩格斯《家族、私有财产及国家的起源》一书作为尺度，特别是把摩尔根的时代分类表作为标准，更加以近年来所发掘的出土物等作为根据去辨别古书材料的真伪而定去取。一种是有编年纪事以后的成文史，这些史料是不科学而且带有许多神密性，我们必须用马克思的唯物史观的方法为善去恶所有的材料，每一时代必定要先从他的经济发展情形说起，然后及于他的文物制度等上层建筑物。

三、编辑的体裁，我认为应分为三种：一种是简单明了，只说出研究的结论而不把一切研究的辩论放在里面，目的是在为初学的人大概知道中国历史的发展概略的情形，要扼要而不繁杂，篇幅不宜多；一种是比较详细，更深刻地能表现时代更具体的内容，引证史实更多，这是为中等以上学校用的教本而作；还有一种是为研究历史而作，内容可以丰富一些，各种辩论可多收一些，使旧史材料不至遗漏。至于叙述用通俗的白话体写出来是好的，但必须把原文及出处附在中间或篇末。这样来表示"信而有征"。

四、历史发展的规律，有共同性，也有特殊性。因此，说到一般共同性之外，一定要把握住他的特殊性。我们反对那种说亚细亚生产方法是另外一种历史发展的道路。但我们并不反对说东方社会发展有他的一些特点：如中国的资本主义为何迟迟不发展；中国的家族姓氏制度为何特别严密而至今还能保持；中国的奴隶制度和封建制度的特点何在；中国没有统一的宗教而孔子学说何以能支配八千年的社会；东方专制君主制的基础何在；中国农民土地问题之特点等等——都必须用马克思的唯物史观的方法来加以分析。我认为《马克思、恩格斯论中国》这本书上关于论东方生产力、村社等文章是很重要的。它可以解答许多问题。

此外还有一些小的意见，不及细说。

据说，范文澜同志主张开一座谈会来交换大家的意见，我以为这是很好的。请你用中宣部或历史研究室的名义约对历史有兴趣的人，于本月二十五或二十六日午后在杨家岭礼堂开一座谈会如何？请与洛甫同志商约行之。专此，即致

敬礼！

吴玉章
1945 年

附：吴亮平为《中国通史》稿致吴玉章信

（1945 年 7 月 4 日）

玉章同志：

马列学院中国历史研究室所编写的《中国通史》第一编已经写好了，现在奉上请你审阅。并请于七月十日前将尊见及稿子寄下给我们，以便遵照高见讨论修改。端此，敬致

布礼！

亮平
7 月 4 日

周恩来、吴玉章等中共政协代表就李公朴、闻一多被刺事致蒋介石函＊

（1946年7月17日）

哲生、铁城、布雷、力子、雪艇、厉生、立夫、岳军并转蒋主席赐鉴：

敬启者，李公朴、闻一多两先生因热心奔走和平民主运动，竟先后在昆明被暗杀致死，闻先生之公子伤重垂危，远道闻之悲愤交集！政府既一面大举进攻鄂豫边、山东、山西，及苏皖、苏北各解放区，准备造成全面内战，另一面，纵容、指使特务机关，在大后方暗杀和平民主领袖，如此野蛮、卑鄙手段，虽德意日法西斯国家政府犹不敢肆意为之。中国号称反法西斯胜利国家，四项诺言，言犹在耳，而特务暴行，接踵而至，遍及全国，殴打未已，暗杀继之，一城之内，五日之间竟至续演杀人惨案两起，不知政府当局，何以自解耳！据昆明来信所云，李先生被难之日，即有再杀闻先生之风传，今其言果验，岂属偶然！且李、闻两先生之外，还说重庆有邓初民先生等，上海有沈钧儒、罗隆基先生等，皆为暗杀对象。人心惶惶，举国震怒，政府当局如果从此悔悟，犹惧春秋笔伐，应急起制止，以谋善后。恩来等闻此凶耗，夜不成寐，除对李公朴、闻一多先生事件表示严重抗议外，特要求政府立即采取下列措施，并以明令公布全国：

＊ 录自《新华日报》1946年7月28日，第6版。

（一）立即撤换昆明警备司令，限拿凶手，交法庭问罪，并由政协派员陪审。（二）先葬死者，通令全国追悼，并给死者家属以抚恤。（三）严格责成各地政府及军警机关，负责保护各党派及一切民主人士之安全。（四）重申四项诺言，澈底予以实施。（五）澈查政协会议以后各地所发生之惨案，并应惩办祸首。（六）取消一切特务机关。（七）释放一切政治犯。

恩来等认为政府必须实行上列各项最低要求，方足表示政府有重返和平、民主之意，特此奉达，并希于三日内赐复，无任企盼，并颂

公祺

周恩来　董必武　吴玉章　叶剑英
陆定一　邓颖超　李维汉　谨启
七月十七日

吴玉章致张澜慰问电 *

（1946 年 8 月 20 日）

成都慈惠堂表方先生鉴：

顷闻先生在蓉主持李、闻追悼会后，遭特务暴徒围辱，不胜愤慨，先生领导民盟为争取和平民主事业奋斗，已深受全国人民之爱戴。特务暴徒竟敢加辱，显示反动派反民主之有计划行为，自然引起全国人民之公愤，齐为先生后盾。谨此电慰，尚祈珍重。

吴玉章浩叩

---

* 录自《吴玉章往来书信集》，重庆大学出版社 1993 年版，第 149 页。

周恩来、吴玉章等中共政协代表关于召开国民大会一事致张厉生函*

（1946年9月28日）

厉生先生勋右：

九月二十三日来函敬悉。查国民大会之召集，前于四月二十六日综合小组会上经蒋主席宣布延期，并说明何时召开，再由协商决定。乃于七日政府突然公布本年十一月十二日召开国大，敝党当时曾函致贵党代表诸先生，并请代转蒋主席，郑重声明对于此种未经协商片面决定之事项，不负任何责任，谅蒙鉴及。因此，在未经协商以前，关于国大代表名单，当然不能提出。专此奉复，祇颂

时绥

           周恩来　董必武　吴玉章
               陆定一　邓颖超
           一九四六年九月二十八日

---

* 录自《吴玉章往来书信集》，重庆大学出版社1993年版，第150页。

吴玉章等中共代表为声明国民党军队如不停止进攻张家口及其周围的一切军事行动，则应负国共关系最后破裂之责任致蒋介石、马歇尔备忘录*

（1946年9月30日）

哲生、铁城、力子、雪艇、厉生、亮畴、岳军、立夫转陈蒋主席赐鉴：

敬启者：自六月休战谈判中断以来，政府即进一步的不顾一切约束，撕毁一月《停战协定》，在关内大举进攻。在此三月中，政府军队已进占解放区许多城市，摧毁许多地方的民选政权，狂炸解放区，伤害无数居民的生命财产，更提出无理的五项要求，强要中共军队及民选的地方政权退出若干地区。而当中共根据《政协纲领》的规定不予接受时，政府更加紧军事进攻，以期达到政府要求的目的，并扩大其占领。因此，政府军队除了攻占中原、苏北、皖北、山东、山西、河北、热河等解放区一系列地区外，又借口中共之围困大同，声言要发动攻占承德、张垣和延安。果然政府军队旋即攻占承德，并续占平绥路上如集宁、丰镇等重要城市。其实，中共对大同的战役，仅是牵制山西阎胡军队的进攻，属于围困性质，最近更正式宣布撤围，大同的威胁已不存在。但政府军却毫无任何借口的继续扩大对热河和冀东的占领，并且公然发动对张家口的三路大举进攻。形势已很显然，政府不惜以进攻中共解放区的政治军

---

* 录自《新华日报》1946年10月2日，第2版。

事中心之一的张家口，迫使国共关系临于最后破裂的境地。恩来等特受命声明：如果政府不立即停止对张家口及其周围的一切军事行动，中共不能不认为政府业已公然宣告全面破裂，并已最后放弃政治解决的方针。因此而造成的一切严重后果，当然全部责任均应由政府方面负之。专此奉告。敬请

勋安

中共代表团

周恩来　董必武　叶剑英　吴玉章

陆定一　邓颖超　李维汉　谨启

九月三十日

吴玉章、张友渔等关于中共四川省委和《新华日报》有关问题致中央的请示报告信[*]

（1946年10月16日）

中央并即转宁局周董：

酉真、酉文、酉寒各电均悉。缕复如下：

（一）超俊因江杨病未全愈，工作重要，年内不能离渝。

（二）省委及报馆都尽量精减，此次飞机又送走男女干部三十人，内只有少数家属（名单另邮寄京），现仍拟继续抽送一二十人，名单正在商拟中，希请你们再能交涉飞机一架。如你们认为必须抽送之干部，亦请迅速示知。

（三）省委干部拟尽可能并入报馆兼任报馆工作，但省委机构似不宜与报馆合并，因吴张现留渝，省委招牌似无自动摘下之必要，且此举足以影响民盟之存在与活动，中间人士亦将吓龟缩，对今后民主斗争更有妨碍。非到万不得已时，似不宜如此。

（四）自时局严重化以来，新闻工作，即作最坏之准备与布置。一方面加紧精减疏散，他方面把工作重心转移到外面，万一省委发生问题，亦不致在干部及工作上蒙受重大损失。群众工作，特别是青年工作已采取化整为零，由广泛到深入，由城市到农村，掩蔽多数进步分子，争取

---

[*] 录自《吴玉章往来书信集》，重庆大学出版社1993年版，第152～153页。

广大中间群众等办法，还对每一个具体问题，分析其能力、地位及所处环境，作各种不同的新措施。总之，主要是作长期斗争打算，但亦不放弃当前应做之工作。至于上层统战工作，则为掩护下层起见，更有加强必要。

（五）重庆为西南中心，此地工作之重要性，不下于京沪，仍应加强，不能松懈，只是工作形式应随环境之变化而变更耳。由此间返延之干部，或有轻视此间工作之倾向，应予纠正。

吴张江袁酉铣

吴玉章、张友渔为请京沪各地响应重庆学生反美抗暴运动致周恩来请示电*

（1947年2月10日）

周并转董：

渝抗联会宣传队，丑歌被特务殴打，丑鱼抗联向行辕市府请愿，丑庚特务又殴打宣传队，伤30余人，现正酝酿罢课示威，请京沪各地响应。

吴张灰

---

* 录自《吴玉章往来书信集》，重庆大学出版社1993年版，第154页。

吴玉章为中共四川省委和《新华日报》撤回延安后对于财产处理问题致张群电*

（1947年3月）

岳军先生勋鉴：

　　玉章寓所及新华日报社于二月廿七日夜间三时突被大批军警搜查，人员全被拘禁。廿八日曾函致孙元良司令转致台端一电，谅达左右。一周以来我们完全失掉自由，一切详情容后详述，玉章于三月八日到延安得晤董必武同志，始知他已同政府交涉，将我们的财产交与民盟代管已得政府允许，并曾致电与玉章，嘱将我们在渝所有财产交与民盟。但玉章并未接到此电，想系被当局扣留，以致未能将该财产交与民盟，而又封存在重庆警备司令部管理。今特专函请即令重庆警备司令部即将封存财产迅即移交重庆民盟负责人收存，以履行政府给与董同志的诺言，不胜盼祷。

吴玉章
1947年3月

＊ 录自《吴玉章往来书信集》，重庆大学出版社1993年版，第155页。

吴玉章致张照信 *

（1947年5月4日）

张照同志：

我上月中才到达这里，随即接到中央局转来你给我的信二封和大著四本，读后使我非常高兴。新文字定型化的问题，前几年在延安曾经提出过，但没有想出好的办法。现读了你的研究，觉得你的办法很好，这是一个宝贵的发见，使新文字大进了一步。我希望你能来我处作一详细的商讨，不知你的时间容许否？如来，请将你处关于新文字的书带来，因我身边一本都没有了。余容面谈。即致

敬礼！

吴玉章于郭苏附近李家庄
五月四日

---

* 录自《二十世纪中国文化名人墨迹》，北京出版社2000年版，第51页。

续范亭致吴玉章信*

（1947年8月20日）

吴老：

两次来示，都已敬悉。并蒙送西洋参，至深感激，谢谢你的厚意！

我病稍有转机，病根在肺，故医药很少有效。近来因体力消耗甚大，营养补充不足，有时也找点补品吃一吃。且参对救急确有效力，就是不易找寻到。

后甘泉诸老，对我病多方关心、照护，衷心感激！你们工作忙，交通工具又不便，千切不要翻越高山来看我，实在过意不去！肃复即致敬礼！

诸老请代为问候

范亭

1947年8月20日

---

* 录自《吴玉章往来书信集》，重庆大学出版社1993年版，第161页。

吴玉章为起草新中国宪法草案的意见致毛泽东信 *

（1947 年 10 月 24 日）

毛主席：

我们经过了六个月，草拟了一个宪草初稿，由王明同志与谢老亲身送来，请示一切。我因痔疮脱肛之病不便远行，未能前来面陈一切，特用书面陈述我一些意见。

一、宪草宜及时发表。当我人民解放军大举反攻节节胜利的时候，又值全国人民痛恨蒋贼卖国殃民亟欲打倒他的时候，如果我们发表（用间接的，不是由党正式的）一个适乎时代要求的宪草，则有不小的作用：首先是全国人民知道了我们要建立的是怎样一种民主国家。因为许多人受了反动派的宣传，总以为我们得了政权，一定要如苏联的一党专政。有一个各革命阶级联合专政的宪草，可以使许多人安心。其次是我们解放区也可以有一个比较具体的法则来一律遵循。因为我们的革命是长期的，我们已得的地方要立刻建设一个统一的新的民主政权，一面是要巩固地方，一面是要试行我们的新法治。由于中国是一个松懈而无法纪的国家，必须在这军事时期，人人紧张而不得不守法的时候，把一切纪律建立起来，成为一个严肃而坚强的有组织的国家，这样才能战胜敌人，

---

* 录自《吴玉章往来书信集》，重庆大学出版社 1993 年版，第 156～159 页。

建立新中国。有这两个必要，所以我主张在蒋贼要崩溃和他正进行伪选的时候，用解放区人民代表大会筹备委员会或其他名义发表此草案，以征求全国人的意见，是有很大的意义。

二、必须确定为新民主主义共和国。宪法的体裁，不仅内容要是新民主主义的，而形式也要是新民主主义的。所以我坚决主张总纲第一条，必须明白写出"新民主主义共和国"，而不赞成写为"新民主共和国"（有些同志主张这样写，争论了很久，现在草案虽然写为"新民主主义共和国"，但他们还是说待毛主席来决定）。因为这种写法意义很含混，新民主主义是您天才的伟大的创造，有您的《新民主主义论》为根据，有它丰富的内容，它是中国这个半封建半殖民地革命理论的产物，它是帝国主义将要崩溃，殖民地半殖民地革命时代的革命理论，它是马列主义的发展，是世界革命理论在今天最重要的一部分。它不使中国革命停顿在第一阶段，它要发展到第二阶段，以建立中国社会主义的社会。我们的新民主主义已宣传多年，不是今天才提出。有些同志恐怕民盟及许多民主人士不赞成，据我在外接触的民主人士，还未遇见有反对新民主主义论的，大概都是极赞扬这一伟大的理论。今天国内外情形更是证明这一理论的正确，凡稍进步的人士没有不赞成这个理论的。而且我们口头宣传的是这样，宪法所写的也是这样，这就表明我们言行是一致的。所以我主张一定要明白写出"新民主主义共和国"。纵然有个别民主人士不同意，我们也要据理说服，不能迁就少数人而把大道理服从小道理。

三、必须贯彻民主集中制。中国还是散漫的农业国家，社会各方面组织力量最差，尤是官僚主义最厉害，贪污腐化者不用说，就是廉净奉公的人，行政效能也是不大。必须要一个强有力的政府，发扬行政效率，组织广大人民，使我们落后的国家，迎头赶上近代新兴的国家。您规定的民主集中制，在这个宪草中是把它特别注意的写上去了。中央政府的权力很大，中央与地方的关系，既不是采中央集权制，也不是中央与地方均权制，而是中央与地方都是国家权力机关，各级政府均由人民代表大会选举，实行在民主基础上的集中，集中领导下的民主。并且打破官治与自治对立的恶习惯，从中央一直到乡村都用民主集中制贯彻到底，中间毫无隔阂，使每一个公职人员都是全心全意为人民服务，受人民监督、审查、鉴定。这样不仅肃清了官僚主义，也教育了人民，组织人民来参加管理国家。现在中央发表了《土地法大纲》，又组织以雇农为骨干的农民代表大会，这正是改造中国社会经济的大事业。这时如发表我们的宪草，使各地方在此大革命时期，试建一种新的政治机构，是最合时宜的。

四、民族自决权应否写出尚须讨论。我最初主张必须把民族自决写在宪法上，但大家研究的结果，认为写上民族自决必须是联邦宪法，则其内容与形式均有不同。而中国现在实际上还没有要求独立成一个国家之少数民族（外蒙古除外），如内蒙古及新疆之回族，也只要求高度的自治权。而且中国人思想中都喜欢统一的国家，不愿国家分裂。从前联省自治的主张，就有许多人反对。因此我也不坚持必须把民族自决写在宪法上了。最近我人民解放军总部所发出的宣言中，有各少数民族有自治乃自由加入中国联邦之一条，这问题还值得再加讨论。我想我们在宣言口号上可以主张民族自决，组织联邦，而在现在的宪草中可不写出来，待将来有实际需要时再修改宪法也可以。

五、检察机关必须设立。宪法及法律要有一个严肃监督遵行的执法机关。苏联从前有工农检察机关，现在设总检察长及各级检察长，来检察一切公职人员及人民是否严守法律。我们宪草中本来在司法制度中写有检察署行使国家检察权几条，有些同志以为这一制度还不清楚，暂时不写，待弄清楚后再写，这固然可以。但我认为必须要有这一机关，才能使宪法及法律，不成为具文。如果恐怕最高检察长一人权力太大，可与其他机关一样，采委员会议制。

六、应否设总统还须以时势的变化来决定。原来没有总统这一章，为了应付今天国内外的情形，所以添了这一章。如果时局再向前发展，不必多所顾虑时，则仍以不设总统为好。尤其把"总统为国家元首"写在宪法上，我是始终反对的。

以上这些意见是否有当，敬请裁夺示知为祷。专此，谨致

敬礼

吴玉章

1947 年 10 月 24 日

吴玉章为请求党中央批准他带队参加解放大西南致毛泽东信*

（1947年10月25日）

毛主席：

　　九月一日尚昆同志来后甘泉向我们传达了中央会议的要点，并告诉我们，你的身体虽在艰苦奋斗中，比以前尤更康健，精神焕发，事必躬亲，我们闻之，无不欢欣鼓舞。尤以你坚持留在陕北与人民及将士同甘苦为消灭蒋胡匪军而奋斗，此种精神尤令人感激。以你天才的战略战术已使蒋胡匪军在陕北者如瓮中之鳖，在全国者如釜底之鱼，全国胜利之期当不在远。我于三月底到后甘泉参加法委，经过六个月与同志们共同草拟了一个新宪草初稿，已由王明同志与谢老亲身送来请示一切。我有一些意见，另纸录呈。我于前数日来双塔，参加四川干部训练队开学典礼。这批干部有些是长征来的，大部份是今年三月由重庆、南京、上海等处被迫撤退回来的。以我人民解放军大举反攻节节胜利，大家的情绪很高，大约训练一月后他们即起程前进。我近数月来，身体也日益强健，见同志们革命热忱、时局发展的迅速，也异常兴奋。我虽年已届七十，仍愿请缨杀敌，如能以刘邓陈谢大军之一部交我与王维舟同志率领向西南前进，则正在水深火热中之人民必箪食壶浆以迎，不难在西南各省创

＊ 录自《吴玉章往来书信集》，重庆大学出版社1993年版，第159～160页。

造新根据地。此事应如何进行,请与恩来同志等熟商决定,示知为幸。专此,谨致

敬礼!

吴玉章
1947 年 10 月 25 日

毛泽东致吴玉章信*

（1947年11月18日）

玉章同志：

　　来信及意见书，收到读悉。尊体日益强健，热情甚高，极为快慰。贱躯虽间或有些小毛病，但比在延安时好得多了。向川陕鄂边发展根据地一事，业已有所部署，其详请问叶参谋长。宪草尚未至发表时期，内容亦宜从长斟酌，以工农民主专政为基本原则，详情由王谢二同志面达。天寒尚望保重身体。敬祝

安好！

毛泽东
1947年11月18日

----

* 录自《吴玉章往来书信集》，重庆大学出版社1993年版，第161～162页。

周恩来为华北大学校长一事致吴玉章信 *

（1948 年 5 月 28 日）

玉章同志：

　　为加强华北大学领导并便号召起见，中央与华北局商定，拟请你担任华北大学校长，范文澜、成仿吾两同志任副校长，不知你愿意接受这一职务否？李德胜同志已回，在你精神好时，请来此一谈。如来，请先令小鹏以电话通知，当派车来接。

　　祝好。

周恩来
五月廿八日

---

* 录自《吴玉章往来书信集》，重庆大学出版社 1993 年版，第 162 ～ 163 页。

吴玉章为号召学习毛泽东主义致周恩来请示电 *

(1948年8月13日)

恩来同志:

华大于号日开学,我想在开学典礼大会上说主要的要学毛泽东主义。把毛泽东思想的思想改为主义,并给以如下的定义:毛泽东主义是帝国主义和殖民地半殖民地革命时代的马克思列宁主义。它是马克思列宁主义的向前的发展。它是以马列主义的普遍真理与中国革命的具体实践相结合而产生的。这样说是否妥当,请同主席和少奇同志商量后赐以指示。

吴玉章元

---

* 录自《吴玉章往来书信集》,重庆大学出版社1993年版,第163页。

毛泽东关于不能号召学习毛泽东主义复吴玉章电 *

（1948年8月15日）

吴玉章同志：

　　未元电悉。那样说是很不适当的。现在没有什么毛泽东主义，因此不能说毛泽东主义。不是什么"主要的要学毛泽东主义"，而是必须号召学生们学习马恩列斯的理论和中国革命的经验。这里所说的"中国革命经验"是包括中国共产党人（毛泽东也在内）根据马恩列斯理论所写的某些小册子及党中央各项规定路线和政策的文件在内。另外，有些同志在刊物上将我的名字和马恩列斯并列，说成什么"马、恩、列、斯、毛"，也是错误的。你的说法和这后一种说法都是不合实际的，是无益有害的，必须坚决反对这样说。

毛泽东
未删

---

* 录自《毛泽东文集》第5卷，人民出版社1996年版，第123页。

吴玉章等关于华北大学送政府分配学员统计表致陈鹏信*

（1948年12月2日）

陈鹏同志：

送去到政府分配工作学员之各项统计（包括班行政工作意见、文化水平、政治情况、特长、来地等）一卷，其材料五百五十三份，今已派人送来政府。

昨日寄去之学员名单，因行前稍有变动，故较实去人数略有出入，今已重制新表，并说明情形如下：

10月底统计，第一部三至八班学员共为658名，11月份曾零星调出32名，故这次毕业人数为626名，其中有552名去政府（去政府为553名，临时加一名刘苏，系原华北联大十班病号刚出院，应毕业），余74名，其中留校工作者51名，入系或入研究室学习者17名，病号5名，请假未归者1名。

去政府同学中，丁丁毕业前已决定入本校三部文工团，因该部传达较慢，该同志已随大队前去，请考虑，是否可让他回来？

此致
布礼

吴玉章　范文澜　成仿吾
一九四八年十二月二日

---

* 录自《吴玉章往来书信集》，重庆大学出版社1993年版，第165页。

吴玉章七十大寿往来贺寿函电汇集(部分)*

(1948年底—1949年初)

中国共产党中央委员会专送吴玉章的贺电

吴玉章同志:

欣逢你的七十诞辰,谨向你致热烈的庆祝!你自青年时代起,即致力于中国人民底解放事业,四十年来,在中国革命的历程中,你总是站在革命队伍的前列。你挚爱中国人民和中国历史,你笃信马列主义,你对无产阶级领导中国革命必能获胜的信心从未动摇,你在反革命包围威吓中有坚强不屈的表现。中国人民都敬爱你。你的七十岁生日,恰在人民解放战争快要在全国范围内胜利的时候,这是你的光荣,也是中国人民的光荣。

中国共产党中央委员会

一九四八年十二月三十日

---

* 录自荣县吴玉章故居陈列展档案。

吴玉章给毛泽东的信

敬呈毛主席教正：

这本小册子①作为小小礼物，以答谢您领导的我党的中央委员会庆祝我的七十岁生日，并祝贺您领导的我党政军民文化教育各方面的伟大胜利，特别是人民解放军最近空前的伟大的胜利。

吴玉章

一九四九年元旦

朱德、康克清贺电

玉章同志：

祝你七十大寿，再活卅年，亲自造成社会主义的新中国。此致
布礼

朱德　康克清

一九四八年十二月廿九日

中央领导人集体贺电

当中国革命经过数十年艰苦斗争即将最后胜利之时，我们热烈庆祝你的七十寿辰，祝你健康长寿。

刘少奇　聂荣臻　滕代远　薄一波

董必武　刘澜涛　黄敬　敬贺

---

① 指吴玉章所著《中国近五十年来民族与民主革命运动史（总纲与纲目）》一书。

中共中央华北局特电庆祝吴玉章七十大寿

玉章同志：

你献身中国人民解放事业，四十年来，始终坚定不移地站在革命队伍的最前线。这是党和人民的光荣。祝你健康！长寿！

中共中央华北局敬贺

董必武、薄一波、蓝公武、杨秀峰贺寿信

吴校长：

当此华北即将全部解放之际，欣逢七旬大寿之辰，倍感欢忻！你献身革命四十余年，全心全意为人民服务，为人民解放事业奋斗。虽已年届古稀，而尤孜孜不倦，谆谆善诲，为培养新民主主义国家之建设人才而努力。深为钦敬，谨送上贺幛一幅，借表祝贺之忱。

并颂

健康

董必武　薄一波　蓝公武　杨秀峰
一九四八年十二月三十一日

刘伯承、陈毅贺寿信

吴老：

我们北来中央开会，值你年满七十，党内外同志热烈庆祝。我们代表南线各同志共申贺忱！

你五十年来，以革命为职业，中国革命无役不从。每当革命运动

受挫折之际，你临难不退缩、坚持奋斗的精神，更值得学习而示人以典范。

你对中国历史的研究和文化工作都有贡献。你现在华北大学主持教育，成千成万的青年更要在你培养之下变成新的干部。你一生的光荣，也就是中国人民的光荣和我们党的光荣。

刘伯承　陈毅　敬祝
一九四八年十二月卅一日

傅连暲、陈真仁贺寿信

吴老：

我们看了报纸，并收到你的七十大寿纪念册，始知冬腊卅号是你的寿辰，因事前不知，故未前来祝寿，甚为抱歉。看了纪念册之后，更知你对于中国革命的功绩诚值得我们好好学习。尤以暲以二六年参加革命二十三年以来，建树微末，缺点反多，真是惭愧无比了。好在全国胜利在望，在我党中央及毛主席领导下，还可努力学习，以弥补我的缺点，您老谅能□然。敬祝

健康，并贺新年之禧

傅连暲　陈真仁
四九年元旦

新华社转华北第二兵团全体指战员贺电

华北大学吴校长：

二兵团来电照转为下：

吴玉章同志：

　　我们谨以高度的热忱祝贺你的七秩大寿，学习你数十年在为中华民族和中国人民解放奋斗不懈的精神，誓为全部、干净、澈底歼灭华北蒋傅匪军，解放全华北，进而解放全中国而奋斗。谨祝你
　　永远健康！

华北第二兵团全体指战员
十二月卅日

此致

敬礼

新华总社
九日

陈瑾昆、梁淑华贺寿信

吴老：

　　见报欣悉古稀大寿，恰值革命的胜利，足为我公的寿礼，我俩谨向解放军民庆功，并向革命元老庆寿！

陈瑾昆　梁淑华
一九四八年十二月三十一日

欧阳凡海、沈素芸贺寿信

吴校长：

　　读上月三十日报纸，才知道这一天是你的寿辰。我们远离学校，消息阻塞，致误拜贺，实为对一家长老之大不敬，深觉愧仄，伏祈杖责，

并允补贺是幸。

我们以欢快的心情，一口气读完了报上关于你的记载，惊佩万分，并深以我们得有这样德高望重的七十寿翁领导我们向革命前进为荣。让我们向你举手敬礼，祝你老而益健，永远领导教育着我们前进。我们不想说没有实际内容的"万寿无疆"一类的话，但我们却真诚的祝福你起码享受像苏联科学家所证实的人类自然天寿百念伍岁。

欧阳凡海　沈素芸　同叩上
一月三日

刘昭、张华清贺寿信

吴老：

全国即将胜利的新年来了，欣逢您老人家七十大寿，我们谨以庆祝中国人民解放的热情和敬意来为您庆祝！因为您的奋斗和高龄，是与中国人民和党的事业的胜利紧联在一起的。您教育了我们后辈，并永远成为我们后辈的楷模。今天我们能够来庆祝您的高寿，我们是感到无限的喜悦和光荣。敬祝您，革命的老前辈健康！长寿！

刘昭　张华清
十二月卅日

于力贺寿信

（一）

吴老：

自新文字研究协会成立会上得瞻颜色，沃聆教益后，即奉命随杨秀峰同志到省供职。中间虽屡以公事晋京，迄未趋谒函丈，面承训诲，风尘俗吏，来去匆匆，可笑人也！月之三十一日，欣奉大庆，又不得列在绛帐，奉觞祝嘏，凝望斗辰，我劳如何？

去年，老人星见，犹在镇阳（正定）；今年嵩祝佳辰，已居新都。人民胜利，亦革命老人无比之光荣。际此全世界人民民主壮大无伦，帝国主义者震慑失次之日，继人类导师斯大林大元帅祝寿之后，又为我新中国青年导师欢呼祝福，华大盛况当可预料。谨奉芜函，权表忭庆！肃颂永远康强！

于力
十二月廿九日

（二）

吴老：

去年我公诞辰，独以职守婴身，不克趋承颜色，奉觞忭祝；乃蒙惠赐大著《中国五十年民族民主革命史》，雒诵一通，昭为发蒙。凡所叙述，胥为我公亲所涉历，故弥觉其确切明晰。正于国际国内形势之分析与说明，更使研究近代史者，处之获有实证。古人云："群山竞秀，万壑争流。"于我公立身行事，风标见之。此作又不仅足为中华人民共和国开国信史已也。

谨此函谢，肃致

解放敬礼！

后学于力
一月十九日

力扬贺寿信

吴老同志：

记得前年这个时候，我们在重庆向你祝寿。今年我到解放区里来，看见你的精神，还是那样的康健。现在正当平津计日可下，全国范围的革命胜利即将到来的日子，庆祝你的七十寿辰，真是无限欢欣和荣幸。我因为在学习期间，不能到你的面前，和你干杯；谨在此敬祝

你的生命像青春的中国一样新鲜！像中国人民革命事业一样光辉而长久！

力扬

一九四九年元旦　马列学院

华北大学一部全体教职员贺寿信

亲爱的吴老同志：

我们谨以无比兴奋、无比荣耀的心情来祝贺你的七十大寿，你是我们伟大祖国伟大革命导师，你的苍苍的白发和深深的皱纹，刻画出了你为挽救苦难的祖国而饱经风霜和奔波！五十年来，你紧紧地站在每一个革命运动的最前哨，在戊戌、辛亥、反袁、北伐、内战、抗战、政协，乃至今日的解放战争。你不屈不挠，再接再励，勇往直前！你在强大的敌人面前，表现了叱咤风云的大无畏精神；你在无数的艰险危难之中，发扬了视死如归的战斗英雄主义；你为寻求革命的真理，几经摸索，终于找到了救中国的唯一道路——毛泽东的道路。

三十年来，你是这条道路上最英勇的先驱者，你所毕生追求的新中国，在你七十寿辰的今天，已经开始看到了！你将是多么高兴，多么兴

奋！我们在庆贺这个难逢的佳寿的时候，也是多么的高兴，多么兴奋！我们祝贺你的永生，新中国的永生！

　　敬爱的吴老同志，祝福你，永远年青！永远健康！祝福你万寿无疆！

华北大学一部全体教职员敬献

华北大学第二部外语系全体教职学员贺寿信

吴老七十寿辰祝辞：

　　你所走的道路，就是中国革命的道路。

　　你是我们的导师，你抚育了无数后来者走向了革命的道路。

　　你是革命的先驱，你经历了中国革命运动的许多艰难困苦，在持久的战斗中始终在毛泽东同志的领导下，步伐一致地向前进。

　　今天革命接近胜利，我们用兴奋与尊敬的心情，祝贺你的七十寿辰，祝你身心永健，万寿无疆！

华北大学第二部外语系全体教职学员敬贺
一九四八年十二月卅日

华北大学研究部全体同志贺寿信

恭贺吴老七秩大庆：

　　半世纪来中国人民要求解放的浪潮，一直向上高涨，你站在斗争的最前线，不屈不挠地奋厉无前地终于达到了人民解放的伟大目标。今天我们欢欣鼓舞恭祝你七秩大庆、万寿无疆，也就是恭祝中国新民主主义革命成功万寿无疆，因为你和中国人民戚息相关、利害一致。我们知道在你的领导下学习和工作是非常光荣的，我们将在自己的岗位上加倍努力并要求你指引我们在新社会里永远前进！

华北大学研究部全体同志敬献

华北大学部分教职员工贺寿信

吴玉章同志：

  我们热烈地庆贺你的七十寿辰。四十年来，你是我们亲切的导师；你是中国新文化的巨人。在近代中国革命历史的进程中，你的斗争经历是我们最好的榜样。我们一定要学习你对无产阶级革命事业的无限忠诚和坚定不移的信心。际此全国胜利在望，新民主主义革命在全国范围内迅将成功的时期，敬祝你

万寿无疆！

钱俊瑞　张宗麟　陈微明（沙可夫）
李伯钊　艾青　光未然　江丰
陈企霞　焕之　秦思平　尹达
于光甫　王治秋（高山）
十二月三十日

向我们青年舵手吴老祝寿

  你吴老，中国青年的导师！像中国的革命一样，你走了一条艰苦曲折的道路，同各种各样的恶势力斗争。你终于战胜了。而又有多少曾经和你同路的人经不起时代的考验，消沉了，落伍了，倒退了，或者是变节而作了革命的叛徒；但是你，革命的巨人，像是经过狂涛大浪的海燕、飞越高山大漠的巨鹰，你征服了一切障碍，战胜了一切敌人。

你革命的老人,当我们望见你慈祥的面孔时,多少颗青年人火热的心跳荡了,你把革命的文辞,慎重地指示我们,又要把历史的智慧,详尽地告诉我们。而这是中国革命的结晶,毛泽东思想的光芒。

我们这时代的骄子,有伟大的党——中国共产党的领导,有英明的革命领袖——毛泽东同志的指引,又有你革命的巨人亲自抚育我们,千百万青年必将遵循你的道路前进,永远忠诚、团结、朴实、虚心,把新时代的革命潮流更推向高潮。

我们今天以无限欣欢、无限热烈的心情,来祝贺你的七十大寿,谨祝你像北斗星一样光芒万丈,像南山一样万寿无疆。

华北大学新民主主义青年团第一次代表大会全体代表敬贺

华北财经学院全体教职学员贺寿信

祝吴老七十寿诞:

大德大年一生经历标志着中国革命伟大胜利的里程,从维新思想进而组织同盟会,到加入共产党,从旧民主革命到新民主主义革命,历戊戌、辛亥、大革命、十年内战、八年抗日以及今天全国人民解放战争,并以人类最伟大的共产主义事业作为终身奋斗的目标。伟大的所在即为遵循着社会发展的规律,艰难无所阻,胜利无所骄,拔萃出类,坚韧忠贞,成为人群的师表、青年之楷模。今日七十大寿,正值全国胜利之时,预祝耄耋期颐即亲嘈睹崇高伟大理想社会在中国之实现。

华北财经学院院长　王学文

副院长　张维翰　王自申

暨全体教职学员

谨祝

吴玉章为答谢凡海、素芒函^{*}

（1949年1月10日）

凡海、素芒同志指正：

  这本小册子作为小小礼物以答谢您们庆祝我的七十岁生日并贺伟大胜利的新年。

玉章
一九四九年一月十日

---

 * 录自荣县吴玉章故居陈列展档案，原文为手稿。

吴玉章为修改《吴玉章同志革命斗争故事》致何其芳信*

（1949年1月22日）

其芳同志：

十四日的信收到了。答复如下：

一、您想删掉"和托派斗争"前面两段，我觉得不必删，因为直到今天托派还在和我们斗争，如前几天《参考消息》上还说叶青作文章反对我们，及张国焘到台湾去的消息，这些反革命的面目要揭露给广大的人民看看好些。

二、关于重庆撤退时的斗争，您亲身经历，写出来必有声有色，此后不仅写我的斗争故事，也要写同志们团结斗争的精神。

三、关于"留学生会馆"，这完全是一个中国留学生集会的地方，公使馆也月付一点津贴，在闹了"取缔规则"大风潮以后，日本政府承认为一个合法机关。所有留学生都包括在内，也可算是一个群众组织，如学生会一样。您以为何如？请同陈伯达、艾思奇同志等商定。

四、油印本上的张玖祥是印错了，在重庆《新华日报》上印的是张致祥，这是另外一个同盟会的同志，即在辛亥以前成都被捕监禁了几年的所谓"六君子"之一，也是很好的同志。至于共进会的则是张百祥，

---

* 录自荣县吴玉章故居陈列展档案，原文为手稿。

以百祥为不错。

五、浦殿俊是蒲殿俊之误，朱庆润是朱庆澜之误，此二人都是有名的人，当时蒲是谘议局议长，朱是新军的统制（师长）。

六、在"加入共产党"一段中，有"不工作，不得食"一句，我记得在联共党史或其他的译文中，似乎是译作"不作工，不得食"。现在一时没有找到这译文，请问陈伯达同志，以那一个译得妥当，就用那一个；又，这段中"一九二三年，他就和杨闇公同志等"，请改写如下："一九一九年十月他回到成都时，四川青年受了'五四'运动影响，非常活跃。成都高等师范学生办有《星期日》刊物，鼓吹新文化、新思想。许多青年都喜欢谈社会主义，常请他到高师去讲演，团结了许多进步青年，如袁诗尧、张秀蜀等，都是有能力的青年领袖。一九二二年高师闹风潮，无校长，学生就欢迎他去当高师校长。在这年末与一九二三年初，他就和杨闇公同志等……"

大意如此，文字请修改一下。

七、"对于暗杀的意见"一段的末尾"黄复生费力更多"，在黄复生下请加"及黎仲实"四字，因为当时他也很出力奔走。

写至此，闻傅作义投降，北平完全解放，为之欢呼不已。学校自钱俊瑞、沙可夫同志等前去北平，大感干部不够。华北局给我们的任务是半年内要培养新干部七千人，我曾想请您到我校来担任重要职务，范、成二校长都非常欢迎。我近日就要同华北局商量调您，不知您意如何？伯达同志肯放否？请告我。此致
敬礼！

玉章
一月廿二日

吴玉章为修改《吴玉章同志革命斗争故事稿》致何其芳信*

（1949年2月6日）

其芳同志：

　　前接您询问我的革命故事中的几件事，曾复一函，想已收到，不知该件已交去付印否？我近来又检查一遍，觉得没有把党的领导着重写出来是不对的。当然在重庆的时候因为环境关系不便写，不宜写，而现在则不同了。如"筹备国民党二次代表大会"完全是我党的功劳，不能归于我个人。因此，我想把该段"这样一来，到了一月一日，大会就如期举行了"改为"由于中国共产党的领导和各方面共产党员的帮助，到了一月一日，大会就如期举行了"。事实也是完全如此。从前恐怕别人说我们操纵、包办国民党，现在不怕了，我们的文件说，国民党的改组是我党帮助的，那末国民党二次代表大会我党帮助它，也是无可非议的。你以为如何？请斟稿修改为荷。此外如果你觉得还要修改的地方，请即加以修改。

　　我校曾要求华北局组织部调你到我校任副教务长及第二部主任等重要职务，不知伯达同志同意否？近况如何？请告我。即致

敬礼！

玉章
1949年2月6日

---

* 录自《吴玉章往来书信集》，重庆大学出版社1993年版，第181～182页。

陈其瑷致吴玉章信 *

（1949年2月22日）

玉章先生：

万里归来，生入国门，首先踏入解放区，复归人民怀抱里。沿途看见老百姓生活安定，精神愉快，社会上出现一种自由、和平、进步气象，具征二十二年来中共党员与人民共同奋斗，用血肉换来的伟大成就。同时也认识并证明，毛朱两先生的领导有方，以及中央诸先生所共同制定的政策进步，路线正确。我对于人民民主革命毫无建树，觍然来分享革命果实，心中恧愧，不能以言语形容出来。昨晚晤见毛朱两先生，见其精神体魄均甚健康，为中国建设前途庆贺。所可惜者不能谒见先生，一谈二十二年来的人事变迁，中国社会发展情形，并请指导今后新民主教育方针。今日启程北上，谨留言，敬候健康起居。不久的将来，我们在北平可以晤面。

谨祝健康进步！

弟陈其瑷谨上
1949年2月22日于李家庄

---

* 录自《吴玉章往来书信集》，重庆大学出版社1993年版，第180页。

吴玉章致刘大年函*

（1949年3月23日）

大年同志：

听说你病了，回来就想来看你，因为连日作报告，没有时间，未能如愿。希望安心调养，早日康复。

前次修改我的《中国历史教程绪论》（铅印的已印出，送上一本请查收）时，有章实诚说"六经皆史"一句，我记得章名"学诚"，字"实斋"，现没有书籍可考，不知是否我记错了，请告我为幸！

敬礼！

吴玉章

三月廿三日

---

* 录自《刘大年往来书信选》上，中央文献出版社2006年版，第30页。

吴玉章致刘大年函 *

（1949年3月26日）

大年同志：

前由胡华同志处借到你的《国民党史稿》，冯自由的《革命逸史》，华岗的《中国民族解放运动史》二册，除国民党史已交还你外，兹将其余三本送还，请查收赐据为荷。

敬礼！

吴玉章

廿六日

---

* 录自《刘大年往来书信选》上，中央文献出版社2006年版，第33页。

吴玉章致外孙女蜀萍信 *

（1949 年 5 月 15 日）

蜀萍：

你的信都收到，因为我很忙，不能多写信答复。程文已写信告诉你可以来平，你接信后就可以动身来。洪涛未另致信，望代问候。近好！

玉章

1949 年 5 月 15 日

---

* 录自《吴玉章往来书信集》，重庆大学出版社 1993 年版，第 182 页。

吴玉章为致世界学生第二届代表大会贺电事致冯文彬信*

（1949年7月9日）

文彬同志：

　　世界学生二届代表大会，我本想写一篇讲演录音后带到大会去，因近来太忙，讲稿未能写就。这几天痔疮病复发，医生要我马上去休养，只好写一短短的贺电交我国代表带去，以表敬意。现将电稿寄上，请为斟酌，如有不妥的地方请为修改，还请费神送中央宣传部审查一下，以免有误。学联信说要我一张相片，附上。

敬礼！

吴玉章
一九四九年七月九日

---

* 录自《吴玉章往来书信集》，重庆大学出版社1993年版，第183页。

吴玉章致世界学生第二届代表大会贺电＊

（1949年7月9日）

欣逢世界学生第二次代表大会开幕，特电致贺。当此帝国主义战争贩子疯狂向和平人民进攻的时候，即美帝国主义一手布置了朝鲜内战，动员海陆空军，对朝鲜人民作战，并以朝鲜形势为借口，妄图霸占中国领土，阻挠中国人民解放台湾，扩大对越南、菲律宾和东南亚各地的侵略行动，扰乱远东秩序，危及世界和平的时候，切望大会更进一步团结与动员世界学生，为制止美帝国主义的侵略罪行，拥护民族独立，保卫世界和平而斗争。

吴玉章

一九四九年七月九日

＊ 录自《吴玉章往来书信集》，重庆大学出版社1993年版，第184页。

中共中央情报部致吴玉章信*

（1949年8月12日）

吴老：

接上海吴克坚同志致你一电，内称："沈德建，湖南人，年五十岁，本学机械兼知医道，抗战期间在渝与我们有联系，解放战争时期在沪曾为我处作掩护机关工作及情报工作。他对语文学有相当研究，曾担任语文学教授，现闻北平将召集全国语文工作者代表大会，他希望能参加。我处意见可给他参加该会，可否请考虑复示"等语，特告请复。谨致敬礼！

中共中央情报部

1949年8月12日

---

* 录自《吴玉章往来书信集》，重庆大学出版社1993年版，第184～185页。

罗常培致吴玉章信 *

（1949年8月19日）

玉章先生惠鉴：

　　前谈拙著关于方音之文章，恐系二十三年在《东方杂志》三十一卷第七号所发表之《中国方音研究小史》，若然，其单行本已不可觅得。此文系摘录拙著《中国现代方音研究举例》之第一章。原讲义并未编完，今尚存有一副本，谨奉请指正（原文印刷讹误处恕未一一改正）。近拟删节之，就原定纲要成《中国现代语》一小册，力求通俗，以供大众阅读，不知先生以为然否？望看以教之。随手捡出旧著单行本五种，又新发表之《藏缅族父子连名制》法文译本一册，并祈惠予斧正是幸。另一法文单行本请设法转致徐老。上次另外托人所送《中国音韵学》一册，迄今尚未知徐老收到未也？有北大本年度教育系毕业生幸代高，现在市府教育局服务，对于新文字至感兴趣，未知可否通知丁易同志准其入会。匆此即致

敬礼！

罗常培谨启
1949年8月19日

---

* 录自《吴玉章往来书信集》，重庆大学出版社1993年版，第185～186页。

吴玉章关于中国文字改革致毛泽东信 *

（1949 年 8 月 25 日）

毛主席：

目前你正忙于军政大计的时候，我提出新文字问题向你请示，似乎不合理。但事势迫使我不请示，就要犯错误。所以不避烦，还是来请你指示。

先讲一点事实，然后提出请示的问题。

近两年来，新旧解放区热心新文字的同志都来信，要我向中央请求发一关于新文字的指示。他们说因为各地党政军负责同志虽都赞成新文字，但一进到实际行动时（如印刷读本及在校中教新文字等），他们就以没有中央指示，不敢允许。因此这工作就不能进行。但我因军事正在紧急时期，未敢将此事向中央请示。这是今年以前的情形。

今年初平津快解放时，黎锦熙（他最热心国语罗马字，它和拉丁化新文字基本相同，只是技术上有些差别）来信表示愿和我协同来研究新文字。我四月来北平和他见面后，觉得他很有研究，作事有条理，对于改革中国文字我们获得共同意见。

自从平津解放以来，报馆和政府方面都接到了很多改革文字的意见书，也有很多奇怪的方案，如线条文字、速记符号等。也有将汉字加以

---

* 录自《吴玉章往来书信集》，重庆大学出版社 1993 年版，第 186 ～ 191 页。

改造的。报社等以无人能答，都交给我研究，未敢作复。"五四"纪念时，天津几家报纸登了一些主张推行新文字的文章。我也接到很多询问此事的信件，我们觉得这问题应适当来处理了。黎锦熙和北平各大学热心此事的人提议成立一个研究会。当时我曾请示中央，因你太忙，向少奇同志请示"可以组织这一团体，但不要限于新文字，汉字简体字也应研究整理一下，以便大家应用，并告党外人士，我党中央对这一问题尚未考虑，党员所发表的意见均为个人意见"。根据这一指示就与黎锦熙及各大学各方代表八九人开了一次座谈会，决定先以少数人成立一个文字改革研究会。七月间，文艺科学等学术团体开会，各地来平的人很多，许多从事文字改革者纷纷提议扩大研究会，应成立包括人数更多而且有实际行动的组织。我们觉得群众起来了，如果我们只限于书本上的研究，就会阻碍运动前进，不能满足群众的要求。日前与徐特立同志商谈，我们以为不仅要改革文字，还要革新语言，不仅要顾及各地方言，还要顾及各少数民族的语言文字，要有远大的方针和适当的标准，使全国语言文字交流互通，逐渐向统一方面发展。我们想约集更多赞成语文改革的人（约有二三百人）成立一个"中国语文革新协进会"或作"中国语文改进协会"，并拟于新政协开会前几天开成立大会。这些经过情形我同乔木同志谈过，便中可问他。

根据目前这一情形，虽然由我党中央下命令推行文字改革工作，还不合适，也不必要，但关于文字改革工作中，必须有几个确定的方针和原则才好办事。

现在把我们请示的问题写在下面：

第一，我们所拟的原则：

一、根据文字应当力求科学化、国际化、大众化的原则，中国文字应改成拼音文字，并以改成罗马字的，也就是拉丁化的拼音为好。不要注音字母式拼音与日本假名式的拼音。

二、各地方、各民族，可以拼音文字拼其方言，但同时要以较普遍的、通行得最广的北方话作为标准，使全国语言有一个统一发展的方向。

三、整理各种汉字的简体字（约二千多可用的），作为目前通俗读本之用。至于大报纸和重要书籍文件，仍照旧用整体汉字。

第二，根据以上三原则，我们拟作下列三件工作：

一、经常的研究工作。

二、全国各地选择重点试行新文字。如大连（最近提出二年内扫除文盲，文字改革后定有助于这一计划的完成）、上海、北平、山东、武汉、延安、辽东北等地，由群众团体主办，政府积极帮助。

三、编一本大的、一本小的新文字、汉字、简体字混合字典，并出版一些读物。

上述原则与办法是否妥当，并另有何种好的办法，亟待指示，以便遵循。

敬致

布礼

吴玉章

1949 年 8 月 25 日

附：毛泽东关于文字改革问题复吴玉章信

（1949 年 8 月 29 日）

玉章同志：

来信已悉。当付郭、茅、马三先生审议，提出意见。现已接复信，特付上，请予考虑，并请回答你对于他们的意见之赞成，或反对，或修改的意见。如果你同意的话，请付范文澜、成仿吾、黎邵西三位一阅，或者座谈一次，以集体意见见告为盼！

　　此致

敬礼！

毛泽东
8 月 29 日

附：郭沫若、马叙伦、沈雁冰复毛泽东信

润之主席：

　　接读二十五日手书及吴玉老关于新文字问题的信，敬悉。我们研究了吴老的信，得出了下列的意见：

　　一、吴老信中关于原则的部分，大体上我们都同意。就吴老所提三原则的第一原则而言，我们也认为中国文字的演进，必然走拼音文字的路，但这过程也一定很长。除了有目的有计划的研究提倡而外，尚有赖于全国交通的更发展，使全国各地方言交流融合，逐渐形成统一的国语，而统一的国语则是中国文字改成拼音文字的先决条件。其次，我们也认为将来中国的拼音文字，与其采用注音字母式或日本假名式，毋宁采取拉丁化而辅之以万国音符。

　　至于吴老所提的第二原则，我们认为国内少数民族之本无文字或虽有文字而尚不完备者，似可在各该少数民族推行普及教育之时，即试行拉丁化。但汉族的各地方言是否亦当推行拉丁化，则我们不能无疑。盖中国语言将来的趋势既必因经济交通文化之发展而归于统一。又此统一的国语又必然是以现今通行最广且较为普遍的北方话作为基础（北方话之可能作为将来的统一的国语的基础，除通行最广且较为普遍两个有利条件外，还有政治的文化的有利条件），则

方言拉丁化之推行对于统一的国语之形成，将是一种阻力。吴老大概也考虑到这一点，所以他既主张方言拉丁化，同时又主张"同时要以较普遍的、通行得最广的北方话作为标准，使全国语言有一个统一发展的方向"。可是这样双重的办法，事实上恐怕不易做通。因为：某一方言地区（例如吴语、闽语或粤语区域）的人民，极大多数本来就不会北方话，那么，他们既须学习北方话（通过北方话的拉丁化来学，这好比是学一种外国文，当然比学外国文是容易得多），同时又要学习他们自己方言的拉丁化，这负担就太重了（何况他们又不能不学方块的汉字）。结果，他们若不是觉得拉丁化还不切实用而索性不学，就是单从自己方言的拉丁化来学。一地区的方言拉丁化，如果当真在该地区普遍而被日常应用了，那就一定要成为全国语言统一发展方向的阻力。因此，我们认为方言拉丁化这件事，虽然其有目前的局部的利益——短时间内可使一地区的文盲能借拉丁化得到一种书写的工具且应用之，但从长远的整个的利益（统一国语之形成）看来，怕有些得不偿失罢？因此，我们认为拉丁化与国语运动应当作为一件事来进行。拉丁化的研究者似应注其全力于北方话的拉丁化的方案，使其更完备，而不必同时也做各地方言的拉丁化的方案了。平静而论，过去国民党政府十多年的"国语教育"，多少也有些成绩，闽粤青年读过几年小学的，多少能讲几句"兰青官话"。今后，全国教育普及起来，如果同时在学校中推行"国语"，则对于将来的统一国语的形成倒是极大的帮助。当然，在学校中教"国语"时，就应当一律用拉丁化——就是在方块汉字底下用拉丁化的注音。

  对于吴老所提原则中的第三条——关于整理简体字的问题，我们除同意吴老的主张外，又有一点补充的意见。我们以为与整理简体字同时，似应以科学方法统计日常用字的数目（据有人估计，约在二千至三千之数），而将此等日常用字之笔画繁多者加以简化，并制成定式，作为目前通俗读本之用。或仿"平民千字课"之例，编成新的千字课，专为扫除文盲之用。或者，更可请专家们研究将此等日常用字之草体订成定式，与简体并行，这对于缩短书写时间，也有好处。

二、吴老信中关于实际工作之两项，其第一项"经常的研究工作"，我们认为亟应成立一个机构，延致专家，就有关新文字及汉字简化（简笔字）乃至"新的千字课"等等问题作广泛而深入的研究，而以其研究结果提供政府文教部门参考。至于第二项，在全国各地"选择重点试行新文字"，则我们认为目前条件尚未成熟，无论此种"试行"是施之于文盲的成人呢或施之于学龄儿童，都有困难，深恐结果是弊多而利少。我们觉得：上述科学方法统计日常用字而将笔画繁多者加以简化一事，如能切实执行，对于二年内扫除文盲的计划，也能起不小的帮助作用（我们觉得二年扫除文盲的计划是最乐观的估计，事实上恐不能这样快）。

以上是我们的不成熟的意见，谨供参考。

此致

敬礼

郭沫若　马叙伦　沈雁冰

1949 年 8 月 28 日

吴玉章、范文澜、成仿吾等电毛主席朱总司令致敬信 *

（1949 年 9 月 30 日）

（一）

毛主席：

从陕公到华大，从延安到北平，十二年来始终在您的思想指导下，培养了数万青年成为革命干部，其中大部都成了优秀的共产党员，他们现在都在前线以及各地英勇地胜利地战斗着。这一切光荣都归之于人民，归之于我党，归之于您的英明领导。在此校庆之日，谨向您致以崇高的敬意，我们今后更要遵守您的指示，谨慎谦虚，戒骄戒躁，为培养大批的建设人材而加倍努力。

祝您健康！

华北大学校长吴玉章、范文澜、成仿吾暨全体教职学员

（二）

朱总司令并转人民解放军全体指战员同志们：

当我校校庆之日，正是我人民解放军即将完成解放全国的光荣任务之时，谨向您们致以崇高的敬意与深切的慰问，今后我们将培养更多的革命干部来支援您们，使全中国解放更快的到来。

华北大学校长吴玉章、范文澜、成仿吾暨全体教职学员

---

* 录自《华大生活》1949 年 9 月 30 日，第 1 版。

吴玉章关于中国人民大学招生问题致刘少奇信 *

（1949年10月14日）

少奇同志：

　　昨晚我们开人民大学筹备会，俊瑞同志传达你仍保存师大名义只改革其内容的意见，大家一致认为很好。讨论各系内容后即谈到校舍问题，因为房子困难，有主张只收四千学生，待明年春夏再扩张。苏联同志说：少奇同志曾谈过至少要有七千学生。对于明年才扩大颇不表赞同。当时，我觉察到苏联同志是抱了极大的热忱来帮助我们的，于最短期间要作出一点成绩来，才能对得起他们的使命。所以不赞成迁就地、小规模地、慢慢地去办，而是要大刀阔斧地、独立自由毫无顾忌地去办，并且要争取时间，不能有一刻延缓。这种精神我认为很好，而且我们应该向他们学习。苏联几个五年计划都能四年完成，就是这种精神的感召。时间是非常可贵的，有顺利的环境而不去争取，有小小困难而不想法去克服，则非我们布尔什维克党的精神。因此我们就决定：学生以七千人为最少数，房子于现在华大铁狮子胡同附近或其他地方尽力去找，只要有可能，租或买都可以。限我校总务处长鲍建章同志于三日内完成这任务，并作报告来呈请中央批准。这就是昨天晚上我们开会的情形。想俊瑞同志已向你作了更详细的汇报。我所以

---

　　* 录自《吴玉章往来书信集》，重庆大学出版社1993年版，第192～193页。

要写这信给你，因为得了你的指示事情就好办，就有很好的成绩。例如今春京津招生时，同志们以房和经费困难，不敢放手去作，得你指示后，就能训练出几万学生应付前方需要。现在军事上快到完全胜利，建设工作摆在我们面前，敌人总是说我们没有建设能力，我们要在建设工作上也和我们军事上的辉煌成绩一样，就必须很快培养建设人才。苏联用它的干部和经验来帮助我们，这是多么难得的机会，如果我们的热心努力不如他们，使他们失望而冷淡下去，失掉了千载一时的机会，则不但可惜而我们就犯了很大的错误。我们华大学生已大部毕业。部份工作人员已一个多月闲着在自己组织学习。要买一个校舍作了预算去批不准，要修理房屋也无钱停着。一个原来华大的印刷厂，因中央要就拨归中央，但还在校内占着房子，很久就说要搬走，但总说没找着房子不能搬，现在逐渐侵占校舍，使我们不能整理。向该厂管理人说，他还表示中央机关你们何敢过问，大有官僚气概！现在我感觉到我们的工作人员，连党员在内，大有自满自足、遇事敷衍的作风，以为天下事大定了，凡事慢慢来，何必着急呢？固然有些事不慢慢来，一急躁就会出毛病，这种慢慢来，当然是对的。但是有些事情如果延误了一天或一月，就会影响到几年或几十年的成效，那就必须争时间，刻不容缓。如以校舍来说，找到房子或买到房子后，必须加以修理，现在快到冬天了，至多不过一月可以作修理工作，过此必须到明年三四月后才能动工。如果今年不把房子修好，则学校工作就要迟一年。我们已决定明年一二月开学，必须在今年年底把房子修好，学生招齐。苏联同志再三说我们人民大学必须办得比清华、北大要更好，学生的桌凳要和他们一样或更好。现在我们一时还办不到这点，但总不能如以前睡地铺、坐马架子了。时间和责任心迫着我写这一封信给你，请你向毛主席请示可否由中央命令财经委员会和北京市委对于我们校舍

的选定给予帮助，经费的预算从速批准，使我们工作能顺利进行。敬请酌定为幸。专此，即致

敬礼！

吴玉章

1949 年 10 月 14 日

中苏友协会长刘少奇等致苏对外文协贺电*

（1949年11月5日）

苏联对外文化协会主席琴尼索夫教授：

中苏友好协会热烈地庆祝伟大的十月社会主义革命三十二周年，热烈地庆祝斯大林大元帅的健康和苏联人民的幸福。

中国人民在庆祝今年的这个伟大节日的时候特别感觉兴奋，因为我们已经胜利地建立了自己的国家，而苏联则首先与我国建立了友好合作的外交关系，并给了我们的建设工作以重要的援助。愿中苏两国人民在保卫世界和平与建设自己的幸福生活中永远合作，以取得更加伟大的胜利。

中苏友好合作万岁！

中苏友好协会　会　长　刘少奇
副会长　宋庆龄
吴玉章
沈钧儒
李济深
郭沫若
张　澜
黄炎培
一九四九年十一月五日

---

* 录自《胶东日报》1949年11月6日，第1版。

三位校长写信给正定毕业同学 *

（1949年11月12日）

十、十一、十二区队的同学们：

　　我们以极端兴奋的心情庆祝你们学习告一段落，在短短的学习时间，你们每个同志都获得了很大的进步，初步建立了革命人生观，使革命队伍增添了新的血液。当你们就要毕业，光荣地走上工作岗位的时候，可惜我们因为工作关系不能去和你们见面，感到十分遗憾。希望你们将来在工作中继续改造自己，很快地锻炼成优秀的革命战士，永远在毛泽东的旗帜下前进！

　　祝你们身体健康！

吴玉章　范文澜　成仿吾

十一月十二日

---

* 录自《华大生活》1949年11月28日，第1版。

"上海新文字工作者协会"成立大会给吴玉章的信 *

（1949年）

敬爱的吴老：

我们是"上海新文字工作者协会"的全体会员，今天我们协会开成立大会，我们决定用全体会员的名义，写这封信来向您问好，向您致敬！

上海的新文字运动，从一九四〇年八月一日"上海新文字研究会"解散到现在，已经有九年不能公开成立团体了，但是英勇的人民解放军解放了上海，我们又可以组织起来了。今天我们成立"上海新文字工作者协会"，大家心里有说不出的高兴，我们相信您听到了这个消息，也会跟我们一样高兴的。

我们要诚心诚意地感谢人民解放军，感谢毛主席，感谢朱总司令，感谢中国共产党；感谢他们对中国革命事业的英明领导和伟大贡献。

我们也要诚心诚意感谢您老人家，感谢您跟别的文化革命的先进们一同创造和领导了中国的拉丁化新文字运动，这个运动是真正能够高度发展中国文化和真正能够帮助新民主主义新中国的建设的。

我们全上海的新文字工作者，今后愿意在您的领导之下，为澈底完成中国的新文字事业而奋斗！

"上海新文字工作者协会"全体会员

---

* 录自《时代》1949年第9卷第25期，第49～54页。

吴玉章致侄儿林宇信*

（1949年）

林侄：

你的信都收到了，已电刘伯承同志调你随之入川，可到他处一问。你的耳病可到川中治疗。途中要事事小心。我近病了几天，现已好了，勿念。问近好！

玉章

24日

---

* 录自《吴玉章往来书信集》，重庆大学出版社1993年版，第181页。

吴玉章致外孙蓝其卫信 *

（1950年1月16日）

其卫：

　　接到你十二月七日的信我很高兴，因为你告诉我很多事情。特别喜欢的是你们弟兄都加入了组织，思想是前进了，文字也流利。你和弟弟可于三月底春暖时随同你八舅母及其儿女等一同来京。我想你母亲恐不易离家乡，如愿来京，一同来也好。你八舅遭医生杀害实可痛惜，望你们多多照顾他的小儿女。七舅如能同你们一道来那是更方便，来时可请刘伯承司令员帮忙，如他们有人来京即请他们沿途照顾，那就更方便了。刘先生是我最好的同志，他必然会帮助，你要常去请教他。你近年在学校是否把普通科学都学过了，你们今后是要学专门科学，如你八舅一样有一技之长。我没有多写了，你的姐姐们都好，大双姐有一详信给你，附寄回。我没有写信给你母亲，你可代我向你祖母和母亲问好。

　　祝全家幸福！

玉章
1950年1月16日

---

* 录自《吴玉章往来书信集》，重庆大学出版社1993年版，第194页。

吴玉章等为商调李由义到人民大学工作事致北京市委刘仁信 *

（1950 年 3 月 1 日）

刘仁同志：

据何思敬同志谈，李由义同志爱人，现在政法大学工作。政法大学已合并到人民大学，李由义同志适宜我校法律外交研究室工作，他本人愿意，希能调来。专此相商，希见谅为荷！

此致

敬礼！

吴玉章　范文澜　成仿吾　胡锡奎

1950 年 3 月 1 日

附：刘仁复吴玉章信

（1950 年 3 月 3 日）

吴老：

政法大学党的组织不由市委领导。

刘仁

3 月 3 日

---

* 录自《吴玉章往来书信集》，重庆大学出版社 1993 年版，第 195～196 页。

吴玉章、胡锡奎、成仿吾致刘少奇信*

（1950年3月26日）

少奇同志：

人民大学开课已两周，专修班亦须筹备招生（以现有房子来看，可容纳专修班学生一千四百人，如添置双人床，或买一部房子，可增加六百人）。惟苏联教授教员未到，困难很多。顾问菲力波夫同志提出他想去莫斯科一趟，一面报告我校情形及应准备的教材，一面聘定教授教员。随即和他们一回来北京，是否可以？请即示覆！此致

敬礼

          吴玉章　胡锡奎　成仿吾
          三月廿六日

附：刘少奇批复

（1950年3月26日）

同意他回莫斯科一次，但希望他及教员们能快来。

          刘少奇
          三月廿六日

---

* 录自中国人民大学档案馆档案，原文为手稿。

吴玉章电慰居里教授[*]

（1950年5月5日）

约里奥-居里教授：

中国的科学工作者对于你为和平的奋斗表示崇高的敬意。在你的主持之下，世界拥护和平大会常设委员会斯德哥尔摩会议要求无条件禁止原子武器，并宣布首先使用原子武器的政府为战犯。我们誓愿追随你的后面，为持久和平而奋斗。我们谴责法国政府免去你的法国原子能委员会委员职务的反动措施，并向你致恳切的慰问。

中华全国第一次自然科学工作者代表大会筹备委员会主任
吴玉章
五月五日

---

[*] 录自《东北日报》1950年5月7日，第3版。

中共中央办公厅秘书室与吴玉章往来信 *

（1950 年 5、6 月）

吴老：

我处收到镇江古寿民致毛主席信一件，附寄所作《中国音典》，兹送你处研究，请将研究意见，连原作直接寄复本人。

此致

敬礼

中共中央办公厅秘书室

五月二十九日

张照同志：

这个文件请研究一下后，提出意见。

玉章

五月卅日

吴老：

《中国音典》看过后，写了几点简单意见，然后让炳生也看了一遍，并附意见，一并送上请核阅。

敬礼

张照

六月二日

---

* 录自荣县吴玉章故居陈列展档案，原文为手稿。

吴老：

五月十四日座谈会上的记录太简略，但各位的发言，在记录中，约能忆起。

现在把原记录送去，关于乔木同志的发言有一些，请您老一阅。

敬礼

张照

1950年6月3日

吴玉章、胡锡奎、成仿吾给大连大学校长的信*

（1950年7月18日）

吕校长：

　　此次我校办公室副主任陈传纲同志陪同苏联专家赴你处参观，承蒙热诚协助和亲切招待，承荷良深，谨表谢意！致

敬礼

吴玉章　胡锡奎　成仿吾

七月十八日

---

* 录自中国人民大学档案馆档案，原文为手稿。

吴玉章致外孙蓝其卫、蓝其邦信（节录）*

（1950年8月29日）

其卫、其邦：

你们前些时的来信和八月八日的信和相片都收到了。你们很热心地为新国家、为人民服务，使我非常高兴。只要你们肯虚心，事事抱一诚恳学习的态度，就没有作不好的事情。关于文教和工商业方面，《人民日报》上常有许多宝贵的指示，你们可细读好好体会，自然会有许多办法。今年四川各地实行减租，不实行土地改革，你们要执行土地法，稳步实行，不要犯"左"、右倾的偏向。林宇么舅还在自贡市第二区作区长，他对于土地改革及培养干部都有一些经验，你们可常常向他请教和学习。他要求组织上准他请假来京治耳病，我已和邓小平同志、刘伯承同志、王老、组织部江震同志等谈过，他们都答应了。但川南地区负责同志们都不愿放他来京，因为川南干部太少，像林宇这样的同志，年青干练，老诚能干，不可多得，所以不易准他的假。我想现在正是地方需人甚急之时，如果病还可缓缓医治，则再过一个时期再说，这个意思，望你们告诉他，我不另外写信给他了。我们县的党委书记，原叫朱富，闻现叫黄才卓，此人是我县高山乡人，是我党的好干部，你们要向他学习。县长程觉远也是好干部。我都没有写信给他们，请为我致意。我们县里的

---

* 录自《吴玉章往来书信集》，重庆大学出版社1993年版，第201～202页。

革命组织和干部都比较强，所以事事有成绩，征公粮为四川之冠，是可喜的。这就表现了我们人民民主的政权为人民所爱戴。希望各地把各界人民代表会议或人民代表会议及农民协会等开好，更好地把统一战线作好，事事都作模范，这样才不负我县为革命发祥之地（从辛亥革命一直到新民主主义革命）。另有一信给谷醒华先生，请你们当面交去，并问他来京路费，如不能筹措即由县里或你们及我们家里为之解决。他是一个很高尚的人，不易受人照顾，你们要好好表示，让他能早日来京把病医好，才好为国家作事。他是西南军政委员会文教委员会委员，当然公家要给他路费的。你们妈妈上月同叶主席到广州去了，来信说很好，大约还要一些时才回京。你的九姐、十姐、双姐等都很好，勿念！你们要的书报当寄回。

问你们近好！

你们的公公吴玉章

1950 年 8 月 29 日

中国科学院聘任吴玉章为学术评审委员会委员通知书*

(1950年9月23日)

中国科学院聘任通知书

〔(50)院人字第2844号〕

兹敦聘

  吴玉章先生为本院学术评审委员会委员

院长 郭沫若

一九五〇年九月廿三日

---

 * 录自荣县吴玉章故居陈列展档案,原文为手稿。

吴玉章为中国人民大学选定西郊新校址致北京市委信*

（1950年9月28日）

北京市委：

我校现有学工人员四千八百余人，住房三十七处，零星分散，人力物力均极浪费，教学上尤感困难。如每年照计划按期招生，则三年后将发展到一万六千余人，城内房子实无法再购。前经向政务院报告拟于本市西郊建立新校舍，业蒙许可。今定在本市西郊海淀以南，京颐公路以西，万寿寺以北，长春桥以东建筑新校舍，已经政务院允准。此项建筑共需土地五千亩，拟三年内全部竣工。为使农民还能在未用土地上生产，拟按每年所需土地数目分期收购。目前急需土地八百余亩，在明年暑假前建筑三千人之课室及宿舍。今派我校行政事务部副部长刘一心同志前往商讨一切办法，希予接洽。并希通知地政局郊区工作委员会及其他有关部门，共同进行土地征购等事宜，以便早日进行测量设计及施工等工作。此致

敬礼！

吴玉章
1950年9月28日

---

* 录自《吴玉章往来书信集》，重庆大学出版社1993年版，第203页。

吴玉章致聂市长，张、吴副市长信 *

（1950年9月28日）

聂市长，张、吴副市长：

我校现有学工人员四千八百余人，住房卅七处，零星分散，人力物力均极浪费，教学上尤感困难。如每年照计划按期招生，则三年后将发展到一万六千余人，城内房子实无法再购，前经向政务院报告拟于本市西郊建立新校舍，业蒙许可。今定在本市西郊海淀以南，京颐公路以西，万寿寺以北，长春桥以东建筑新校舍，已经政务院允准。此项建筑共需土地五千亩，拟三年内全部竣工。为使农民还能在未用土地上生产，拟按每年所需土地数目分期收购，目前急需土地八百余亩，在明年暑期前建筑三千人之课室及宿舍。今派我校行政事务部副部长刘一心同志前往商讨一切办法，希予接洽，并希通知地政局郊区工作委员会及其他有关部门，共同进行土地征购等事宜，以便早日进行测量设计及施工等工作。此致

敬礼

玉章

九月廿八日

* 录自中国人民大学档案馆档案，原文为手稿。

吴玉章致彭真信 *

（1950年9月28日）

彭真同志：

我校现有学工人员四千八百余人，住房卅七处，零星分散，人力物力均极浪费，教学上尤感困难。如每年照计划按期招生，则三年后将发展到一万六千余人，城内房子实无法再购，前经向政务院报告拟于本市西郊建立新校舍，业蒙许可。今定在本市西郊海淀以南，京颐公路以西，万寿寺以北，长春桥以东建筑新校舍，已经政务院允准。此项建筑共需土地五千亩，拟三年内全部竣工。为不影响农民生产，拟按每年所需土地数目分期收购，目前急需土地八百余亩，在明年暑期前建筑三千人之课室及宿舍。今派我校刘一心同志前往，希予接洽，并希通知地政局郊区工作委员会及其他有关部门，共同进行土地征购事宜，以便早日解决，进行测量设计及施工等工作。此致

敬礼

玉章

九月廿八日

---

* 录自中国人民大学档案馆档案，原文为手稿。

吴玉章为中国人民大学开学典礼致毛泽东信[*]

（1950年9月29日）

毛主席：

中国人民大学本科于九月一日正式上课，专修科于九月廿九日正式上课，由于苏联顾问和教授热心帮助，全校教职学员努力工作和学习，一般的热情是很高的，就开始这一个月的情况看来，有令人兴奋的气象，已为我新式大学打下了基础。

现订于十月三日午后二时在本校举行隆重的开学典礼，全校人员热诚地希望主席光临赐以训示，以为光荣，以资鼓励。即致

崇高的敬礼！

一九五〇年九月廿九日

---

[*] 录自荣县吴玉章故居陈列展档案，原文为手稿。

吴玉章为中国人民大学开学典礼致周恩来信*

（1950年9月29日）

恩来同志：

中国人民大学本科在九月一日正式上课，专修科于九月廿九日正式上课，在苏联顾问和教授热心帮助，全校教职学员努力工作和学习，就这一个月的情况看来，有令人兴奋的新气象。现订于十月三日午后二时举行开学典礼，敬请光临赐以训示。

敬礼！

一九五〇年九月廿九日

---

* 录自荣县吴玉章故居陈列展档案，原文为手稿。

文化补习班第二班学生朱汉民给吴老的信*

（1950 年 10 月 10 日）

敬爱的吴老：

在您的百忙中，我向您报告我的学习成绩，您不会怪我吧！

我叫朱汉民，是文化补习班一年制的学生，工人出身，文化程度很低。学校为了使我们工农干部能很好地掌握马列主义、毛泽东思想和最进步的科学技术，特别成立了这个文化补习班，以提高我们的文化水准。

现在我们已学习两个月了。在您和您苦心培养成的教师的帮助下，我在文化学习上已获得了很好的成绩。现在把我自己的收效报告如下：

一、我以前在数学上仅仅能算整数四则，现在学了小代数，我已经会运算一元一次方程式了。

二、语文上以前连封信都写不通，更谈不上写作，标点符号也不知道，经过这两个多月的学习，能作简短的文章，这封信就是实际的例子。

三、在这短短的期间我们的"博物知识"已学了三分之一。历史、地理也都学了很多，我得到很多新的知识，而且都很好的记住了。

为了更好地学习，这里我，特向您提出保证：

一、一切服从组织，执行党的决议。

二、不浪费一点时间，按时作息。

---

* 录自《人民大学周报》1950 年 11 月 25 日，第 3 版。

三、和同学团结友爱，互相帮助。

四、尊敬教师，不知就问。

五、虚心学习，保证学习任务完成，作您的好学生！

我向您致亲切的敬礼！

祝您身体健康！

          文化补习班第二班学生朱汉民

                十月十日

吴玉章致外孙蓝其卫信（节录）*

（1950年11月16日）

其卫：

　　……你们说我们是革命家庭，事事都要起模范作用，公粮要先缴。为了帮助政府，号召有余粮的应借与缺粮者缴纳公粮，我家和你们家去年所余的几担谷子都借出去了。你们作得很好，起了带头作用，所以去年我县公粮缴收成绩第一。这是我全县人民拥护我人民民主政权的事实表现。我们是很光荣的。希望你们继续好好的工作。你们的祖母是一个开明的、进步的人，她常帮助革命工作。她现在八十多岁了，你们要好好的孝敬她，使她衣食不缺。请你们为我致意问好。

　　今年我们县中减租退押情形及详细的办法和群众的反映如何？请详告我。一切要照土地法好好的稳妥的进行，不要急躁或发生偏向，总要使地方安定发展生产。土匪特务要镇压。人民要团结。地主除土豪恶霸及反革命分子外，我们要好好的领导他们，说服他们，不要再靠收租吃饭，要劳动生产，自食其力。分土地时，每人也可分一份。只要能好好工作，人人就有衣食，大家把国家建设好了，人人就能丰衣足食，生活水平会不断提高。你们要的新书和报纸会给你们寄回。即问

近好！

吴玉章
1950年11月16日

---

* 录自《吴玉章往来书信集》，重庆大学出版社1993年版，第205～206页。

吴老给全校同志们的覆信*

（1951年1月16日）

全校同学们及同志们：

我因病休息已将近两月，在此期间，先后接到远赴东北的我校志愿队同志们、参加军事干部学校的同学们及在校的全体同学与工作人员同志们个人或团体的慰问信达一百八十余件，我对你们这种纯真的热爱，表示衷心的感谢！

在此短短的五六十天中，除了去东北做抗美援朝工作的同志们已经勇敢地担负起了各项光荣而艰巨的任务外，校内又有一百四十八名同学与工人同志胜利地奔赴国防建设的岗位上，而在校的全体同学与干部，则正在极度紧张地进行着学期考试工作，这些都说明了我们全体学工同志高度的爱国主义、国际主义的精神是值得崇佩的。我希望大家为了我们的党、为了人民的事业，继续努力，把全部力量贡献给祖国！

我深恨我自己年迈体衰，经常疾病缠身，而不能与同志们一样毫不间断地为党为人民做更多的工作，但近日以来，病况已趋好转，除希望全体同学与同志们勿为挂念外，我正在尽力争取早日痊愈，以便迅速地担负起党交给的神圣任务。祝同志们进步！

吴玉章

一月十六日

---

* 录自《人民大学周报》1951年1月20日，第1版。

吴玉章致电日本教职员工会中央委员会[*]

（1951年3月4日）

我谨代表中国一百二十余万教育工作者对你们为和平与正义事业的斗争致崇高的敬意。并预祝你们斗争的胜利。

---

[*] 录自《吴玉章年谱》，四川人民出版社1998年版，第379页。

吴老给李云龙同学的覆信 *

（1951年3月8日）

李龙云同志：

　　来信已经收到。你们在中国人民大学里学习的几位同学，由于不忍目睹美帝国主义对自己人民所进行的种种残暴兽行，当美军沾满了朝鲜人民鲜血的血爪正要伸入中国大门，而也是你们祖国命运遭受着最危险的时候，你们勇敢地挺身而出，奔赴为保卫祖国与保卫远东及世界和平的神圣疆场上，这种崇高的爱国主义与国际主义的伟大精神是值得表扬的。

　　全世界人民都清楚的知道：谁在朝鲜正进行着史无先例的凶暴侵略，而谁又是为了保卫民族的独立与解放被迫起而反抗。这就显示着我们的正义行为是多助的，从而给我们带来了一种不可战胜的力量。自从中国志愿部队进入朝鲜与朝鲜人民军并肩作战以来，已经根本改变了朝鲜的战局，美帝纸老虎的真面目，已在中朝人民面前暴露无遗。这不仅鼓舞了亚洲一切被压迫民族的斗争信心，同时也大大增强了全世界所有一切爱好和平的人们保卫和平的力量和决心。

　　目前美帝不甘承认在朝鲜所遭受的可耻失败，企图与日本单独媾和，扶植日本军国势力再起，梦想重温二次世界大战前日本进攻中国的旧梦，已遭受到中国人民的强烈反对，人民是更加深刻地认识到抗

---

* 录自《人民大学周报》1951年3月24日，第1版。

美援朝就是保家卫国的伟大意义,并热烈拥护世界和平理事会的宣言和决议。

最后,为了争取早日实现朝鲜的独立与解放,望更加努力,直至把美帝逐出亚洲大陆,争取世界的持久和平而奋斗到底。祝你
进步

吴玉章

三月八日

附:朝鲜籍李云龙同学自朝给吴老来信

(1951年2月13日)

敬爱的吴老:

自从离开您的伟大领导与亲切的关怀而踏入我祖国战线已有三个月了。现在我祖国因为中国人民国际主义与爱国主义的具体行动——在中国人民志愿军的有力配合之下,由暂时的黑暗的朝鲜正在朝着光明的前途、最后的胜利而前进中。

老百姓由于连续的伟大胜利而欢欣鼓舞,到处的工厂、矿山和农村的人民都动员了起来,为恢复后方革命秩序与支援前线而奋斗着。事实上所有的城市与较大的农村由于美帝残绝人寰的毁灭性的轰炸,已变为灰烬,但人们在残破不堪的废墟里顽强地战斗和生活着。这次战争充分的表现出朝鲜人民不但热爱和平和自由,而且显示了对敌人博斗的顽强性。美帝刽子手的血爪侵越三八线以北地区后,各地的劳动党员与爱国者们都积极勇敢地拿起枪来与敌人作殊死斗争。他们坚信:最后胜利是必属于朝鲜人民的。

美帝虽想用食人种的手段来毁灭朝鲜的一切,但却不能消灭朝鲜人

民不屈不挠的爱国热情。敌人的兽性愈蛮横，朝鲜人民的斗志愈坚强。朝鲜人民在斗争中认清了敌人的本质，又分清了自己内部的红白，而进一步的更团结和坚强起来，现在劳动党正在进行整党，部队内也在进行三大纪律八项注意的教育，地方武装也健全起来。

中国人民志愿军开入朝鲜以后，给朝鲜人民的帮助与模范行动是莫大的，现在朝鲜人民都体会到志愿军是真正为帮助朝鲜人民求得解放而来的，好多被志愿军解放了的地方的老百姓把志愿军叫做"解放军！"，这是他们从心的深处发出来的对志愿军的爱称，有些农民和老人们说："中国人民志愿军的每个同志都是两班（朝鲜封建社会统治阶级的一个等级，但现在一般朝鲜人以此称为有人格、有修养的人）。"总之，朝鲜人民对中国人民志愿军是极为热爱的。

我现在情绪很高，为了实现同学们送别时对我的要求——"你带着不能直接参加朝鲜战争的我们的力量去奋斗吧！"——而正在努力工作中。其实我是朝鲜人，由于言语决定了我工作顺利的条件，现在我是能起几个人的作用的。并且在战争环境中锻炼出来，对敌机的轰炸也不觉得害怕，老实说，飞机是起不了很大作用的。

这里有外俘很多，他们开始不愿意学习，现在愿意学习。对我们中国人民志愿军与朝鲜人民军的俘房政策的认识逐渐提高，生活开始安定，他们中有很多人要求美国政府撤出美帝在朝鲜的侵略军，如一个美国士兵 Morga 给他家写信说："妈妈！请你到国会去控诉：政府应撤出朝鲜的美国兵，因为朝鲜人民军和中国人民志愿军是为了保卫自己国家而战斗的，他们对我们很好，并且为我们被俘后的生活而奔走。妈妈！假若你不知道此道理的话，请你打开地图看一看，那就会了解的。"（简要意思。）像这样的人是很多的。

敬爱的吴校长：我向你保证，我虽然爱学习，但为了祖国的解放，为了保卫远东和世界的和平,并且为了我们与我们后一代青年们的更好地学习,我愿献出我的一切力量,来完成我肩头上的伟大而艰巨的任务。

  敬祝

身体健康

你的朝鲜学生李龙云

于北朝鲜

二月十三日

吴玉章、胡锡奎、成仿吾关于招收研究生事宜给安子文的信*

（1951年7月11日）

子文并转少奇同志：

我校今年暑假招收研究生二百五十名之计划，业经中央于三月廿一日我校请示中，批复同意。但因中央教育部联合招收研究生委员会，所分配我校名额，仅只二百名，尚缺五十名。由于今后学校将继续扩大，特别明年起，专修科逐年扩大招生，教学任务，日益繁重。因此，我校今年招收二百五十名研究生的计划，实系最低限度的要求。我们初步考虑，所缺五十人，再由地方抽调解决（华东廿人，华北廿人，中南十人）。如中央同意，希即电告各该地党委，我们同时通知我校派赴以上地区之招生组，与当地党委联系，取得帮助解决。具体条件应为：（一）具有初中以上程度参加工作五年以上的干部。（二）具有高中以上程度的青年知识份子，历史清楚，思想进步者。（三）身体健康，年龄不超过卅岁者。（四）党、团员应占多数。

以上报告，希速覆示是盼。

吴玉章　胡锡奎　成仿吾
七月十一日

---

* 录自中国人民大学档案馆档案，原文为手稿。

吴玉章关于人民大学招生事给安子文的补充信*

（1951年8月17日）

子文同志：

七月十一日我校关于今年暑假招收研究生二百五十名计划中所缺额五十人之数目，请求中央由地方抽调解决的请示，经你批示，以各地干部抽调困难，今年可少招收五十人，但二百人数目可以保证完成。据我校派赴华北、华东、中南、西南等四地区招收研究生工作同志的报告：目前华北区大学毕业生分配工作已结束，按分配我校六十三名数额，尚差十人；华东区一百零一名，尚差七十三人（十一日的报告）；中南区二十四名，尚差一人；西南区十二名，尚差八名，共差额九十二人。华东教育部与中央人事部工作组均说，未接有中央人事部、教育部补足人民大学研究生差额的命令。根据我校培养师资，为今后扩大招生准备教学干部的任务，目前研究生招收情况，确是十分严重。我们意见，请由中央迅速电告中央人事部派往以上地区工作组，会同我校派赴以上地区招生同志与当地党委联系，以求得帮助解决与设法补齐。否则专家在校期间，不能大量培养研究生，则将招致工作上的很大损失。特此报告并请覆示是盼。

吴玉章
八月十七日

---

* 录自中国人民大学档案馆档案，原文为手稿。

吴玉章致王惠德、田家英信*

（1951年8月27日）

王惠德、田家英同志：

人民大学关于中国革命史教学问题（实际即党史教学问题），我们深感教材编写困难与教学质量不高，为此曾同范文澜同志商量请历史研究所帮助此一工作，现在他已拟就党史学习计划草案。昨日我又同定一同志商谈，他提出学习计划不如改为编写教授提纲，如苏联的联共党史教授提纲一样，比较好些，并得定一同志同意除邀请马列学院参加外拟请你们参加这一编写指导工作。兹定于明日（廿八日）上午九时半，在我校校部（东四六条卅八号）召开第一次座谈会，附上关于《中国共产党的卅年》学习计划草案一份，请提供意见并希届时拨冗前来为荷。

此致
敬礼

吴玉章
八月廿七日

---

* 录自中国人民大学档案馆档案，原文为手稿。

罗常培、傅懋勣致吴玉章信 *

（1951 年 9 月 14 日）

吴老玉章先生：

　　前蒙对《中国少数民族拼音文字汇通方案初稿》提出一些宝贵的意见，非常感谢！后因感觉许多少数民族语言和汉语普通话的语音系统相差太远，又改为现在的第二式。现在的第二式是大致以原稿为基础的，另外又仿照斯拉夫式的文字拟制了第三式，以便大家讨论时斟酌采择。兹送上全部方案一份，敬祈尽早审阅，并提出修正的意见为感！如需面谈，请先生约定时间。

　　此致

敬礼

　　附方案一份（略）

罗常培　傅懋勣　同启

1951 年 9 月 14 日

---

* 录自《吴玉章往来书信集》，重庆大学出版社 1993 年版，第 207～208 页。

罗常培致吴玉章信*

（1951年10月20日）

吴老：

几次打电话，都没能通。关于少数民族拼音文字汇通方案，我想遵照您的指示，由少数民族语言文字研究指导委员会、中国文字改革协会和科学院语言研究所共同约集一个座谈会，征求群众的意见。因为赴西南和中南两区的工作人员即将出发，所以希望能在全国委员会开会前后把这个座谈会开成。请您抽空约我面谈。

又中国文字改革协会秘书处四月间送来客家话新文字七种。那时我正在医院，不能处理。延到现在，才由语言所周定一同志仔细的提出意见。现在一同送上，请您审核。意见书并无副稿，阅后仍希退还为感。专此，即致

敬礼

附：郑材原函一件，辞汇三本

客家话写法拉丁化草案一件

客家话新文字草案一件

赣客话新文字草案一件

---

* 录自《吴玉章往来书信集》，重庆大学出版社1993年版，第208～209页。

客家话读音表一件

周定一同志意见书一件

罗常培启
1951 年 10 月 20 日

吴玉章、胡锡奎、成仿吾为请专家到职、减少聘请专家等事给马叙伦的函件*

（1952年2月2日）

马部长：

我校原聘苏联专家中除到校四十四人外，尚有哲学、国家法权史、银行事务技术、国际公法四位专家未到。顾问菲力波夫同志已电催多次，估计会到，但时间延误已经很长，各该课程的教学工作，发生很大困难，拟请由政务院速予设法催聘前来。

关于专家力量的使用与发挥，我们最近曾分别研究考虑并征得顾问的意见，感到有个别减少或增聘的必要，因之从第三学年度即一九五二年九月起，除教育学专家转师大外，马列主义专家可减少三人，贸易减少一人，共减少五人。另外拟增聘冶金、煤、电、手工业生产合作社、档案专家（增办档案专修班）各一人，共五人。第三学年度开始时，实际专家总人数仍为四十八人。

根据一年来各教研室工作发展情况，专家在校期间，一般的必须再延长两年（从一九五二年九月起）。否则，培养教员的任务，便不能基本取得完成。拟请即与专家总顾问协商，改订合同。

以上各项，我们已于上月廿五日专函请示周总理，兹抄呈原文一份

---

* 录自中国人民大学档案馆档案，原文为手稿。

如上，是否可行，请予协助解决并速覆示。

           吴玉章　胡锡奎　成仿吾
           一九五二年二月二日

马叙伦、吴玉章关于中国文字改革研究委员会成立情况致毛泽东信 *

（1952年3月12日）

郭主任转呈

毛主席、刘副主席、周总理：

中国文字改革研究委员会，按照你们的指示，已于去年十二月二十六日由政务院文化教育委员会第三十一次委务会议通过设立，并于今年二月五日正式成立。成立日首次会议上，根据《中国人民政治协商会议共同纲领》文化教育政策"中华人民共和国的文化教育为新民主主义的即民族的、科学的、大众的文化教育"的规定，决定了以民族形式的拼音文字为中国文字改革的方向，并通过了本会一九五二年工作计划纲要（另件附呈）。决定分设拼音方案组、汉字整理组、教学实验组、编辑出版组，由各委员自选一组或二组参加具体工作（各组组员名单另件附呈）。会议又通过了本会秘书处的细则和工作条例，决定由林委员汉达兼任秘书主任，曹伯韩、郑之东为副秘书主任。秘书处设研究员、秘书、助理秘书等共十四人，由前教育部中国文字改革研究委员会筹备会秘书处和中国文字改革协会秘书处的工作人员合并组成。

本会于"三反"运动工作紧张期间成立，各委员及工作人员大都参

---

* 录自《吴玉章往来书信集》，重庆大学出版社1993年版，第209～210页。

加实际工作，因此，各小组会未能及时召开。关于拼音文字方案，部份委员正在交换意见，拟在最近期间内召开小组会讨论。此外又组织本会委员、工作人员及会外专家，写了十几篇关于文字改革问题的较有系统的文章，在《新建设》杂志作为特辑刊出。第一、第二两辑都已出版，第三辑将于四月出版。本会拟出版的以文字改革问题为中心的语文刊物，现正与科学院语言研究所共同筹划中。本会成立消息公布后，各方甚为关怀，两月来已收到群众来信六十余件，或提出方案、建议，或请解答问题，大部已由秘书处或分请各委员加以处理。

本会刚刚成立，各种工作正待着手进行。今后工作方针如何确定，所拟工作计划是否有当，均请你们随时指示，以便进行。

附：中国文字改革研究委员会一九五二年工作计划纲要（略）

中国文字改革研究委员会委员分工名单（略）

马叙伦　吴玉章
1952 年 3 月 12 日

附：毛泽东阅后批示

（1952 年 3 月 30 日）

已阅。同意这个报告。退教育部马部长。

毛泽东
3 月 30 日

吴玉章关于学生功课太重致毛泽东信*

（1952年3月18日）

主席：

去年十一月曾有学生向你报告本校功课太重，经你批示"必须减少学习时间，保护健康"，已慎重地加以研究，现已适当解决。特将经过情形报告如下：

本校本科、专修科与研究生的教育计划，前年制订时过于繁重，经过一再削减，终因学生基础较差，很难担负，特别是一年级生初次进入紧张的学习，更感困难。由于我们对这种情况估计不足，领导上存在着官僚主义，对群众的意见考虑与接受不够，以致未能迅速彻底解决。

十一月底奉读你的批示，我们即已责成各教学单位普遍深入检查，并作了局部的修改。"三反"中学生又提了许多意见，我们特组织一个教学小组负责解决教学上的各种问题。关于课程份量过重的问题，我们经过详细的研究，决定采取以下各种办法来纠正过重的现象：

一、教学内容方面：

个别的课减少或合并，某些课减少时数；

政治经济学一般学生只看讲义，不再看参考书，研究生严格规定参考书页数；

---

* 录自《吴玉章往来书信集》，重庆大学版社1993年版，第211～212页。

数学减少内容；

俄文对少数过分困难者可以准许免修（全校学生与研究生经过批准免修者，现达一百六十人）。

二、教学方法方面：

课堂讨论每周次数适当减少，题目亦减少，不记分；

加强平时领导（解答疑问）。

本学期实施这些办法后，至今一月，最近我们检查各教学单位的情形，本科与专修科学生已经确实感到不重了。指定的课业已能按时完成，休息时间一律休息，星期日很少人再埋头作业，文娱活动有了进展。一年级研究生本学期一般都添了一门新课，经过从多方面设法减轻后，大部份虽然还感觉不轻，但亦不觉太重，亦不愿更多削减，对健康尚无妨碍。二年级研究生一般不重。

功课太重的现象可以说已经克服，现在上述教学小组正研究进一步加强教学的组织工作，提高教学的质量，以加强教学的效果。因本校"三反"运动尚在激烈斗争中，课程份量问题未能早日报告。现在将解决经过略报如上，敬请审查指示。 并致

敬礼！

吴玉章
1952 年 3 月 18 日

吴玉章给钱俊瑞转周恩来的信*

（1952年6月17日）

俊瑞同志转周总理：

人民大学修建任务，由于"三反"影响，迟至四月下旬，才开始动工。因为人力和技术条件的限制，系分期设计与编制预算，然后送请总建筑部审核批准。按原概算为三百五十亿元，今年分两期开工，上半年应支一百七十余亿元，开工后两次共拨到八十余亿元。目前由于设计人员和技术条件的限制，预算不能先期送出，而送审预算又需较长时间才能批下，现在款已用完，急需暂借修建经费廿亿元，以维持工程的继续进行，否则至本月廿日即有停工的危险。前曾商一波同志，得覆须径向你请示，为此恳请速予指示解决为盼。

吴玉章

六月十七日

---

* 录自中国人民大学档案馆档案，原文为手稿。

吴玉章给苏联教育工会中央委员会主席的信*

（1952年11月6日）

苏联教育工会中央委员会主席

亲爱的格里果夫同志：

值次伟大的十月社会主义革命三十五周年纪念日，我谨代表中国教育工作者向你和全体苏联教师同志们致以最热烈的祝贺。祝苏联的教师同志们在伟大的苏联共产党和它的组织者、领导者，全世界劳动人民的导师斯大林同志的领导下，在完成第五个五年计划，为全面实行技术教育和十年制普及教育，向着共产主义社会前进的不朽事业中，获得新的辉煌的胜利！

中国教育工会全国委员会主席吴玉章

一九五二年十一月六日

---

* 录自《光明日报》1952年11月8日，第3版。

吴玉章致侄儿林宇信 *

（1952年）

林侄：

　　收到你的信后久未回信，因事稍忙。你现任富顺县长职，事情更繁多，要独立工作，就要更全面地考虑问题。依靠党，相信群众，好好地执行政府法令，诚心诚意为人民服务，随时注意人民疾苦，使人民各得其所，发挥人民的智慧，以兄弟般的情谊对待人民，教育人民。乡间封建思想还很浓厚，尤其婚姻问题的旧习惯一时还改不过来，司法人员不遵行婚姻法，以致现在全国为婚姻而死亡的不少，这是要特别注意的。北京近来常演《梁山伯、祝英台》《小女婿》《小二黑结婚》等剧，政府再三命令切实执行婚姻法，而顽固分子常常阻挠，我们必须进行斗争来改正风气。有关农村生产经验及合作社互助组等方面的书刊，即由我现在的秘书钟涵同志常常为你收集寄去。《人民日报》《光明日报》《北京日报》每天都有很多好材料，我曾为你订了几月《人民日报》，收到否？重庆《新华日报》及地方报纸想也都常有这类文章报告的登载，只要天天看报就能得到很多经验教训。你要有广播收音机，每天要听广播，并要作宣传。我们现在有一日千里的进步，必须时时留心时事。近来我身体很好，体重增加很多，身上比以前有肉了。乐毅已入本校专修科合作

---

* 录自《吴玉章往来书信集》，重庆大学出版社1993年版，第214～215页。

社班学习，性情已大有改善，本蓉已入保育院，他们都很好。现在这些青年是很可宝贵的，只要我们大力培养他们，三五年后我国有很多新青年，从此一定能成为富强的大国。你说你母亲生活很困难，用吴保秀名义现寄给你三十万元作她急需之用。四嫂的生活如何？我常常耽心。四姐住在城里，其卫也结婚了，我好久没有接到她们的信了。端甫常有信来，鞍山的大规模建设使他很感动，大有进步。你有空时，就写信告诉我一切。

叔玉章草

吴玉章致侄儿林宇信*

（1953年4月14日）

林宇：

　　接二月十八日信知道你工作情形很好，甚以为慰。你县各项工作都有初步的基础，现在最大的问题是今年各级人民代表大会的选举，尤其重要的是人口登记，这是最要紧而最难办的事，一定要把它办好。要认真切实，好好领导工作人员，一点不马虎虚假。婚姻法也要做得好，不偏左偏右。其卫来信说他调内江工作，可同他多联系，并常教导他。他想来学习，我已劝安心工作，随后再来学习。我身体很好，勿念！问你母亲及全家好！贺你生个小国民！

玉章

4月14日

---

* 录自《吴玉章往来书信集》，重庆大学出版社1993年版，第223页。

吴玉章致外孙蓝其邦信 *

（1953 年 5 月 26 日）

其邦：

我接到你五月四日的信，知道你近来工作的情况，要我指教你，这很好。

你说去年五月整党开始，因为入党手续保留，你曾写信找介绍人证明，据说证明已寄到县委会，到现在还没有得到明确结论（一年多了）。因为整党时你也无很大过错，所以你还是在过组织生活。因为在这长时间内你曾产生了错误思想，有一时期曾消极怠工，不用心搞工作，计较自己得失，工作上粗枝大叶。但时常在你思想上展开了激烈的斗争，终于战胜了错误思想，积极起来把工作搞好。要找出错误的根源，力求进步，等语。你能认识错误改正错误，这样很好。你又说在今年职工代表大会上你自己说出根源，表示愿意把工作及其他一切搞好，说得伤心流泪，觉得对不起党及人民。可是在第二天早上县长找你谈话，对你流泪有些误会，你声明后，仍有些同志认为这是犯了错误应该处分，但现在还没有作出决定。你又说党交给你作理论教员的任务，自己觉得不能胜任，但党交给的任务不能推辞，在讲课中把摊贩的阶级成份讲错了，讲党史时讲了一段笑话，使群众哄堂大笑，同志们认为这是不严肃的错误。

---

* 录自《吴玉章往来书信集》，重庆大学出版社 1993 年版，第 219～221 页。

你也认为自己错误很多，要求党的领导上多给领导和批评，云云。这个要求是正确的。你应该多看一些党的文献，特别是关于毛主席的著作，毛主席的选集第一卷第一篇文章就是分析阶级的论文，另寄一本分析阶级的书给你，你应该熟读。你应该虚心地、诚恳地接受同志们的批评，这就是锻炼。我们共产党员不怕犯错误，只怕不认识错误，不改正错误，因此我党的武器就是发扬批评和自我批评。至于你说怕算总账的作法，只要你始终忠实于党，对党忠诚，改正自己的缺点和错误，党是不会轻易失去一个党员的，主要地是自己思想和作风是否合乎党员的八个条件。作一个共产党员是最光荣的，同时党对于每个党员的要求也是很高的，他必须是品质优良，经得起考验，无论遇到什么困苦艰难都能努力为党为人民奋斗不懈，就是牺牲生命也在所不惜，如我党的红军、解放军和现在在朝鲜作战的志愿军一样英勇奋斗，成为最可爱的人。你必须认清这一点，从思想上建立党的稳固基础。党内是要发展批评和自我批评，但要以诚恳的态度和同志友爱的精神来帮助同志改正错误，完全是善意地为党为人民为同志的利益，而不是打击同志。因此在方法上和态度上也要使同志易于接受，更不可以作为意气之争、报复之具。总之，我党之所以伟大和党员之所以可贵，完全在于他全心全意为广大的劳动人民服务，要创造一个没有人剥削人、人压迫人的世界，建设成共产主义的社会。他的思想和品德是十分高尚的！眼光是远大而不狭隘。正因为如此，所以必须学习马克思列宁主义和毛泽东思想。希望你经过这次的经验课必须加强学习，改正一切错误，锻炼成一个好党员。

玉章

1953 年 5 月 26 日

胡愈之致吴玉章信*

（1953年5月29日）

玉章同志：

昨天座谈会很重要。我从各方面的反映和座谈会中的意见，认为关于文字改革，有三项基本问题，意见已经得到澄清：

第一，"文字改革不是目前应当做的事，可以迟缓到五年十年以后再进行"。

这样的看法，证明是完全不恰当的。我们目前最迫切的任务，无过于提高工农政治、文化、技术水准，但要这样做，首先就得进行消灭文盲，而要消灭文盲，如果不依靠拼音字作武器是没有成功希望的。旅大的经验，充分证明了这一点。我们要是把文字改革工作拖延一年，全国百分之八十以上的工农大众的文化技术水准的提高，也就要拖延一年，至少拖延半年。这还能再等待吗？

第二，"新文字可用以立即代替汉字"。

这样的想法，在目前是错误的，没有可能的。新文字在目前只能用以辅助汉字，作为学习汉字的桥梁，而不是用以代替汉字，不是有了新文字，就可以废除汉字。但是另一方面，没有新文字作媒介，要使百分之八十以上的人口学会使用汉字，又几乎是不可能的。

---

* 录自《吴玉章往来书信集》，重庆大学出版社1993年版，第217～219页。

第三,"创造新文字,应当先行搜集各种方案,由专家们从容讨论,然后由政府颁布统一的方案"。

这样的想法,也是不恰当的。从清末以来四十年的经验,证明请专家来制定方案,势必聚讼纷纭,永远搞不成。即使搞成了,由政府颁布,要是脱离了群众的方案,也一定行不通。北洋军阀颁布了读音统一方案,试问现在读音统一了没有。相反地,文字语言改革,必须是通过群众才能成功。新文字不可能一开始就有完整无缺的方案。现在工农大众正是饥不择食,你不能希望他们饿了肚子,等到延请了名厨,采办了山珍海味,再摆出筵席来。一切语文发展的历史,都是先有了简陋的方案,通过广大的群众的实际使用,逐渐改进,逐渐丰富起来。中国新文字的前途也必然如此。

因此,我以为今天我们要做的事很简单。我们既不需要请政府下命令,更不必延揽专家,作穷年累月的钻研,只要由中国文字改革协会发布一项通告,说明从某年某月某日起,规定以目前最普遍采用的北拉方案,作为在三年五年之内的全国试行的新文字方案,这样把字母形式统一起来。同音字和定型化的问题,暂时不一定要统一,等三年五年后,吸取了充分经验,再规定统一办法。

这样的办法是立时可以做到的。做到了这件事之后,全国工农文化工作干部,就可使用这个武器来进行消灭文盲,提高工农文化水准。而公私出版界也可以立刻准备印行书报,利用新文字,以大量供应工农读物。

自然,要这样做,必须事前得到党中央批准。假如您同意这些办法和意见,可否请你提交少奇同志或向中央政治局请示。

全国委员会和文委全体会议,都要在六月间开会。采用新文字以消灭文盲是一件大工作。要是党中央接受这些意见,似乎应在这两个会议中作些宣传工作。

  想到这些事情太重要了,所以在百忙中写了这封信,供你参考。文字写得十分潦草,务请见谅。

敬礼

胡愈之
5月29日

胡乔木致吴玉章信*

（1953年6月2日）

吴老：

二十九日来信收到。关于文字改革问题，中央现尚无确定意见，但与胡愈之同志的建议则有若干距离。现在中央忙于准备本月上旬和中旬的会议，无暇及此。我想在本月下旬当可来人民大学面商一下，把毛主席和少奇同志的意见作一研究。在这次全国委员会以及高教会文委会上只好不提出什么。汇报的修改也须待本月下旬了。

敬礼

胡乔木
6月2日

---

* 录自《吴玉章往来书信集》，重庆大学出版社1993年版，第221页。

吴玉章致外孙蓝其邦信*

（1953年6月26日）

其邦：

　　我接到你4月6日的信，知道你妈妈3月27日已回到家乡，心里得到安慰。现在你们的生活怎么样呢？你和其卫现在是薪金制还是供给制呢？每月生活如何？望下次信告我。我的用费经过"三反"后减少了一半以上，从前没有好好管理，浪费很多，现在的生活和以前一样，我的身体也很好。现在我还是供给制，但规定了每月的津贴费，每月有余，可以帮助你们。你在"三反"运动中检讨了自己，很好。你在我家拿了一些小东西去用，本来算不得甚么，你能彻底检讨是很好的。"三反"运动的精神是要改正旧社会的不良习惯，我们共产党员更要从思想上肃清资产阶级的思想。这就是我们在实际生活中来改造和学习。其卫到泸县去学习，想可与林宇见面。林宇有信说他现在担任泸市办公室主任，事情很忙。川中小春不好，闻大春尚好。北方现又少雨，政务院已发出防旱号召，只要大家努力，人力可以战胜天灾。荆江分洪工程及治淮工程都得到伟大胜利，今年虽有一些地方欠收，因为耕地扩大，总的收入还是会增加。成渝铁路"七一"就通车了，这是革命又一大胜利。天成路修好后我们就可以坐火车回家乡了。此间一切都

＊ 录自《吴玉章往来书信集》，重庆大学出版社1993年版，第222页。

好。余后及。问你们近好!

玉章

1953 年 6 月 26 日

吴玉章致外孙蓝其卫信（节录）*

（1953年）

其卫同志：

　　三月二十三日和四月三日的来信都收到了，相片也收到。你调内江工作很好，望安心工作。你希望来京学习，今年因为要创办各级人民代表大会选举，各地人民政府任务重大而又必须办好，故干部一般要强。这是一个伟大的建设工作，与解放前革命工作一样重要，望你仍留在岗位上努力工作。首先要把人口登记办好，要认真丝毫不苟且，踏踏实实地办事，这是破天荒的大事情，不可轻视。选举法及人口调查登记等文件想已看过了，务必要切实执行，这就是最具体的学习。

　　关于推行婚姻法，据报载资中、成、渝都作得很好，我县和其他各地如何？听说有些地方搞得不好，有逼死人的，为什么这样？不外是官僚主义、命令主义和违法乱纪等恶劣作风在作怪。现在各地正在反对这种作风，望你们多注意这些方面，切实执行党和中央人民政府的指示。

玉章
1953 年

---

* 录自《吴玉章往来书信集》，重庆大学出版社1993年版，第216～217页。

黎澍关于留法勤工俭学会的发起和一、二批学生到达法国经过致吴玉章信 *

（1954 年 3 月 12 日）

吴老：

　　我想请您回答我一个问题，即：留法勤工俭学会的发起和第一、二批留法学生到达法国是在十月革命以前还是在十月革命以后？如果是在十月革命以后，那么，当时一般学生的思想情况是怎么样的？是想到法国学资产阶级革命还是学无产阶级革命？或者最初一般人都是想学资产阶级革命，可是到了后来，有的人学了资产阶级革命，有的人学了无产阶级革命？

　　如果您有兴趣，我希望您不仅回答我的问题，而且为党史资料写一篇较为详尽的文章，叙述勤工俭学运动的经过。

　　专此即致

敬礼

黎澍
1954 年 3 月 12 日

＊ 录自《吴玉章往来书信集》，重庆大学出版社 1993 年版，第 224 页。

吴玉章在"五一"节给全国教育工作者的一封信[*]

（1954年4月30日）

全国教育工作者同志们！

当着全世界劳动人民正在庆祝自己团结的节日——"五一"国际劳动节的时候，我代表中国教育工会全国委员会向大家表示热烈的祝贺。

我们教育工作者是社会主义建设中的一支劳动大军——脑力劳动者，是光荣的工人阶级的一个部分。国家极其重视我们的劳动的贡献，也殷切地期望我们不断取得更大的成绩。这种重视和期望在政协全国委员会庆祝"五一"的口号中充分地表达出来了。国家号召我们："提高教学工作的质量，用先进的科学知识、社会主义的思想、热爱劳动和遵守纪律的精神去教育青年和儿童，为培养社会主义社会的建设者而奋斗！"这是一个具有无限鼓舞力量的伟大号召。在这个光辉的节日里，让我们全国教育工作者们来一致地响应这个号召！

庆祝口号中提出的用热爱劳动的精神进行教育的要求对我们是十分重要的和适时的指示，我们全体教育工作者，尤其是中小学的教育工作者，必须深刻体会和积极注意。我们从历史唯物主义的观点认识到，人类和一切动物不同的也是最宝贵的特点，就在于能劳动生产。人们为了生活，就要取得自己必需的物质生活资料；而为了这个目的，就要进行

---

[*] 录自《人民日报》1954年5月3日，第3版。

改变自然界的劳动生产活动,从而也改进了自己的体力和脑力。劳动是人类赖以生存和发展的永久的、必需的条件,人类生活中的一切财富、整个人类历史以至人类本身,都是劳动创造出来的。正如马克思所说:"任何一个小孩都知道,假如一个国家中止了劳作,不用说一年,即令是几个星期,它也会因饥饿而死亡。"因此,物质资料的生产者、劳动者乃是文明的创造者和人类历史的创造者,而社会发展的历史则是劳动群众的历史。劳动应该成为世界上最受尊敬的事情,劳动者应该成为世界上最受尊敬的人们。可是,在以往各个阶级社会中,剥削阶级剥夺了劳动人民的劳动成果,使他们处在被压迫的痛苦地位,并用尽一切可耻的办法来诬蔑劳动人民,而为剥削制度作辩护。在阶级社会中,体力劳动与智力劳动的对立形成起来,把劳心者看作高贵的事业,而把劳力者看作卑贱的事业,有所谓"劳心者治人,劳力者治于人"以及"万般皆下品,惟有读书高"等谬论。因而养成了许多受过教育的人只想"不劳而获","升官发财",成了社会上的寄生虫。这种对立在资本主义制度下发展到极其尖锐的程度。劳动人民是社会革命的担负者,只有在劳动人民用革命手段掌握了政权而使自己成为社会的主人以后,劳动才不再是可耻的和繁重的负担,而变成了"光荣的事情、荣耀的事情、豪迈和英勇的事情"。

由于中国共产党领导人民取得了人民民主革命的胜利,现在,我国劳动人民已经成了国家和社会的主人,并且正在为实现国家过渡时期的总任务而斗争。实现总任务,就是要逐步消灭剥削、消灭一切生产资料的私有制,建立一个生产资料为全体人民所公有、劳动人民友爱合作、实现"各尽所能、按劳取酬"的原则的社会主义社会。社会主义和劳动是分不开的,社会主义是依靠我国全体劳动人民的英勇劳动,努力提高劳动生产率的结果。

由此可见，从理论上说来和从现实生活方面说来，劳动教育都应该是我们工作中的一个带有根本性质的问题。我们的教育事业，既然是劳动人民为实现总任务而进行的斗争的一部分，就必须贯串着劳动教育的精神。我们的教育是为劳动生产服务和为劳动人民服务的。我们的工作任务，就是要教育学生，使他们在身体上、知识上和思想上都有一定的准备，以便成为社会主义的建设者，成为各个劳动战线上的各种后备力量；而决不是要把他们养成什么脱离劳动生产、脱离劳动人民的人。如果劳动观点不能在我们的教育中明确地、巩固地树立起来，我们的教育工作就会不能完成任务。列宁曾经反复教导我们说："我们的教育应该与劳动大众反对剥削者的斗争结合起来"，要使青年们"个个都是有知识的，同时又都是善于劳动的"，要使青年们"在劳动中与工人农民打成一片，才能成为真正的共产主义者"。所以，劳动教育应该是教育中不可缺少的、经常的重要内容之一，也是我们的人民教育与剥削阶级所垄断的旧教育的根本区别之一。

共产党和人民政府是一贯重视劳动教育的。在共同纲领上就规定着"爱劳动"为国民公德之一，对待劳动的社会主义思想已经在我国社会上树立了优势。但是同时，旧社会轻视劳动和轻视劳动人民的剥削阶级思想在我国社会上还遗留着很大的影响；资产阶级的思想也还在继续侵蚀到我们的学校中来。这些，都不会不对我们教育工作者自己和对学生们发生影响。这种情况，加以过去几年来我们的教育工作中存在着忽视劳动教育以及学校教育的性质和任务联系国家建设的实际情况不够等缺点，现在，加强劳动教育，主要是中小学的劳动教育，就更应引起我们的深切重视。

中小学的劳动教育应当贯串在全部教育工作过程之中。一方面要进行热爱劳动的思想品质的教育，一方面也要给予必要的生产劳动的知识教育，使学生们都是热爱劳动又善于劳动的。为此，就要培养社会主义的劳动观点，使学生懂得劳动的伟大意义及其在社会主义建设中的作用；使学生认识劳动人民在历史上的作用和我国劳动人民的历史任务，培养尊敬劳动人民和爱护劳动成果的品质；培养劳动的自觉性、积极性和认真有恒地从事劳动的习惯；使他们熟悉应有的生产常识和基础知识；引导他们懂得学习是劳动的准备，立志参加建设伟大祖国的劳动事业。但对学生进行劳动教育决不能采取简单急躁的和生硬的方式，必须采取耐心地、长期地、细致地启发诱导的方式。学生的基本的劳动活动就是学习，要教育学生养成勤劳不倦的学习精神和习惯。要有意识地善于通过各科正课的教学来进行劳动教育，加强教学内容的思想性和政治性，说明各科知识和实际生产活动的联系，唤起学生成为劳动后备军的强烈愿望。此外，还要引导学生适当地参加各种课外活动、日常的家庭劳动以及各种社会劳动，使学生逐渐养成以自己的知识和力量为集体利益服务的精神，加强书本知识和实际生活的联系，促进体力劳动和智力劳动的结合。这些活动都要正确地组织，照顾学生年龄、性别、体质和知识能力上的特点，而不妨碍正课教学和学生健康，服从于学校教育的目的。

在进行劳动教育时，还要注意培养学生自觉遵守纪律的精神。这不仅是为了良好地进行教学的重要条件，更重要的是使学生养成严格要求自己、遵守纪律、服从集体的思想和习惯，而为未来参加劳动作好准备。这些教育应该都是和爱国主义教育密切地结合在一起的。

大家知道，随着国家经济建设和文化事业的恢复，人民群众的物质生活和文化水平的逐步提高，出现了我国高小和初中毕业生逐年增加的可喜现象。这是党和人民政府重视发展人民的教育事业的结果，也是我们教育工作者特别熟悉并且特别感到兴奋的事情。可是，国家的经济和文化建设是要有计划地、按比例地发展的，教育事业应该随着经济事业的发展而相应地发展，否则就会违反了文化与经济的关系的客观规律。目前国家还不能创办那么多的学校，使所有的高小和初中毕业学生都全部升学。我们的小学和中学本来就担负着向高一级的学校输送新生和为工、农业生产培养劳动后备力量的双重任务。国家建设事业的发展要求学校不断地供应大批具有一定的文化科学知识的毕业生参加工、农业建设，这种要求还将随着各种生产技术的改进与提高而日益突出地显示出来。许多事实说明，中小学毕业生在国家的工业化和社会主义改造事业中是能够起巨大作用的，他们既能够成为生产上的积极力量，又能在实际工作中锻炼和提高自己。但是，动员那些不能升学的中小学毕业生参加劳动生产是有困难的，主要的就是他们的思想上受着过去轻视劳动、轻视劳动人民，特别是轻视体力劳动和农业劳动的错误思想影响。所以，教育工作者要注意抓紧对高小和初中即将毕业的学生进行劳动教育和服从国家需要的教育，极为重视地进行深入的工作，按照总任务的精神，联系城乡各地的实际情况，针对对象的具体思想表现，用各种方法说明道理，循循善诱，以提高他们的认识，克服他们参加生产建设工作的思想障碍。要向学生讲清劳动与知识的关系，使他们懂得人的知识都是来源于社会实践，而劳动生产乃是最基本的实践活动。学生们在学校中所学得的普通基础知识只是参加劳动的一种必要的准备，更重要的是在劳动生产和阶级斗争的实践中学习，不断提高自己的知识。要讲清体力劳动和智力劳动都是同样地光荣和重要的事情，我们要逐渐消灭旧社会遗留下来的体力劳动与智力劳动相对立的现象，而使之很好地结合起来。要讲清农业生产、工业生产和各种劳动是同样光荣和重要的事情，同样是国家建设不可缺少的和有发展前途的。要讲清创造性的劳动的意义，在我们人民的国家里，从事任何有益于人民的工作，都能取得人民的尊敬和党与政府的重视，只要热爱劳动，肯用心思，任何方面的实际工作都有可能进行创造革新工作，获得卓越成绩，而对祖国作出重大贡献。在这一方面值得注意的是通过已经参加生产的中小学毕业生获得显著成绩的实际范例进行宣传。例如山东掖县后吕村参加农业生产的优秀的青年团员、担任农业生产合作社社长的徐建春，吉林延吉县海兰村的农业生产合作社主任、青年团员吕根泽，当了东北区劳动模范、区人民代表的初中学生、某厂技工阎启明等，都是广大中小学毕业生的榜样。除此以外，教育工作者还要加强对学生家长和社会各方面的宣传工作，帮助进行毕业和参加生产前后的组织工作，对那些不能升学而又一时难以参加生产的毕业学生给以可能的业余学习上的辅导，使他们有能够继续学习的机会。所有这些工作，都应该在党和人民政府的统一领导下，和各方面密切配合地来进行。

  应该指出：在这种劳动教育中，我们教育工作者负有重大的责任，正因为如此，提高我们本身的社会主义觉悟，以身作则，就成为做好这一工作的关键所在。几年以来，在马克思列宁主义的教育下，尤其是经过近半年来的总任务学习，教育工作者的劳动观点和劳动积极性已经有了显著的提高和增长。但是，不可否认地，在一部分教育工作者中间，还残存着轻视劳动和劳动人民的错误思想，有意无意地给学生灌输了片面的"当专家"和"当干部"的思想，造成只有升学才有前途的错误观念，甚至散布了资产阶级追求名利的个人主义思想；对学校教育的培养目标，认识得不明确，对劳动教育缺乏应有的注意；在社会主义思想的宣传中也常常是偏重于宣传社会主义的美好远景和鼓励学生的远大理想，而严重地忽视了宣传艰苦奋斗和平凡劳动的不可忽视的重要意义。国家建设迅速发展的形势，我们人民教师的光荣职责，都要求我们把自己的思想水平提到更高的程度。所以，结合总任务的学习，继续提高我们的社会主义觉悟，改变对劳动生产的不正确观念，明确中小学教育的目标，就是十分必要的。

亲爱的同志们！我们国家的社会主义建设事业需要从各级学校中源源不断地培养出各种程度的劳动后备人才，国家把这个教育任务放在我们教育工作者的身上，乃是使我们感到无上光荣的付托，也就是我们教育工作者在实现总任务中的具体政治任务。我们工作的好坏，不能不对实现国家过渡时期总任务发生重大的影响。在国家过渡时期的总任务的政治旗帜之下，在中国共产党和毛主席的领导之下，我们必须加强自己的马克思列宁主义教育，提高社会主义觉悟和业务水平，加强劳动积极性，提高教育工作质量，团结一致，为把我国建设成为一个伟大的社会主义国家而斗争！

在这光荣而伟大的节日里，我衷心地预祝同志们工作胜利，身体健康！

吴玉章关于及早确定本校校舍规划问题给习仲勋的请示 *

（1954年7月1日）

习仲勋同志：

六月廿日您邀我校苏联顾问顾德廖佐夫同志谈话，顾德廖佐夫同志所提建议已取得您的同意，为了便于学校工作起见，其中关于校舍建筑问题，希望得到具体解决。这主要是由于目前校舍高度分散（城内外四十七处），校部远离系、科，教研室脱离学生，且多数房舍不适办学之用。铁狮子胡同校舍已过保险期，一九五〇年底曾发生楼塌伤数十人的重大事故，当时抢救善后，仍有重伤学生六七名，住院达半年之久。有不少房间终年不见日光，条件很坏，一九五一年建筑的西郊校舍，亦属简陋，直接影响着师生的身体健康。去年十一月高教部检查工作时，黄松龄、李云扬同志，亦曾认为人民大学较之其它学校是最苦了。由于以上情况，不仅人力物力有很大浪费，而且重要的是对教学领导造成极大困难。同时，国际友人常来参观，亦感不便。因此，迫切地需要具体解决这个问题，以便早日着手规划设计，望即批示有关方面办理。

---

* 录自中国人民大学档案馆档案。

专此

敬礼

　　　　　　　　　　　　　　　　　　　　　　　　吴玉章
　　　　　　　　　　　　　　　　　　　　　　　一九五四年七月一日

吴玉章致苏联国立哈尔科夫大学校长祝贺该校校庆电 *

（1955 年 3 月 29 日）

国立哈尔科夫大学校长布兰金教授：

中国人民大学全体学生工作人员，敬祝贵校一百五十周年建校纪念，并祝在科学上获得巨大的成就。

北京

中国人民大学校长吴玉章

3 月 29 日

---

* 录自中国人民大学档案馆档案，原文为手稿。

吴玉章为莫斯科大学建校二百周年向彼得罗夫斯基的贺电 *

（1955年4月27日）

亲爱的彼得罗夫斯基同志：

当世界文化科学的最高学府——莫斯科大学建校二百周年纪念的时候，我谨代表中国人民大学全体师生员工和我个人，向您和莫斯科大学全体师生员工致以衷心的热烈的祝贺！

中国人民大学是在中华人民共和国成立以后才建立起来的年青的正规大学。本校从开办之初，即首先获得了苏联专家同志直接的热诚的帮助，并吸取了苏联高等学校首先是莫斯科大学丰富的经验，因而能在比较短的时期内，获得初步的成就。当此莫斯科大学二百周年纪念之际，谨向苏联共产党、苏联政府和您以及莫斯科大学全体教师致以衷心的感谢！特赠给我校校刊及教师著作共二十六册，并祝莫斯科大学在发展科学和培养人才上获得新的光辉成果。

谨向您致以
兄弟的敬礼

吴玉章

一九五五年四月廿七日

---

* 录自中国人民大学档案馆档案，原文为手稿。

附：赠送书刊目录

书名	著者	册数
中国历史纲要	尚钺 主编	二册
中国现代革命史讲义（初稿）	何干之 主编	二册
中苏人民友谊简史	彭明 著	二册
东北机械三厂按图表组织有节奏生产的研究	王嘉谟 著	二册
论我国过渡时期工农联盟	高放 著	二册
半社会主义性质的农业生产合作社如何过渡到完全社会主义性质的农业生产合作社	曹国兴 著	二册
论中苏盟约	胡华 著	二册
社会主义基本经济法则在我国过渡时期的作用问题	苏星 著	二册
关于资产阶级统计理论的批判	刘新 徐前 著	二册
中华人民共和国宪法是社会主义类型的宪法	吴家麟 吴山 著	二册
西康省大凉山彝族的社会经济制度	张向干 著	二册
关于"矛盾论"对马克思主义辩证法的发展的几点体会	萧前	二册
教学与研究合订本	教学与研究编委会 编	二册
		共二十六册

国立莫斯科历史档案学院院长阿·斯·罗斯洛娃关于中国人民大学成立历史档案系给吴玉章校长的信*

（1955 年 9 月 24 日）

敬爱的吴玉章同志：

国立莫斯科历史档案学院全体教授、教师、研究生和学生由于获悉中国人民大学成立了历史档案系而感到莫大的欢欣。毫无疑义，这个系的成立将对于人民中国档案学诸问题的发展具有重大的意义。

我们学院认为，尽一切力量去满足贵校历史档案系的要求是我们的职责，并表示我们有与中国人民大学建立友好合作和经常联系的决心。

在我们看来，您关于成立五个专业教研室以及建立新的专业课目的动议，对于培养具有高度业务水平的历史档案工作者和进行有关问题的科学研究来说，是能起保证作用的。根据我们的经验，我们所要提供的只是：文件材料保管技术学问题以划在档案工作理论与实践教研室研究较为适宜，而文书技术方面的问题，其中包括为了文件的永久完整性，在制作文件时所需采用材料的质量问题（如文件用纸的规格、墨水、铅笔、墨汁等），还可以留在文书处理工作的历史与现代组织教研室研究。

至于给您们寄送各专业课目的大纲与教材的问题，我们早就把已有的寄给您们所熟悉的我院讲师姆·斯·谢列兹聂夫了。

---

* 录自《中国档案》1955 年第 5 期，第 34 页。

目前我们正准备出版某些新的教材，其中有《文献公布学读本》、《档案工作的理论与实践》讲授纲要、《苏联文书处理工作的历史与组织》教材以及某些教学大纲。当这些教材出版时，定将寄给您们。

敬爱的吴玉章同志，我们衷心地祝您身体健康和工作顺利，也衷心地预祝中国人民大学及其历史档案系获得成就和繁荣。

国立莫斯科历史档案学院院长

阿·斯·罗斯洛娃

一九五五年九月二十四日

莫斯科

克列斯达列科给吴玉章的致谢电 *

（1955年11月19日）

亲爱的吴玉章同志！

衷心感谢您和您的副校长胡锡奎、聂真、邹鲁风同志给我寄来的关于十月社会主义革命节三十八周年纪念日的贺信。

现在把我回国后写的薄书《中国——我们伟大的同盟者》寄给你们作为我的衷心的谢意。

预祝伟大的中国人民在社会主义建设中的新成就。

致以深切的敬意！

您的克列斯达列科
基辅
一九五五年十一月十九日

---

* 录自中国人民大学档案馆档案，原文为俄文。

吴玉章给列宁格勒大学亚历山德罗夫教授的贺信*

（1955年）

  当此伟大的十月社会主义革命三十八周年纪念之际，我代表中国人民大学全体师生向你及列宁格勒大学全体师生致以热烈的祝贺，并祝你们在科学上进一步的成就。

吴玉章

---

* 录自中国人民大学档案馆档案，原文为手稿。

中共中央对外联络部关于我党中央确定吴玉章为法共中央机关刊物《新民主》月刊社编辑委员和（国际）赞助人一事致吴玉章信*

（1956年4月16日）

吴玉章同志：

我们接到法共机关刊《新民主》月刊社1955年12月12日致我党中央领导机关的来信，该函用法共中央书记杜克洛的名义发出，并有该社总编辑、法共中央委员比利奥茨签名，要求我党提出数位"特别富有代表性的领导人"的名字、身份和职务给他们，以便列入该月刊的"编辑委员会委员和（国际）赞助人名单"中。我们已将此事向中央请示，经中央指示并建议提您和蔡畅同志作为他们的赞助人，特此转告，您的意见如何，并希函复。

敬礼

中共中央对外联络部
1956年4月16日

---

* 录自《吴玉章往来书信集》，重庆大学出版社1993年版，第231页。

韦悫为转送胡志明赠送《平民教育》刊物致吴玉章信*

（1956年11月26日）

吴玉老：

我这次去越南访问，胡志明主席亲自把一页《平民教育》①刊物托我转送给您，并为他致意。现送上，请捡存。

敬礼！

韦悫

1956年11月26日

---

* 录自《吴玉章往来书信集》，重庆大学出版社1993年版，第232页。

① 胡志明在所赠《平民教育》上题"吴老同志 胡志明敬"。参见《吴玉章年谱》，四川人民出版社1998年版，第459页。

苏联总顾问古德廖佐夫等给吴玉章的贺信 *

（1957 年 9 月 30 日）

北京中国人民大学吴玉章同志：

热烈地祝贺您及学校的全体同志伟大胜利的八周年，祝贺您在为社会主义建设培养干部工作中取得新的成就。

古德廖佐夫　谢列兹涅夫

莫斯科 9 月 30 日 17 点 35 分

---

* 录自中国人民大学档案馆档案，原文为俄文。

然明致吴玉章、胡锡奎、邹鲁风贺信*

（1957年10月1日）

北京中国人民大学吴玉章、胡锡奎、邹鲁风同志：

热烈地庆祝中华人民共和国国庆节，衷心地祝贺人民大学在培养干部和开展科学研究工作上的新成就。

莫斯科大学

然明

莫斯科10月1日8点50分

---

* 录自中国人民大学档案馆档案，原文为俄文。

中共中央对外联络部关于我党中央确定吴玉章为法共中央主办的《国际研究》杂志编辑顾问一事致吴玉章信 *

（1957年10月16日）

吴玉章同志：

　　法共中央曾数次向我党中央提出，要求指定一位同志担任《国际研究》杂志的编辑顾问，现中央已决定请您担任。《国际研究》是法共主办的一个学术性刊物，它的任务是向世界法语读者介绍各国马克思主义的作品。他们表示欢迎刊载中国的马克思主义者的学术论文，他们要求聘请中国的编辑顾问能够指导他们选译的文章，并能对他们选译的文章是否恰当提出意见。具体工作请您指定专人和本部对外宣传处联系。

　　附法共中央致中共中央信件，供您参考。

　　此致

敬礼

中共中央对外联络部
1957年10月16日

---

* 录自《吴玉章往来书信集》，重庆大学出版社1993年版，第232～233页。

格林致吴玉章、胡锡奎、聂真、邹鲁风等贺信*

（1957年11月11日）

吴玉章、胡锡奎、聂真、邹鲁风等同志：

我衷心地感谢您们——教授们、教师们、研究生们、工友们及大学生们，感谢您们在伟大的十月社会主义革命节前夕给我的贺信。

我非常高兴能够亲自参加了培养伟大的社会主义中国的未来建设者及青年专家的工作，并且能很愉快地回忆起和中国人民大学的师生员工们共同工作时的情形。

凡是能比较了解勤劳而智慧的中国人民的人们都坚信已经掌握了人民命运的伟大的中国劳动人民一定能够在很短的历史时期内建成自己的美好的光明的未来。

列宁格勒市
格林
1957年11月11日

---

* 录自中国人民大学档案馆档案，原文为俄文。

中共中央对外联络部关于接待法共代表团员贝里奥兹一事致吴玉章信*

（1958年1月14日）

吴玉章同志：

应我党中央邀请来我国访问的法共代表团团员贝里奥兹提出书面问询如下："关于《以马克思主义为基础的国际研究》这个刊物，弗朗西斯·科恩（Francis Cohen）曾于1957年11月26日从巴黎写信给中国人民大学吴玉章，此信的下文如何？一般讲，有这样的问题：在该刊上与中国同志合作问题，特别是关于出版下一期亚洲号的问题（亚洲的民族运动）。"

关于此事，我部意见拟请您接见贝里奥兹一次，交谈一下关于同《国际研究》合作的问题，我部秘书长熊复同志可参加您的接见，协助您同法方进行商谈。具体时日待代表团返京后（在25日以后）再行商订。

以上意见是否有当，请予回示。

敬礼！

中共中央对外联络部办公室
1958年1月14日

---

* 录自荣县吴玉章故居陈列展档案。

吴玉章致董必武信 *

（1958 年 1 月 31 日）

董老：

二十六日托李医生带陈一函，想已收到，当时未及将黄炎老《八十初度漫谈》拿出一读，因有疑问故特函请教。昨将黄老函一读则疑问已释。他说："我是 1878 年农历九月六日出生的。那天是公历 10 月 1 日，到今天 1957 年 10 月 1 日，恰是我跨上第 80 年的第一天，正确的说来，是八十初度。"照他这样说来，"初度"就是一年三百六十五天的第一度叫"初度"。

我是 1878 年农历十二月初七日出生的。那天是公历十二月三十日，因农历九月至十二月有一月是二十九日，而公历十月至十二月有两月（十月和十二月）是三十一日，因此公历比农历要差二十二天，是相差最少的一年。至于今年公历要在 1958 年一月二十六日才是农历丁酉前一年的十二月初七日，公历比农历要差四十八九天，两历的比较数常常是变动的。以三百有六旬又五日稍余为一年，而于每四年二月置一闰日，公历比农历置闰月的方法是较好而又准确些。此外我前有一稿写"戊寅八十初度"有两个错误：一为我八十初度应为甲子岁序的丁酉年，二为八十年度岁序则应为戊戌年，而不是戊寅年。戊寅是我生的那一年，为

---

* 录自《吴玉章往来书信集》，重庆大学出版社 1993 年版，第 234～235 页；荣县吴玉章故居陈列展档案。

我六十的年度岁序。特为更正，请留写丁酉的一稿，而把写戊寅的一稿作废。我身没有万年历，不知还有错误否？请赐指正！

　　敬礼！

玉章

1958 年 1 月 31 日

附：董必武复吴玉章信

（1958 年 2 月 5 日）

　　吴老：

　　前接李医生带来的信和八十初度自寿诗，正想写一首贺诗，属稿未就，昨接读一月卅日信，已解决了前信提出的问题，您这种一事不苟的精神，真令人佩服！

　　我对人的生日问题有这样的妄见，即人的出生日是一定的，每年作纪念的生日则不一定，无论照新旧历算，岁历有闰，月达有大小，所以每年纪念的生日，要和出生之日吻合的话，是大难事。为了方便，照历上的某日作纪念日是通行的办法。新历又较旧历准确一些。贵庚如照新历日期计算就可免却这次麻烦了。我尊重您的意见，留丁酉的一稿，退还戊寅的稿本请察收！

　　这里的报纸已将您在人代大会上的报告摘要登载，将来发表全文时我再细读。听说您很忙，感谢您在忙中还关心我们！连芝同志在一月底牙龈发炎，出血出脓，痛的很厉害，有几天不能吃东西，体温也增加了。经过医治，打针服药，现已平复。我还保持常态，请释念！北京还冷，千万保重！谨致敬礼！

董必武

二月五日

吴玉章致《红旗飘飘》编辑部同志们的信＊

（1958年2月23日）

《红旗飘飘》编辑部同志们：

　　正当抗日战争在艰难困苦时期，蒋介石反动政权力图破坏我党我军领导全国人民力争得来的抗日民族统一战线，首先是想消灭我党及消灭我党领导的八路军、新四军、陕甘宁边区政府和一切敌后抗日根据地，以达到他反共求和的目的。断绝我饷源，陈兵边区四境，咄咄逼人。我党中央发动边区党、政、军、民，人人劳动生产，厉行节约，大事垦荒以图自力更生，坚持抗战，坚持团结来达到抗日最后胜利。这一艰苦奋斗的精神，至今看来，很有重大的历史意义，也是今天我国建设社会主义的好模范。

　　我不会作诗，但喜欢读诗，尤其喜欢读杜甫的诗，因为它富于思想性、政治性，读了使人兴奋，怀念古英雄豪杰为人民服务的精神。

　　1942年即民国三十一年，同朱德同志、谢觉哉同志、续范亭同志等在延安南边南泥湾垦区休养时，有和朱德同志五言古诗一首，仿杜甫《北征》体裁，辞句未工，但确是纪事纪实，表现了我全党同志克服困难、必获全胜的决心和信心。事实证明，这种乐观主义是完全正确的，是我党中央应用马列主义的伟大胜利。今天革命胜利后第一个五年计划

　　＊ 录自《吴玉章往来书信集》，重庆大学出版社1993年版，第237～238页。

已经胜利超额完成，全国人民劳动生产热火朝天，进入第二个五年计划的时候，回顾一下我党同志在艰难困苦中所创造的优良作风，进一步鼓励人民，并医治暮气、官气、骄气、娇气的不良作风，不无小补。

感谢你们来信求稿，忆及旧作。现将当时一稿寄上一阅，如有可取之处，请赐登载。原稿仍望退还。

此致

敬礼！

吴玉章
1958 年 2 月 23 日

吴玉章致侄儿林宇信*

（1958 年 3 月 19 日）

林宇侄：

我已于本月五日来成都，计划本月二十四五日回家，一方面看看家乡情况，另方面想处理一下我们家中的坟墓。

我在各地看到：坟墓占地太大。我想处理一下过去的坟墓，今后采用火葬，就可以节约很多土地，对社会主义建设有利。这个习俗的改变不是容易的事，不便由政府推行，但从自己做起则比较容易，这样可以开一风气，便于将来提倡。

我曾经把我的想法与在京家人商量过，也曾写信征求过大暲等的意见，他们都表同意。

我想回家后，把从我的曾祖这一系的祖先及其所属后辈的坟墓内的骨化成灰（放在罐内或盒内），集中放在我们从前家屋旁边的石厂弯石壁上。这个地方即可作为乡的一个公墓地，每年清明时把从前的骨灰倾入净土中。这样既可以照顾到习俗，又可以腾出许多土地。

不知你的意见怎样？我考虑到目前各地各机关工作很忙，你可不必回家，你的意见可信告我。信寄荣县县委交我即可。

我大约四月初五左右要到重庆，那时如有机会可到重庆一谈。你母

---

* 录自《吴玉章往来书信集》，重庆大学出版社 1993 年版，第 238 ～ 239 页。

亲近来身体健康否？甚念。
　　此致
敬礼！并问
　　大嫂安好！

　　　　　　　　　　　　　　　　　　　　玉章
　　　　　　　　　　　　　　　　　　　3月19日

吴玉章致莫斯科经济统计学院院长信 *

（1958 年 4 月 25 日）

敬爱的莫斯科经济统计学院院长同志：

我们怀着尊敬的心情，殷切地希望同贵校在教学与科学工作上建立经常的友谊联系。通过这种联系，我们可以及时学习您们的先进经验和科学成就；通过这种联系，可以加强中苏两国高等学校之间兄弟般的友好合作。

在我们国家里，现在还没有设立专门的统计学院，我校的统计系是北京各高等学校中唯一的统计系。这个系在 1952 年开始建立。现在有本科学生四百余人，分工业统计、农业统计和贸易统计三个专门化。有专修科学生一百人，分综合统计、基本建设统计和物资技术供应统计三个专业班。此外还有函授。共设有三个教研室，即统计理论教研室（开设统计理论、统计理论一般问题、经济统计等课程）、工业统计教研室（开设工业统计、基本建设统计、物资技术供应统计等课程）和农业与贸易统计教研室，这个教研室分农业统计与贸易统计两个小组（开设农业统计与贸易统计等课程）。三个教研室共有教师四十多人。

我们建议：我校的统计系及所属各教研室和贵校有关系、教研室建立联系。联系内容包括工作经验的交流、教学与科学研究资料的交换

---

* 录自中国人民大学档案馆档案。

（如教学计划、教学大纲、讲义、论文等）和科学问题的讨论等。

我校统计系主任铁华同志和工业统计教研室副主任戈泊同志现在都在贵校学习，我校就委托他们就近和贵校洽商两校科学上经常联系的办法。希望予以接见。

此致

敬礼

中国人民大学校长吴玉章
1958 年 4 月 25 日

吴玉章致柯庆施信 *

（1958年6月4日）

上海市委柯庆施同志：

文改会、中央教育部、共青团中央拟于今年8月10日前后，在上海联合召开第一次全国普通话教学成绩观摩会，以检阅成绩，并交流经验。观摩会代表主要为各省市中小学、师范学校学生和教学行政干部及学校教师，此外，还有一小部分工农群众代表，共约150至180人左右。会期约一星期至10天。拟成立一个领导小组来领导这个会，希望上海市教育局有一位局长参加。届时我要到上海去。会议一切业务性工作由文改会负主要责任。至于行政事务性工作及代表的食宿招待等工作，拟请上海市有关部门帮助解决。费用全部由文改会负责，不知你意如何？请即电告。

吴玉章

1958年6月4日

---

* 录自《吴玉章往来书信集》，重庆大学出版社1993年版，第240页。

蒜光明、向宝璜为汇报大同永定庄煤矿的生产情况致吴玉章信 *

（1958 年 6 月 15 日）

吴老：

您老的来示已收读。

您老八旬高龄，此次能亲莅矿上及下井视察和指示工作，关心煤矿职工生活及工作。我们感到十分荣幸。真替我矿全体职工在今后建设社会主义的工作中，增加了无限的动力和鼓励。更为我们留下了最深刻难忘的回忆，同时为您老的福体健康而感到高兴。

兹将您老所需要了解的问题，谨复于下：

永定庄煤矿现采五层煤（A、B、C、D、E），各层煤的采煤情况是不一样的。顶板（紧贴煤层上面的岩石）及底板（紧贴煤层下面的岩石）性质也是不同的。开采煤层是分掘进及回采工作。掘进就是在煤层中开拓巷道，为回采（采用机械大量出煤的地方）做好准备。巷道多沿煤层水平及倾斜方向开拓；属于永久性的运输巷道称为绞车道（倾斜的）、运输大巷（水平的）。绞车道及运输大巷一般用木棚或石碹或混凝土碹支撑顶板，净宽 4 公尺，高 1.9 公尺，长达 1 000 公尺，或更长。绞车道两侧与采过煤的地方，各留 30 公尺煤柱。大巷两侧各留 20 公尺煤柱。在绞

---

* 录自《吴玉章往来书信集》，重庆大学出版社 1993 年版，第 241～242 页。

车道及大巷的两侧进行采煤。根据煤层的具体情况，掘进巷道（一般为 3 公尺宽，2 公尺高，300～500 公尺长，不需要碹永久性的碹，只架木棚或木架）划分成所需要尺寸大小的采区，采区之间留 8～10 公尺煤柱。一般在 E 层煤的采区是 70 公尺宽，2.5～3.5 公尺高，300～500 公尺长。根据顶板的性质和采煤的需要，采煤工作面的顶板，要及时用木柱支撑；同时随着采煤的逐日推进，顶板会自然塌落，或以人工的方法（打木柱、打岩石眼放炮）来控制和放落顶板，以保证工作的安全。塌落的岩石很厚。因为岩石塌下破碎，体积增大，将采过煤的空间填实，这是从采煤的需要上来做的。若有其他用途，可根据需要来做及保留适当的煤柱，加以其他的东西来支撑，可以保证安全。井下的通风、新鲜空气的供给，也容易解决。

大同现采的 A、B、C 层煤，顶板及底板都很好。顶板为砂岩及砾岩（就是类似于混凝土一样），可维持很大的面积，没有任何东西的支撑，顶板不易塌落。一般 80 公尺宽、60 公尺长、1.5～3.0 公尺高的大空间，顶板不塌；最大可维持 120 公尺长、100 公尺宽（12 000 平方公尺）、2.0～2.5 公尺高的空间不塌。中间若能留一些煤柱，四周留 10 公尺到 20 公尺宽的煤柱，可以保证安全。若开拓 10～20 公尺宽的巷道，不论多长，两侧留 10 公尺左右煤柱，则更无问题。

上述情况，可能达不到您老的要求。我们很乐意回答您老的问题。同时也愿意亲自来答复您老所想了解的情况，假若有需要的话。

最后敬祝

您老福体健康

蒯光明　向宝璜　谨上
1958 年 6 月 15 日

吴玉章为刘常昭希望搞文字改革致荣县县委书记徐文正信*

（1958年7月14日）

文正同志：

离开荣县已三个多月了，很想念同志们，祝县委全体同志们好。

最近我接到荣县鼎新乡刘常昭来信，他说他懂拉丁文并热心文字改革，要求来文改会工作。我已回信告他目前各机关已经并正在精简下放干部，他的愿望虽好，但不能实现，我考虑到文字改革工作是当前文教建设方面的一个重要的政治任务，必须发动群众，首先是发动能够进行文字改革工作的社会力量来推行。因此，在我给刘常昭的回信中要他在当地工作，并要他与县政协的张克勤联系，在当地党和政府领导下，组织一些社会人士来推行拼音字母和推广普通话以及扫盲工作。是否可以这样作？请考虑。如您认为可以时，请告县委文教部和县人委文教科，负责与他们联系，并由他们去联络一些热心文字改革的社会力量来推行文字改革。（他们这些人可以都是不脱产的、义务性的，首先在本社、本乡推行。）特此函商。望得到您的回信。

---

* 录自荣县吴玉章故居陈列展档案，原文为手稿。

此致

敬礼!

吴玉章

1958年7月14日

吴玉章致郭沫若信*

（1958年11月16日）

郭沫老：

承送大著《管子集校》一部甚为感谢！

《管子今诠》是石一参著，胡汉民为作序，中华民国二十七年即1938年出版，和我所见过的《管子精义》是不同的。1942年我在延安续范亭处偶然翻阅见其把管子的"凡物之精，此则为生"认为"此"是"比"之误，解释与石著略同。可惜现在找不到《管子精义》这部书，又不知作者姓名，我只觉得该书不是1900年以后出的，不知石氏是独创，还是抄袭前人之说。石著诚如你的批语"甚为独断，任意割裂原文，默窜字句，可取之处甚少"。你在《集校》中内业篇第四十九"凡物之精化（原作此）则为生"条仍附石说，评为"石说'此'为'比'之讹，较长"是很公平的。现将石著《管子今诠》奉还，请查收。

敬礼！

吴玉章
1958年11月16日

---

* 录自《吴玉章往来书信集》，重庆大学出版社1993年版，第245页。

工业经济系机械班同学给吴玉章的信 *

（1958 年 11 月 26 日）

亲爱的吴老：

您好！听了您关于学习汉语拼音和推广普通话的报告后，给了我们很大的启示和鼓舞，使我们认识到学习汉语拼音和推广普通话是文化革命的主要内容之一，是一项政治任务。

我们已立下了"事事争先进，处处插红旗，争取红旗班"的雄心，在这一工作中也要走在最前列。虽然我们来自祖国各地，方言复杂，要学好普通话是有一定的困难的，但是在党的领导下，我们有信心出色地完成党交给的这一政治任务。我们全班 85 名同学向您保证：绝不辜负您的期望，我们要高举红旗，在我校和其他兄弟院校学习汉语拼音和推广普通话的工作中做出榜样。

明年"五一"前夕，我们将举行一次很有意义的朗诵会，我们热烈地欢迎您来参加。会上每个同学将用拼音文字给您写报喜信，用最标准、最流利的普通话念给您听。我们说到一定做到。祝您

工作顺利

身体健康！

您的学生
工经系三年级机械班 85 名同学

---

* 录自《人民大学》1958 年 11 月 26 日，第 3 版。

吴玉章关心家乡建设事业致荣县县委书记徐文正信*

（1958年12月4日）

文正同志：

您的来信收到了，知道荣县在大跃进形势下取得了很大的成绩，感到无比兴奋。

自从我今春回过荣县后，就对荣县的工作抱有很大的希望，首先是荣县党的领导较强，党政工作人员和广大人民群众，干劲很大，其次是荣县不仅土地肥沃，而且矿产、水利资源丰实，工农业生产大有发展前途。果然，现在我的希望已经开始实现了。我相信荣县的工作，今后也将走在前面。

我欣慰的知道，荣县10月底已达月产一千吨铁，并计划11月15日放出日产五千吨的卫星。这样的跃进，是惊人的，假使没有达到这个计划也称好成绩。我很想知道这个卫星发射的情况。我也欣慰的知道，原金一社的水电站已经建成并已发电，但据闻因水电源不足，又停了。是不是属实？如果真这样的话，我建议在上游建一蓄水库，在多雨季节蓄起来，在枯水季节用来发电，这样就可以保证经常生产了。这个建议望你们考虑。

我很高兴能常接到您的来信，经常知道家乡的情况，还望今后常常

---

* 录自荣县吴玉章故居陈列展档案，原文为手稿。

接到您的来信。

　　此致

敬礼！

吴玉章

1958 年 12 月 4 日

　　蓝其邦现在的情况怎样？望来信时告我。

又及

小学生学习拼音字母的成绩*

（1958年12月29日、1959年5月19日）

亲爱的吴老爷爷你好。

我听妈妈说明天是你的八十岁生日。妈妈给我说了很多你的革命故事。妈妈还给我说拼音字是你研究出来的，拼音字很好，我很喜欢拼音。我，刚上学半学期就什么都会写了。

亲爱的革命老爷爷，我一定要很好的学习，作个共产主义的好娃娃。祝你新年快乐，身体健康。

祝你

新年快乐！身体健康！

一年级小学生李大兵
1958年12月29日

敬爱的吴老爷爷：

今天您到我们学校来看我们，我非常高兴。我是一年级小学生，我学会了汉语拼音，还学会了普通话。听妈妈说您在领导这个工作，我们向您表示感谢。并且，今后我要更努力学习来回答您对我们的关怀。

苏小环
1959年5月19日

---

* 录自《文字改革》1959年第11期，第1页。

吴玉章给档案系车国成的信 *

（1959年2月7日）

车国成同志：

你近来的身体好吗？学校十分关心你的病况，在此旧历除夕之际，我代表学校以热诚的心情向你慰问，并祝你专心休养，早日恢复身体健康。祝你春节快乐！

此致

敬礼

吴玉章

1959年2月7日

---

* 录自《人民大学》1959年2月18日，第4版。

吴玉章给拜泉县现场会议的贺电＊

（1959年3月）

黑龙江拜泉县利用拼音字母推广普通话和巩固扩大扫盲成果现场会议：

我代表中国文字改革委员会向你们致热烈的敬礼！

根据我在北方几个省市看到的情况，我认为在北方话区工农群众中推行拼音字母，首先和主要应该用来巩固和扩大扫盲成果，这样同时也就结合了推广普通话。黑龙江扫盲工作成绩很大，正可以利用拼音字母来帮助脱盲群众在比较短的时间内得到切实有效的巩固和提高。如果在年底以前，首先有几个市县或者若干个市县，那里的群众利用拼音字母，不仅巩固了已经取得的成绩，而且确实得到了普遍的、显著的提高，扩大了识字量，从1 500和2 000扩展到3 000字乃至3 500字，基本上达到了自由阅读和写作的程度，这将是一个了不起的成绩。我建议你们以此作为主要的努力目标，并且创造出一套经验来。一切热心推广普通话工作的同志，都应该协助工农教育部门做好这项工作，这也就为推广普通话扩大了阵地，也就是推广了普通话。

至于小学、中学和师范学校教学拼音字母和普通话的工作，必须注意继续加强，使学生们都能熟练掌握拼音字母和使用纯正的普通话。为此必须提高教师的教学质量，帮助总结和改进教学方法，使学生有比较

＊ 录自《文字改革》1959年第6期，第4页。

充分的反复练习的机会，并且经常举行各种不同规模的朗诵、演说、观摩会等等。学校仍然是我们的重要阵地，不能放松。

在社会上应该大力宣传，努力扩大拼音字母在各方面的应用，以争取越来越多的人学会拼音字母。

以上意见，供你们研究参考。祝你们的会议得到最大的成功！

吴玉章

刘弄潮致吴玉章信 *

（1959 年 4 月 15 日）

玉老吾师：

得着人大转来的电话，听说您要写"五四回忆"，问到我关于您在留法俭学会的讲演，我已记不清在当时那一个报上了。不过涉及到社会主义的一节，我曾转抄下来过，现在写出寄上，以助回忆时的参考。

  社会主义一名词，早已通行于世界；而东亚人士，尚有惴惴然惟恐其发生者，亦有援引而妄用者。殊不知今日为社会主义盛行时代，自德国之国家社会主义，以至俄国之共产主义，派别虽多，大约可分为二：一急烈，一和平。急烈者为"改造的"，即欲打破旧社会之组织，而建设一新社会者也；和平者为"进化的"，即欲就旧社会之组织而改良之者也。其手段虽有不同，其认今日之社会为不良，则一也。凡此皆经济学家之主张，苟不考其源流，而徒倍道路之传闻，几何其不误会也。无人处此开明时代，而眼光足迹仅限于一隅，若有物为之蔽者，岂非吾少年英俊之大恨事乎？同人甚愿吾国青年，目光注于全世界，勇猛精进，必穷究学术之精微，由自主的择一自信者而力行之，而后为不虚生于此二十世纪。留法俭学会之设，即欲为国人作求学之津梁也。

---

* 录自《吴玉章往来书信集》，重庆大学出版社 1993 年版，第 245～247 页。

这点，我过去还没有偶像崇拜，离开时代背景来单尊吾师为先觉。不过从历史唯物的眼光看，在十月革命前几个月就在中国介绍社会主义，正反映了当时正在酝酿的，而且正在向前发展的俄国大革命，已经骚动了欧洲战场，实际成为"社会主义盛行"的时代，而中国的人民亦有欢迎的可能和必要，所以吾师才公开出来介绍社会主义，最后还恳切勉励青年，择一信者而力行之！

固然，如果从主观上来挑剔，亦可以嫌它内容笼统，但在那时的中国，袁世凯才扮演过帝制丑剧，溥仪亦方闹过复辟的把戏，旧民主走不上轨道，新文化的启蒙运动亦正在开始，目光要注意全世界，先觉的革命者固有宣传社会主义的必要；而在留法俭学会预备学校开学时附带介绍，要求具体不免为客观条件所限制。

比较同天蔡、汪、李的讲演，蔡只说："绅民阶级，政府万能，宗教万能等观念，均是为学问进步之障碍。"汪却说："思想之自由，感觉之敏捷，进取之活泼，此三特色，对于吾国，恰可为对症发药。"李仅说："法国大革命，为世界新学说实行之纪元，法儒卢梭、服尔、孟德斯基、耿岱麓之说，实为法国大革命之先导。"两相比较，却有根本的不同，他们始终跑不出资本主义的范畴，所以后来的堕落都是必然的结果。

要使一般青年了解"五四"的前因后果，如不密切地跟历史实际相结合，不从演变的过程来看问题，就是对黎明前的黑暗时代，不从实际的泥沙里去淘出为旧社会所埋没的金来，有些关键就不容易具体了解。所以我过去对于您那篇讲演的概略特别注意，而且把那一节完全抄下来，决不是阿其所好，实在由于重视您当时在欧洲的亲身体会，同著蔡回国后看到"政象之杌陧""民生之凋敝"，又痛心于东亚人士对社会主义，有惴惴然惟恐其发生者，亦有援引而妄用者，您才公开要青年勇猛精进，自主自信而力行。在四十几年前的史料上，这是多么鲜明的一幅播种图。

现在听说您要写回忆，那真是给现代青年的荣幸！

幸福的青年，借此而了解过去的艰辛；幸福的青年，借此而鼓足现在的干劲。以您这种老当益壮的雄心，定能看到加速实现的共产主义，就是定能看到您播种结果的"按需分配"的园林！

敬祝

健康！

刘弄潮
1959 年 4 月 15 日

刘弄潮致吴玉章信（摘要）*

（1959年4月19日）

玉章吾师：

我回家查着过去转抄您的那篇讲演的概略，认为有几点还值得您参考。

一、华法教育会与留法俭学会，以及后来的勤工俭学会，虽和五四没有直接关系，但却跟中国的社会主义发展在演变过程中有重要的关联，至少在吾师当时提倡的目的，非常明显为的是革命。吾师在那篇讲演中，一开始就说：

> 永珊特为组织华法教育会事，自法归来。留法俭学会，亦该会应办事之一端。……我国甲午以前，留学外国者绝少。即壬寅癸卯时代，于日本亦不过二三百人。其时爱国者盛昌自费留学，遍设招待机关。无何而留学日本者，数达二万以上，风气遂开，学说大变，而革命思想遂滂沛而不可遏！壬寅以来，十余年耳，其思想之进化为何如？吾人试一回溯，能无隔世之感乎！

很明显，吾师当时专倡留法俭学，目的就是要引导新的革命。

二、五四运动发展到六三，就有广大的工人群众参加了。上海方面的响应和推动，却与新从欧洲战场回国的华工有关。一部是沉船逃回的，

---

* 录自《吴玉章往来书信集》，重庆大学出版社1993年版，第248～249页。

一部是停战初回的，讲演中曾提到：

> 自欧战以来，各国广招华工，如能因势利导，不但国民之生计，得以一舒，且可培植一般实业人才。本会对于招工合同之改良，华工教育之组织，特为注意，以图国民经济势力之发展。

回忆时如再能从这方面提点线索，对于了解六三不无补助。

三、六三运动跟《救国报》有直接关系。在五四前一年，留日罢学归国的青年，到上海的住在泰安栈，曾集徐家汇开过盛大的示威会。以后得到吾师的指导才出《救国报》。这段历史知道的已经不多了，却有重点叙述的必要。

总之，吾师是五四的重要关系人，由您来写回忆，不仅有助于革命史的研究，实在是更嘉惠于后进不少！……

敬祝

健康！

刘弄潮

1959 年 4 月 19 日

吴玉章致侄儿林宇信 *

（1959 年 9 月 21 日）

林宇侄：

　　五月中旬我到上海为你买了一个助听机，用挂号寄泸县，到现在没有接到你的信，不知你收到否？十分惦念。如你钱不便，购买款项可不寄或缓寄来，务望你寄一信来，证明是否收到。近几个月来我忙文字改革工作，现在汉字简化方案发交全国文教工作部门人士讨论后，已收到各方来的许多意见，将于十月十五日开全国文字改革代表会议。简化汉字已经有两批，约八百字中的一百四十一字在新闻出版界试用，反映尚好，川省方面情况如何？来信可道及。拼音文字方案现在有了初步结果，不久或可能发交有关方面讨论。文字改革是件重大而艰巨的工作，又是广大人民的迫切要求，文改会同志都在积极努力工作。川中各方面对此有何意见望多搜集见告。

　　现在中央和毛主席非常重视农业合作化运动，川省合作化工作尚好，望加强努力来迎接这一高潮。

　　问大嫂和你家大小均好！京中大小均平安，勿念！

玉章

9 月 21 日

　　另寄文字改革的一些材料，收到后给一回信。

* 录自《吴玉章往来书信集》，重庆大学出版社 1993 年版，第 250 页。

吴玉章给苏联科学院中国学研究所和苏联汉学家史萍青的信*

（1959年11月5日）

苏联科学院中国学研究所：

在伟大的十月革命节42周年的前夕，向你所全体工作人员致热烈的祝贺，祝你们节日愉快，身体健康，并且在工作上获得更大成就。

敬礼！

吴玉章
1959年11月5日

亲爱的史萍青同志：

在伟大的十月革命节42周年的前夕，向您致热烈的祝贺，祝您节日愉快，身体健康，并且在工作上获得新的成就。

敬礼！

吴玉章
1959年11月5日

---

* 录自《文字改革》1959年第21期，第7页。

吴玉章给武汉市注音扫盲现场会议的电报 *

（1959年12月3日）

湖北省教育厅转武汉市注音扫盲现场会议：

我代表中国文字改革委员会向你们致热烈的祝贺！

汉语拼音字母是帮助扫盲和巩固、扩大扫盲成果的有效工具，这一点已经为全国许多地方的经验所证明，也已经为武汉市的经验所证明，拼音字母为扫盲工作开辟了一条捷径，这已经是不容怀疑的了。

为了做好注音扫盲工作，我以为应当注意以下几点：（一）党和政府要加强对这项工作的领导，省市县的教育行政部门都要亲自抓一个或者几个试点，以便于取得经验之后，逐步推广；（二）要发动群众，讲清道理，使干部、教师和学员都了解注音扫盲的好处，都懂得拼音字母是"认字的法宝"，学好拼音字母对于今后认字有很大的便利；（三）要训练一批师资，他们对拼音比较熟练，并且懂得怎样来教工人农民；（四）编印适合工农用的注音扫盲教材；（五）供应汉字和拼音对照的注音读物，这是一件很重要的事情，因为只有通过注音读物学员才能巩固和扩大扫盲成果，因此，学员能不能阅读通俗的注音读物可以说是注音扫盲成败的主要标志。

---

* 录自《文字改革》1959年第23期，第2页。

希望你们反右倾，鼓干劲，在今冬明春的注音扫盲工作中做出更大、更好的成绩来！

吴玉章

1959 年 12 月 3 日

吴玉章给山西省推行注音扫盲和推广普通话万荣现场会议的电报*

（1959年12月25日）

山西省教育厅转全省注音扫盲和普通话现场会议：

我代表中国文字改革委员会向出席这次现场会议的同志们致热烈的祝贺！

万荣县的农民掌握了拼音字母之后，不仅很快摘掉了文盲帽子，而且正在大量阅读注音的通俗读物。一个农民能够继续不断地看书，这才是真正永远摆脱了文盲状态，这样的人，就不会回生，而且相反，他会不断提高。这证明了万荣县注音扫盲工作的很大成功，也证明了注音扫盲的优越性。

从这里还可以看出：拼音字母不仅对文盲有很大帮助，而且对于已经脱盲的人也有很大帮助，即帮助他们巩固和不断提高。因此，在业余学校里，对于采用一般扫盲方法脱盲的学员，如果教给他们拼音字母，一定也会有很大的成效。

至于在工农群众中推广普通话，也必须教学拼音字母，必须与学习文化相结合，即必须使群众阅读注音读物，否则就不能经常化，也无法提高。

---

* 录自《文字改革文集》，中国人民大学出版社1978年版，第228页。

最后,希望万荣县的经验能够在别的县、别的省推广开来,让我们在扫盲和业余教育工作上做出更多、更大、更好的成绩来,以适应我国工农业发展的迫切需要!

1959 年 12 月 25 日

吴玉章给孙儿女们的信 *

（1960年2月1日）

本立、本渊、本浔、本蓉，好孩子们：

你们的贺年信我收到后知道你们学习的成绩都好，使我非常喜欢。本蓉继续保持三好学生的名称；本浔最差的语文一课，这次期考也得了五分；本渊数学竞赛取得了全班第一；本立的学校1959年高考成绩是北京市第一，特别值得高兴的是你和同学们抱雄心、立大志，赶福建、超福建，要努力学习，成为全面发展的新人。同学们干劲都非常足。你想学尖端科学：原子能、自动化控制……总之什么最难学，什么最需要，你就想学那一门，任何困难你都不怕。这种坚强的意志是很可宝贵的。你决心要加入共产党，学习共产党员的道德品格，作一个红透专深的共产党员。这很好。现在你还是共青团员，到了合格的年龄自然可以入党，主要的是要政治挂帅，要作一个工人阶级知识分子，一定要有无产阶级的世界观，即马列主义的世界观。去年年底中国青年杂志社特派了两个同志到广州来，要董老和我对于青年在中国社会主义建设的新阶段中要如何树雄心、立大志发表一点意见，我们的谈话登在一月这一期的《中国青年》杂志上，想你已看到了。这一期杂志上有很多好文章。还有《人民日报》今年一月一日《展望六十年代》和一月二十三日《社

---

* 录自《吴玉章往来书信集》，重庆大学出版社1993年版，第251～255页。

会主义建设的新阶段》这两个社论是极好的文章，最好的理论联系实际的读物，你必须读来背得。现在学校教学中所选的中文读物太不能令人满意了。我常告诉你们要把去年我在上海用拼音字母注音的党的六中全会《关于人民公社若干问题的决议》的第一大段约一千五百字读熟，就是为了补助你们的学习读物，必须用点苦功来记诵几篇文章，才能改善现在教学工作中最薄弱的语文教学课。语文和数学是学校学习时期最基本的两门课，你们四人数学都还好，就是语文差。本立这次的信写得很好，文笔通顺，志愿弘大，尤其可喜的是要作一个好共产党员、又红又专的工人阶级知识分子。党的决议和毛主席的著作是现代最好的文章，在书报上你们已经看见许多文章谈这一问题，你们必须细看和互相帮助学习和讨论。不要多花时间去看小说。两个小弟弟还小一点，理论高一点的书还不能看。大的两个已经十七八岁了，正是青年蓬勃发展的时期，必须趁此时机加十倍百倍地努力学习。关于个人的品格也就是现在作一个共产党员的品格，你们要熟读刘少奇同志的《论党》和《论共产党员的修养》等书。人民大学出版的《中共八届八中全会学习文件汇编》中选有这些文章，可要来学。本立信上说你爸爸是一个非常好学的人，很有学问。不错，你父亲震寰是一个很好的水电工程师。一九三四年我要他到莫斯科来学习马列主义的革命理论，他到后不愿到我们的训练班学习，要到苏联的建设委员会去作水电设计工作，苏联也很欢迎他，我不答应。杨松同志为他劝我说：他是专家，让他多作一些研究和取得经验，以便将来回国作我们的建设人才。我才答应了。一九三八年他同我回国后不久就在长寿龙渊洞作水电工程师，工作很有成绩。国民党人知道他是我的儿子，久已蓄意害他。一九四九年北平解放后，他很高兴，想把他的病医好后更好为人民政府工作，就在成都华西医院去动手术，两次开刀都延长到三四个钟头，终于把他害死了。多少听到这种以人命为儿戏的医法是特务杀人的行为，但中了敌人的奸计也无法追究了。这就是没有提高警惕，也就是只专不红，为科学而科学，没有政治挂帅的惨痛教训。你们的爸爸是我的好儿子。因为我去日本留学九年（一九〇三——一九一一）使我的儿女没有能够好好地有钱去上学念书，所以中文都不好。你爸爸法文学得很好，数学、科学都有些天才和特长，可惜思想没有得到彻底改造，他只知道跟着我走革命道路就行了，还有资产阶级知识分子的为科学而科学的错误思想。但是他的品质是好的。他常对我说，一九一一年七月至九月的短短时间中我教了他许多东西，特别是孟子所说的"富贵不能淫，贫贱不能移，威武不能屈"这三句话。他常常牢牢记在心中，决心身体力行。事实也是如此。国民党虽是知道他是我的儿子，但他没有短处使国民党能陷害他。相反，抗日战争胜利后国民政府行政院长翁文灏，派他为东北接收六人委员之一，要他去接收小丰满水电厂，因为翁知道他人好，工作作得好。但国民党人不让他去东北，而把他派到海南岛去接收，他二月多点时间任务完成后即交与国民党人去升官发财，自己又回到长寿去工作。他的学问品质是好的，可惜没有思想改造、马列主义的世界观，只能是一个好科学家，而不是一个又红又专的工人阶级的知识分子。你说"要青出于蓝而胜于蓝"，后人要胜过前人，这是马列主义发展学说的真理。你要看上面所说人民大学出版的书 281 页列宁论马克思辩证法一段就知道得清楚了。总之由你这次的信看来，你的志气是很好的，但是要虚心学习，不要骄傲自满，对人要和气亲热，走群众路线等等。至于你对我的估价很高，是的，我是有雄心大志的。我很小时自尊心很强，父、兄教导我要作一个顶天立地的有志气的人。七岁上学记忆力和理解力都很好，很受家庭和亲友的钟爱。不幸上学不过三个月父亲就去世了，因家庭怜我幼丧父，留在家中侍奉八十三岁的老祖母，过了三年祖母去世。这三年中受了祖母和母亲许多教育，使我决心要作一个好孩子。过了两年我二哥带我到成都尊经书院，他一边学习，一边教我，使我得到非常快的进步。可痛的是母亲急病去世，弟兄奔丧回家十分悲痛，我二哥是一个讲孝道的人，他一定要庐墓三年，我和大哥每晚送他去母墓旁草棚中。当时正是中日开战和中国失败的时候，我们弟兄正在读历史，宋朝受辽金入侵，失败至于亡国，这就使我们有救亡图存的志愿。以后我们对于戊戌变法很赞成，并参加同盟会努力作革命工作。辛亥革命成功不久袁世凯背叛，我又参加了反袁的二次革命，失败的消息传到成都，我二哥回家，因贫病交加，革命又失败，遂自缢而死。我所以写这些事实告诉你们，是要使你们知道革命有今日这样伟大的胜利不是容易得来。我们现在是处在社会主义阵营和帝国主义阵营斗争的时代，又是东风压倒西风，争取和平共处、和平竞赛，以利我们努力建设社会主义并向共产主义伟大目标前进的时代，国内外形势都大有利于我们。我很庆幸能在我们伟大的党和最英明的毛主席领导之下学习到许多东西，能作一些工作，能够很好地为人民作点有益的事情，来达到我"先天下之忧而忧，后天下之乐而乐"的素愿。我应当作的事情很多：关于历史，特别是关于中国六十年来革命运动史，我有责任把所见所闻和自己亲身经历的事实写出来，党和许多同志都希望我作这一工作，现在还未完成。文字改革我认为是一个特别重要的工作，党和政府把这一责任交给我，现在才开始上路。这一个巨大而长期的工作，还要作一番艰苦奋斗的努力才能有成效。人民公社这一新的、伟大的社会组织，是多年盼望而这两年才产生的，我极愿出一份力量使它日趋完善。这些应作的工作很多，使我不能不以"唯日不足"的心情奋勇前进。我时时觉得对国家、社会贡献太少，而党和政府给我以崇高的地位、优厚的待遇，特别是青年们及我所到的地方的同志们、工农广大群众的欢迎接待，使我深深感激，而不敢不力求进步以报答党和政府及人民对我的厚爱。我并无过人的特长，只是忠诚老实，不自欺欺人，想作一个"以身作则"来教育人的平常人。我是以随时代前进不断改造自己，使不至成为时代落伍的人。我常常觉得自己缺点、错误总不能免，去年九月写了一个座右铭，你们曾经看到，因为用了许多典故，你们不易看懂，待我回北京后和你们细讲。写得太多了，两个小弟弟不易看懂，可请你们妈妈讲解一下。我二月五六号就动身回四川家乡，把家乡的文改工作和人民公社试点工作的许多事情亲身去体验学习一下，在实践中来提高自己。我打算四月中旬回北京，望你们努力学习。

祝你们春节快乐！

你们的祖父玉章

1960年2月1日

吴玉章给山东省注音识字教学和注音读物供应平原现场会议的贺电*

(1960年3月18日)

山东省注音识字教学和注音读物供应平原现场会议：

我代表中国文字改革委员会向你们致热烈的祝贺！

注音识字（即注音扫盲以及在业余学校利用拼音字母帮助巩固提高这一套办法）不仅可以加快扫盲速度，克服复盲现象，而且可以使学员通过大量阅读注音读物，迅速提高政治、文化、技术水平，从而促进生产。注音识字的这些优点已为全国各地的经验所证明，已经没有什么可以怀疑的了。

根据各地的经验看来，要做好这一项工作，首先必须加强党的领导，密切结合生产，大搞群众运动。其次，还必须做好师资培训工作、拼音和汉字的教学工作和注音读物的供应工作。这样才能形成一个声势浩大的、持久的、广泛群众性的注音识字运动，才能使注音识字发挥充分的作用。

山东省是首先进行注音扫盲试点获得成功的省份。希望你们很好总结自己的经验，吸取其他地区的成功经验，在全省范围内有步骤地大力开展注音识字运动，既要做到轰轰烈烈，又要做到踏踏实实。

---

* 录自《文字改革》1960年第7期，第1页。

目前各地运动蓬勃开展，但读物供不应求。因此必须发动群众采取各种各样的办法（如充实图书室、组织读书小组），并利用一切可能（包括油印、石印、抄写、土纸、黑板、墙壁），千方百计地来解决读物的供应问题。

祝你们的会议得到最大的成功！

吴玉章
1960 年 3 月 18 日

吴玉章给河北省注音识字河间现场会议的贺电 *

（1960年4月6日）

中共河北省委员会转河北省注音识字河间现场会议：

我代表中国文字改革委员会向你们致热烈的祝贺。

拼音字母对于扫盲、业余教育和普通教育大有好处：可以加快扫盲速度；可以提高识字质量；通过大量阅读注音读物，可以及时巩固和扩大扫盲成果；可以缩短业余初等教育的年限；可以提高普通小学语文教学的效率，从而缩短小学教育的年限。注音识字还有一个很大的好处，就是工农群众学会拼音字母之后，可以利用劳动空闲随时自学，"无师自通"。因此注音识字是工农群众知识化的捷径，是促进文化革命的有利工具，对于我国教育事业的普及，对于我国教育事业贯彻执行总路线有重大的意义。注音识字的这些好处，已为山西省万荣县、山东省平原县的经验所证明，又为河间县的经验所证明，已经没有什么可以怀疑的了。只要加强党的领导，充分发动群众，密切结合生产，并且做好培训师资工作、教学工作和供应读物工作，一定能够收到很好的成效。

现在注音识字运动正在全国好些地区蓬勃开展，山西、山东、吉林等省正在全省全面推行。河北省是全国注音识字最早的试点省之一，一两年来曾经做过不少工作，拼音字母在群众中已有一定的基础。我们完

---

* 录自《河北教育（教学版）》1960年第5期，第6页。

全可以相信：经过这次现场会议，总结了你们的经验，吸收了其他地区的成功经验之后，注音识字运动一定会在河北省迅速蓬勃地开展起来。

祝你们的会议得到最大的成功！

吴玉章

一九六〇年四月六日

吴玉章致毛泽东信＊

（1960年4月28日）

泽东同志：

二月间送上《辛亥革命》小册子。它是出版社的一个清样。现把同志们所提的一些意见，略作修改和补充，并附一大事年表，正式出版。特送上请指正。

敬礼！

吴玉章

4月28日

＊ 录自中国人民大学档案馆档案，原文为手稿。

中共肖县县委宣传部为请题写《肖县拼音报》注音报头事致吴玉章信*

（1960年7月29日）

敬爱的吴老：

您好。

我们肖县的注音识字和推广普通话工作，在党的正确领导和您老的亲切关怀以及文改会的具体指导和大力帮助下，取得了一定的成绩。目前全县人民正树雄心，立大志，攀高峰，积极地为实现农民业余教育三年一贯制的计划而奋斗！为了更好地巩固学习成果，提高教学质量，扩大学员的知识领域，县委决定创办《肖县拼音报》，以解决学员的课外阅读问题。由于文改会的大力支持，目前已基本筹备齐全，不日即可出刊。为把拼音报办的更好，更有意义，作用发挥的更大，我们衷心的希望您老给我们亲笔写个带注音的报头（即"肖县拼音报"）。因急需出刊，请您老抽暇写好后给我们寄来。

祝您老

身体健康！

中共肖县县委宣传部
1960年7月29日

---

* 录自《吴玉章往来书信集》，重庆大学出版社1993年版，第257页。

吴玉章致《青岛注音报》信 *

（1960 年 7 月 31 日）

　　注音识字：是多快好省地扫除文盲，巩固和扩大扫盲成果的好办法；也是加速中小学语文教学的好办法。

　　希望《青岛注音报》很好地为工农大众知识化和学制改革服务。

吴玉章
1960 年 7 月 31 日

---

* 录自荣县吴玉章故居陈列展档案，原文为手稿。

吴玉章致外孙蓝其卫夫妇信 *

（1961年2月17日）

其卫、正仪同志：

你们元月二十六日和二月一日的信收到了。其卫的信使我看了非常高兴。新时代的人发展是很快的，只要善于教育，前途是无量伟大的。我明天就动身去上海，上半年不回川了。因为今年是"辛亥革命"五十周年，我想写一点东西，到上海方便些。

荣县情况省委大章同志前月来京时谈了一些。现在省委很重视，派了检查组去检查，其卫也参加这一工作。这很好，想这次一定能够检查清楚。你一定要虚心、诚恳、谨慎、切实、认真作好这一工作，不要只看表面，或者流于感情，检查不深透、处理意见提的不恰当，都是不好的。这是一个学习机会，也是一个考试机会。我两次回县都没有发现问题，是走马观花，没有去考查实际，固然是时间不多、未能深入之过，但对于调查研究之精神未能贯彻，应当作为深刻的教训。

近两年来天年不好，遇到了百年未有的灾害，但由于我党和毛主席的英明领导，又有大批忠诚能干的干部，一定能够克服困难胜利前进。国内外情况形势是大好的，只要我们团结一致，戒骄戒躁，绝不松劲，

---

* 录自《吴玉章往来书信集》，重庆大学出版社1993年版，第258页。

坏事就会变成好事。
　　　祝
你们幸福

玉章

1961年2月17日

龚古今关于《第一次大革命的回忆》稿致吴玉章信 *

（1961 年 2 月 21 日）

吴老：

近著《第一次大革命的回忆》拜读过了，感到很好，对我自己的帮助和教育极大。特别是最近各地都在编写中共党史教科书，此书的问世，尤其有重大意义。

现将我见到的一些问题写在下面，不一定对，谨作参考。

第一部分：

（一）主席的革命活动和与右倾机会主义的斗争反映得很少；

（二）党怎样组织和领导第一次国内革命战争，又怎样与陈独秀机会主义进行斗争，亦反映得不够；

（三）陈独秀的右倾机会主义活动及其危害讲得太少。

上述几个问题，希望能从回忆的角度，再加强提高一步。同时，段落和文字，还可作一些调整和修改。

第二部分：

（一）封建军阀包围广东革命根据地，应说明他们与帝国主义的勾结，特别应指明外部的帝国主义在香港如何威胁革命政府。（一页）

（二）在上海，只提经常和王若飞、恽代英等同志研究问题就够了，

---

* 录自《吴玉章往来书信集》，重庆大学出版社 1993 年版，第 259～262 页。

似乎可以不提李立三同志。(一页)

(三)"我一直牢记在脑海中"一语,似应改为"他们的意见,与我当时的见解不谋而合"更好。(二页)

(四)五卅惨案还应写得有力些,对帝国主义又还应写得凶残些;"外国巡捕"要指明是哪国巡捕;英、美、日等帝国主义又如何残暴地镇压爱国群众,另一方面又如何通过中国买办资产阶级从内部分裂反帝统一战线等,应多补充几句话,加以揭发。

(五)第一节说在上海遇到恽代英,第三节又说恽在黄埔军校担任工作,线索要交代清楚。

(六)谈到黄埔,似应把我党如何开始搞武装提高一步。在广州时,是否与我党的同志们有所接触?曾商谈过些什么事?是否回忆得起来?(三、四页)

(七)谢持、石青阳"对正常的党务工作"一语,是否可改为"拒绝进步力量的聚集"一类的话。(四页)

(八)"把省党部即迁到莲花池新址",莲花池属何城市要指明。(五页)

(九)汪精卫办一切事情不是"缩手缩脚",而是"阳奉阴违"。(六页)

(十)国民党二次代表大会会期既然已经延迟,就不必说匆匆忙忙赶到广州。(六页)

(十一)《国际歌》的"悠扬歌声"是否可改为"壮烈歌声"之类?(七页)

(十二)刘伯承同志领导的"泸州起下"是否"泸州起义"之误?(十页)

(十三)蒋介石和帝国主义"眉来眼去"一段,写得不够。(十一页)

（十四）收回汉口、九江租界，是否应提一下少奇同志的作用？（十二页）

（十五）"儿童团"当时的名称是否为"童子团"？请查对。因我亦记不得。（十三页）

（十六）为与蒋介石斗一斗，特成立的五人行动委员会都是谁？宣言和宣传要点是否找得到？（十三页）

（十七）四节国民党代表大会和十四页的三中全会，只提到正气压倒了邪气，左派力量占压倒优势，而没有提到我党在这两次会议中的具体活动及其作用。

（十八）林伯渠、李富春同志在六、二军中的职务究竟是政治部主任或党代表？或两者实则其一？当时名称为何？（十四至十五页）

（十九）何人提出不应该把"铁军"开到南京去？是哪些共产党员支持这种主张？似应指明，以便分析。（十五页）

（二十）"四一二"后，陈独秀阻止建立自己的军队（扩充连瑞琦营）已经不是什么前怕狼、后怕虎的问题，而是右倾机会主义发展到登峰造极了。

（二十一）徐州会议后，似不宜把陈独秀描写为"若无其事，泰然置之"，而应着重写他机会主义的可耻退让。（十七页）

（二十二）第十一节，党怎样挽救危局，没写清楚。

（二十三）南昌起义前党中央一次会议的决定没有反映。（二十页）

（二十四）南昌起义前敌委员会委员、中央革命委员会委员，都是哪些人？是否回忆得起来？在汤坑遭到严重失败，汤坑、流沙各属何县何地？最好指明。

以上这些初步意见都很不成熟，甚至可能还有错误；有些是提出的问题，希望吴老再回忆一下，帮助大家解决的。

此文发表以后，希望寄给我们几份，用作学习和编写党史教科书的参考。
　　祝
春节健康！并致
敬礼！

龚古今复上
1961 年 2 月 21 日

吴玉章、胡锡奎致苏联全苏函授综合技术学院、苏中友好协会负责人贺信*

（1962年2月22日）

全苏函授综合技术学院院长康切尼克

苏中友好协会部门委员会主席维托什金：

  我们仅代表中国人民大学全体学工人员感谢您们在伟大的《中苏友好同盟互助条约》签订十二周年的时候对我们热忱的祝贺。祝贵校在培养建设人才工作中取得更伟大的成就。

  祝中苏两国人民兄弟般的牢不可破的友谊万古长青。

中国人民大学校长吴玉章

中苏友好协会分会主任胡锡奎

1962年2月22日

附：苏联全苏函授综合技术学院、苏中友好协会负责人致吴玉章、胡锡奎贺信

（1962年2月5日）

亲爱的朋友们！

  我代表全苏函授综合技术学院的学生、教授、教员、工人和职员向

---

* 录自中国人民大学档案馆档案，原文为手稿。

您们和通过您们向贵校的全体人员衷心地祝贺《苏中友好同盟互助条约》签订十二周年。

衷心地祝您们和贵校全体人员在培养具有高度熟练的中国专家方面取得新的更大的成就。

两国人民持久的、兄弟般的友谊万岁！

全苏函授综合技术学院院长 C. K. 康切尼克

苏中友好协会部门委员会主席 K. И. 维托什金

1962 年 2 月 5 日于莫斯科

苏联科学院亚洲人民研究所给吴玉章的贺信＊

（1962年4月20日）

亲爱的吴玉章同志：

苏联科学院亚洲人民研究所的全体同人向您祝贺"五一"国际劳动节，祝您身体健康和在工作中取得新的成就！

苏联科学院亚洲人民研究所副所长、中国部主任 С. 齐赫文斯基
中国部党书记 Б. 查尼金
中国部工会主席 Н. 克雷日娜亚
苏联科学院亚洲人民研究所苏中友谊协会主席 А. 亚可夫列夫

＊ 录自中国人民大学档案馆档案，原稿为俄文。

吴玉章致叶恭绰信 *

（1962 年 6 月 17 日）

恭绰先生：

　　读了你的《我参加孙中山先生大本营之回忆》一文，觉得很好，因为这些事情，现在许多人都不知道，有人因此便认为孙先生联合张、段是完全错误的，这都是由于不了解实情的原故。你的文章提供了一些具体情况，对研究这段历史的人是有帮助的，我建议你把它寄给政协《文史资料》去发表。特复。

　　即致

敬礼！

吴玉章

1962 年 6 月 17 日

---

* 录自《吴玉章往来书信集》，重庆大学出版社 1993 年版，第 262 页。

马卡洛夫给校长吴玉章等的贺信 *

（1962年）

　　向中国人民大学校部、大学校长吴玉章、副校长胡锡奎，向罗俊才同志，向从前俄文系、外交系、法律系的全体教员以及从前我的学生祝贺五一节！希望您们大家都健康和幸福！

　　我住在斯维尔德洛夫斯克市，曾当过工程经济学家，而最近三年在本市大型建筑管理局的一个部门担任领导工作。

　　致衷心的敬意！

中国人民大学以前的教员
马卡洛夫

---

* 录自中国人民大学档案馆档案，原文为手稿。

吴玉章给孙女吴本立的信 *

（1963年2月3日）

交给孙女本立努力学习，作一个最好的革命接班人。

玉章

1963年2月3日

---

* 录自中国人民大学档案馆档案，原文为手稿。

吴玉章致中国人民大学全体毕业同学信*

（1963年7月7日）

毕业同学们：

你们在学校里经过几年学习后就要毕业了。在你们即将离开学校走上工作岗位的时候，特向你们提出三点希望：

一、在分配工作时，要坚决服从国家分配。今年的毕业生分配工作，国家是根据党中央提出的以农业为基础、以工业为主导的发展国民经济的总方针和有关方针政策，结合当前和长远需要以及你们的具体情况进行统一分配的。在具体安排上，将尽可能做到人尽其才，才尽其用。希望你们以国家需要为重，坚决服从国家分配。

二、毕业分配后，在劳动实习期间，希望你们自觉地严格要求自己，通过劳动锻炼提高思想觉悟和阶级觉悟。当前国内形势和国际形势都是好的，希望你们认清形势，努力学习政治，刻苦钻研业务，兢兢业业地工作，积极参加阶级斗争、生产斗争和科学实验，通过各种实践，把自己逐步锻炼成经得起任何考验的真正又红又专的无产阶级战士，当好革命的接班人。

三、希望你们在工作岗位上与母校保持联系。把你们在实际工作中所感觉到的对学校教学以及其他工作的意见提出来，以改进和提高我校

---

* 录自《人民大学》1963年7月13日，第1版。

工作。

  最后,祝你们身体健康,精神愉快!

  此致

敬礼

吴玉章
一九六三年七月七日

吴玉章给长孙吴本渊的信*

（1964年1月8日）

长孙本渊：

你的信收到了。很快慰！

你信上说"从回来，指导员同志就找我谈了好几次话，鼓励我要努力学习和工作，争取更大进步。总的看来，我是按照指导员同志的要求作了，但是还作的很不够，还存在一些问题"。下面你自己检查了学习上、思想上的缺点，和同志们的团结问题等等作了自我批评。又说"尤其最近看了《年青的一代》后，受教育很大，要力争进步"等等。这些都使我很高兴。

你又说"立志在没有给祖国，给人民做出一点贡献之前，坚决不谈恋爱问题"。这很好。青年不分心去想恋爱问题和实行晚婚，不论对个人进步或是对革命事业都有好处。

事实上，现在国内外都是大好形势，真是青年大有作为的时候。你们这一代要负起革命事业接班人的责任。路子要靠自己去走，不能因为是干部后代就骄傲自满。不然，就可能像林育生一样，甚至更坏。这是要时刻警惕的。

不知你妈妈有没有给你寄过什么东西。我认为除了学习用品以外，

---

* 录自《吴玉章往来书信集》，重庆大学出版社1993年版，第265～266页。

如果要寄生活用品，可不要收，并委婉地写信回来谢绝，使她知道这样作不好。因为你在学校，一切都有供给，如再寄食用品，就显得特殊，对党对自己影响都不好。

今年《中国青年》第一期有我一篇文章，寄去几本，可分给同志们一看，我想讲的一些意见，上面已有，此信就不多讲了。

最后你是否把我的小收音机带到你校去了呢？因为我十五日就起程赴广州，路上需要用，把你母亲出京去作学校函授工作时用的小收音机带走了。如果你留有在学校，即可寄回给你母亲用。这样作对各方面都好。

玉章亲笔
1964 年 1 月 8 日

吴玉章致郭影秋信*

（1964年2月10日）

影秋同志：

接曾三同志来信，说中宣部和中组部干部处拟选调李逸三同志担任中国第二历史档案馆馆长。我已回信没有同意，但可从学校另考虑人选。

我是这样考虑的：李逸三同志不仅文字改革研究所需要他，从目前学校情况来说，也不宜调出。

学校工作，自你来了以后，各方面都在健康地前进，我很满意。但你还缺少在群众中比较有威望的党的、教务工作的得力助手。这个问题，在适当时机总得要解决。不知你认为怎样？

上述问题，仅供考虑。

春节已近，向你及凌静同志祝春节好！

此致

敬礼

吴玉章

1964年2月10日

---

* 录自《吴玉章往来书信集》，重庆大学出版社1993年版，第267页。

吴玉章为调李逸三到文改会工作致周扬信 *

（1964 年 7 月 15 日）

周扬同志：

中宣部已决定调李逸三同志另行分配工作。在考虑分配他的工作过程中，我想提出如下建议，请予考虑。

前些时候，叶籁士、胡愈之同志看到李逸三同志写的《汉字改革的几个问题》后，就建议我把李逸三同志调文改会工作，我很同意。因为韦悫同志调华侨大学后，文改会需要充实和加强领导，而李逸三同志又比较适合于作党的政治工作，他对文字改革工作，既有兴趣，也还有基础（他过去坐监时就对语文、拉丁化新文字有了兴趣，并且喜欢业余研究），他本人也愿意到文改会工作；我也认为他到文改会工作比较合适。因此，我想请中宣部同意把他调给文改会。是否可以？请复示！

此致

敬礼！

吴玉章
1964 年 7 月 15 日

---

* 录自《吴玉章往来书信集》，重庆大学出版社 1993 年版，第 268 页。

吴玉章致李维汉信 *

维汉同志：

我校准备成立民主同盟支部，但由于我党党员、青年团员占绝大多数（占全体人员百分之八十以上），干部中对这一问题不大了解，因此请你来作统一战线问题的报告，我们干部中存在有以下的思想问题，请你在报告加以解释。

第一，各民主党派在中华人民共和国成立以前的革命阶段里，对革命起过什么作用（有些同志总认为是我们打下天下他们享受）。

第二，在中华人民共和国成立后到进入社会主义这一建设阶段，他们起什么作用（认为作用不会大）。

第三，在人民大学工农老干部党团员的学校，民主党派会起什么作用。

第四，到社会主义阶段，这些民主党派的前途如何。

请你考虑报告时间。在内容上有两种讲法，一种在科长以上党员干部中，一种是在一般党员中，如何讲法为好，请你一并告知为荷。

吴玉章
十一月十三日

---

* 录自中国人民大学档案馆档案，原文为手稿。

吴玉章给中国人民大学图书馆全体团员们的信 *

亲爱的图书馆全体团员们：

  来信已于昨晚读毕。

  当我读到您们的信时，使我万分的高兴。知道您们为祖国为全人类爱好和平与永久的幸福而奋斗着！尚望您们继续高度的发扬我党青年团员伟大的爱国主义和国际主义精神，以求全人类的早日解放。这才是我党青年团员的光荣任务。

  当我读到您们对我的关心和慰问时，又使我感觉不安，因身体欠佳，不能经常前来领导您们工作，请谅！并向您们的关心和慰问致以谢意。

谨覆　此致

敬礼

吴玉章
十二月七日

---

* 录自中国人民大学档案馆档案，原文为手稿。

吴玉章致潘梓年、范文澜信 *

梓年、文澜同志：

范文澜同志写的《伟大十月社会主义革命与中国人民革命》的文章，我匆匆地看了一遍，没有好好地研究，因此，也提不出许多好的意见，只想把我感觉到的地方略说一些，以供您参考。

首先，文章内搜集了很多材料，费了很多工夫，使人能了解当时思想变化的状态，这很好。但是觉得繁琐了一点，似乎可以不必引证那么多，只把重要的概括地引证一部份就够了。

其次，应该把中国先进的知识分子善于接受马列主义的历史根源揭示出来，以说明马列主义在当时和以后中国革命中的伟大意义，使文章更加有力量，是否可以在文章第四页中"中国知识分子起了桥梁作用"后面加下面的一些意思：

中国是一个文化发达最早的国家，自从董仲舒建议汉武帝崇儒尊孔以来，孔孟的学说支配了中国社会二千多年，等于一种宗教。这自然是由于中国是小农经济的宗法式的封建社会。孟子所说"五亩之宅……"一段就是一个典型例子。孔孟的伦理道德的学说，就是由这个社会经济基础产生，而反过来这个学说它又能够巩固这一个社会经济基础。

很久以来，中国一般人认为孔孟的学说是最好的"中庸之道"，孔子

---

* 录自《吴玉章往来书信集》，重庆大学出版社 1993 年版，第 269〜271 页。

重视氏族，崇拜祖先，主张以孝治天下，极力想恢复尧、舜的大同时代。其次，也要作到禹、汤、文、武、成王、周公的小康时代，宣传王道，反对霸道，尤其反对功利主义，如孟子时梁惠王所说：亦有仁义而已矣，何必曰利。这种思想一直支配到19世纪末，如当时所谓变法维新的人常常以"中学为主，西学为辅"而不让孔孟学说失传，他们以为西方只有物质的文明，而中国则有精神的最高的文明，甚至康有为假《孔子改制考》来作变法的理由，也推崇孔子春秋三世的学说，后来又著《大同书》，就是孙中山虽是主张资产阶级民主革命，但也常常称道中国的大同学说。辛亥革命时很多人相信无政府主义，以为它合乎中国的大同思想。

辛亥革命虽然把君主专制制度推翻了，去掉了宗法式的封建的上层建筑，但是没有解决问题，主要是因为还没有打破宗法封建思想统治的圈子。资产阶级民主革命思想在辛亥革命时代虽然大有发展，但此时资本主义已发展到帝国主义不是上升的时代，而是垂死时代，一切腐朽恶劣的因素反而传到中国来了。这时一些有思想的人很苦闷，总想找出一条出路，因而渐渐认识到吃人礼教束缚人的祸害，必须打倒孔家店的旧思想才能建立新思想。这时，民主与科学的提倡，文字的改革运动，改文言文为白话文，一切改革的思潮风起云涌，大家认为中国必须有一重大的彻底的思想改革。但打破孔孟学说思想后以什么新思想救中国呢？法国大革命时代的资产阶级民主主义思想在辛亥革命试验中已遭到失败，而当时虽然出现了各种学说，如各种各色的社会主义及无政府主义，资产阶级的实验主义等等，但都起不到什么作用。恰好这时十月社会主义革命胜利，送来了马克思列宁主义。

马列主义首先被中国先进的知识分子所接受所传布。他们之所以能接受和传播，是由于他们有传统的大同思想的历史根源，而又有吸收世界最新的合乎科学的新的理论、新的社会观点、新的政治观点、新的政治组织的愿望。马列主义正符合了他们的要求。马列主义传到中国以后，他们不仅否定了宗法封建思想，而且为接受科学的社会主义思想开辟了道路。因此我们说中国先进的知识分子起了传播马列主义的桥梁作用，也可以说起了"承先启后""继往开来"的作用。他们不是单纯地承继大同思想，而是以马克思主义的社会发展规律来发扬光大了旧的大同思想。由于先进的知识分子运用了马列主义与中国工人阶级的发展和运动相结合产生了中国共产党，自此以后，中国人民革命走上了新的正确的新民主主义的道路。从而中国共产党在多年的革命斗争中以马列主义的普遍真理与中国革命实践相结合，取得了革命的伟大胜利，也发展了马列主义。

上面我提出一些不成熟的意见，作您参考。

此致

敬礼

7月16日

诗词歌赋

东游述志*

（1903年2月9日）

不辞艰险出夔门，
救国图强一片心。
莫谓东方皆落后，
亚洲崛起有黄人。

---

* 录自《吴玉章诗选》，四川人民出版社1983年版，第1页。

留日诗草(六首)*

(1904—1905 年)

一

作客江湖计经年,
风度飘飘窃拟仙。
纤月当钩云作幕,
一尘不染镜中天。

二

剑气虹光出国门,
迢迢二载赋东征。
国尚少年人渐老,
睡狮何日得惺惺!

三

切切相思絮絮情,
钟初人静听秋声。
小园花木清如昼,
独在天涯望月明。

四

中原王气久销磨,
四面军声逼楚歌。
仗剑纵横驱虏蛇,
不教荆棘没铜驼。

---

* 录自《重庆党史研究资料》1987 年第 4 期,第 18 页。

五

莽莽神州久陆沉，
鲸吞虎视梦魂惊。
伤心忆万神明胄，
忍作中流自在行。

六

无计能醒我国民，
丝丝情泪揾红巾。
甘心异族欺凌惯，
可有男儿愤不平！

和印泉老兄"七七"三年抗战纪念感赋原韵(五首)*

(1940年9月26日)

一

"三月亡华"敌自骄,

那知人力比天高。

兆民团结坚于铁,

破尔鲸吞胜巨鳌。

二

人民阵线法称强,

外侮侵来倏忽亡。

反共亲英遗恨在,

巴黎辜负庙堂堂。

三

人心反帝万方同,

既苦饥寒又苦戎。

唯有苏联新世界,

民安物阜沐和衷。

四

全民抗战过三秋,

老将雄心报国仇。

直捣黄龙君莫懈,

福星高照古神州。

---

* 录自《十老诗选》,中国青年出版社1979年版,第116～117页。

五

大和武士亦堪旌,
北略南侵愤不平。
反战洪流齐汇日,
会看革命起东京。

附："七七"三年抗战纪念感赋（五首）[①]

李根源

（1940年7月7日）

一

三年血战挫天骄,
杀气如云万丈高。
再接从今还再厉,
会须入海斩鲸鳌。

二

欧西法国夙称强,
战未尽年竟败亡。
我抗东倭卅六月,
神英诸将自堂堂。

三

前方抗战后方同,
西缅南交已伏戎。
我老据鞍犹矍铄,

---

① 录自《中共五老诗词鉴赏》，中央文献出版社2008年版，第182～183页。

好偕袍泽赋秦风。

四

攘夷大义秉春秋，
雪耻争存报国仇。
痛饮黄龙一樽酒，
从容收拾归神州。

五

中原父老望旌旗，
说到倭夷愤不平。
努力齐心争后着，
定摧顽寇奠新京。

纪念一九四一年"三八"妇女节*

（1941年3月9日）

可怜我们女子，

数千年来

对于人权都是门外汉；

可怜我们女子，

占人类半数以上

差不多完全都是文盲。

到今天我们要用我们的铁拳

打破特权阶级，

对于人权的垄断；

我们要用新文字，

消灭我们中国女子

二万万三千万文盲。

---

* 录自《新中华报》1941年3月9日，第3版。

和朱总司令游南泥湾[*]

（1942年9月1日）

三十一年夏，

七月有七日；

抗战满五年，

寇焰犹未息；

敌后苦坚持，

艰难出奇策；

斗争本长期，

破贼不须急。

国际新环境，

民主结同盟；

时间于我利，

全盘韬略精；

今年平德寇，

明年歼日兵；

胜利不在远，

努力接光明。

军书虽旁午，

建国须督促；

---

[*] 原载于《解放日报》1942年9月1日，第2版，录自《十老诗选》，中国青年出版社1979年版，第119～120页。

举世称朱毛,

撑持我大局;

整风健思想,

经济求自足;

大敌正当前,

团结互忠告。

将军有深谋,

战略要兼收;

屯垦复生聚,

建国多苦筹。

我闻南泥湾,

土地皆肥沃;

风景称绝佳,

森林更茂密。

七七纪念后,

朱公约我游;

观察一年绩,

任务完成否?

汽车出延市,

风驰达岭北;

公路新筑成,

迤逦登山脊;

四望众山低,

殷绿连天碧;

盛夏草木长,

大地无空隙。
南有九龙泉，
西有万花山；
中心南阳府，
东北金盆湾；
良田千万顷，
层峦四面环；
青山与绿水，
美丽似江南。
纵横百余里，
"剿回"成荒地；
七八十年来，
一向少人至；
旷野雉兔走，
深林虎豹肆；
如此好山河，
焉能久弃置？
公率健儿来，
荒地次第开；
非徒益军饷，
也在育英才；
经营勤计划，
佳产试培栽；
川谷多开阔，
沟洫导纡回。

平原种嘉禾，
斜坡播黄麦；
牛羊遍乡野，
鸡犬满家室；
窑洞列山腰，
市廛新设立；
农场多新种，
工厂好成绩。
四方众来归，
群策复群力；
工农各得所，
士兵勤学习；
空气常清新，
疗养可勿药；
人人称乐土，
家家皆足食。
事本在人为，
经纶权小试；
他年复国土，
都成安乐地。

附：游南泥湾[①]

朱德

（1942年7月10日）

一九四二年七月十日，朱德与徐特立、谢觉哉、吴玉章、续范亭四老同游南泥湾。

纪念七七了，
诸老各相邀。
战局虽紧张，
休养不可少。
轻车出延安，
共载有五老。
行行卅里铺，
炎热颇烦躁。
远望树森森，
清风生林表。
白浪满青山，
绿叶栖黄鸟。
登临万花岭，
一览群山小。
丛林蔽天日，
人云多虎豹。
去年初到此，
遍地皆荒草。

---

① 录自《朱德诗选集》，人民文学出版社1977年版，第12～15页。

夜无宿营地,
破窑亦难找。
今辟新市场,
洞房满山腰。
平川种嘉禾,
水田栽新稻。
屯田仅告成,
战士粗温饱。
农场牛羊肥,
马兰造纸俏。
小憩陶宝峪,
青流在怀抱。
诸老各尽欢,
养生亦养脑。
熏风拂面来,
有似江南好。
散步咏晚凉,
明月挂树杪。

悼李公朴、闻一多先生 *

（1946年）

你们都是一介书生，
你们都是文化教育工作者，
未尝结怨于人。
为何为统治阶级所痛恨，
必欲置之死地而后甘心？
只因为你们是要求和平民主的先锋战士，
代表着千百万人民的呼声。
你们虽手无寸铁，
却能使反动的统治集团胆战心惊！
因而，你们就成了法西斯恐怖的对象，
无声枪的牺牲品！

历史是这样地讽刺人，
几曾见焚书坑儒能巩固独裁专政？
法西斯的恐怖、专横，
不是表示他们的强，
而是表示他们的丑恶、无生命，
他们在发抖着，
几疑普天之下，草木皆兵。

---

* 录自《红岩历史诗抄》，重庆出版社2004年版，第58～59页。

你们为民主而牺牲,

激起无限广大的人民,

无数热血民主战士,

将踏着你们的血迹前进！！

行看民主、自由的旗帜,

插遍全国的城市、乡村。

我们誓必完成你们的遗志,

争得中国独立、和平、民主的无上光荣！

答谢董老寿诗 *

（1947年2月元宵节）

庄诵新诗志益雄，

破曹犹必借东风。

猪仔议员真可笑，

沐猴总统竟成功。

祸起萧墙惊燕市，

义伸政协震江东。

且喜渝城千万众，

愤燃烈火遍山红。

附：玉章同志六八华诞之庆

董必武

（1946年12月23日）

吴头楚尾接川东，

异地相望两老翁。

且喜添筹身益健，

却嫌举爵意难通。

螳螂拄自频申臂，

---

* 录自《中共五老诗词鉴赏》，中央文献出版社2008年版，第194页。

桧柏依然不受风。

杖履所之春必在,

先生爱国愿年丰。

四川省委被迫自重庆撤回延安有感 *

（1947年3月）

> 坚持党命驻渝州，
> 日报宣传争自由。
> 剥开画皮人称快，
> 抗议美兵众同仇。
> 出动军警真无理，
> 视同囚犯岂甘休。
> 多承周董英明教，
> 全师而退作新谋。

---

* 录自《重庆师范大学学报（哲学社会科学版）》1980年第2期，第13页。

华北大学校歌（初稿）＊

（1948年8月）

马列主义发扬到东方，

掌握了群众伟大的力量，

中国人民自己争得了解放，

新世界的革命潮流更推向高涨。

我们是新时代的先锋队，

要掌握最进步的科学技术，

建设新民主主义伟业，

向社会主义前途发展。

我们努力学习、改造习惯、思想纯洁、意志坚强、不怕辛苦、不怕困难，

在新经济战线上，

争取作英雄模范。

＊ 录自中国人民大学档案馆档案，原文为手稿。

酬谢老且志无过 *

（1948年8月）

难清屡拂是微尘，
炼不成钢七十身。
从善如流诚匪易，
知非惮改罪将深。
誓当每日勤三省，
愿共诸贤学六新。
寡过至今犹未也，
敢随先哲论功勋。

附一：贺吴玉章同志晋七秩生日

谢觉哉

（1948年1月20日）

心神俊逸绝飞尘，
百炼成钢是此身。
雪耻曾倾虏帝室，
诛奸又扫小朝廷。
精研易象知通变，
勤拭汤盘重日新。

---

* 录自《吴玉章诗选注》，西南师范大学出版社1991年版，第79～80页。

垂老请缨天下少,

收川一出待铭勋。

附二：走笔答吴玉章老

谢觉哉

（1948年8月）

高清不肯染纤尘,

垂老犹然日省身。

石比坚兮松比直,

谷论虚更海论深。

童颜谁谓年龄暮,

鹤发同迎世界新。

况有三千诸弟子,

东西南北立功勋。

敬和熊老寿我新诗 *

（1949年1月2日）

风云际会拂征尘，

七十依然愿献身。

乐道八方传捷信，

羞闻国贼哭秦廷。

关心民瘼情如旧，

眷念吾华日报新。

且喜同仇都健在，

犹堪一战立功勋。

附：吴老玉章八旬开庆

熊瑾玎　朱端寿

（1949年1月1日）

绿发朱颜不老人，

冰心铁骨见精神。

西川涉险身无恙，

北国传统锋有声。

桃李三千花灿烂，

---

* 录自荣县吴玉章故居陈列展档案，原文为手稿。

宫墙发仞气嶙峋。

眼看捷报飞如雪，

凯奏南山景象新。

中国人民大学校歌（歌词）*

（1950年）

吴玉章　词

吕　骥　曲

马列主义发扬到东方，

掌握了群众伟大的力量。

中国人民自己争得了解放，

新世界的革命潮流更推向高涨。

我们是新时代的先锋队，

要学习马列主义毛泽东的思想，

建设新民主主义中国，

向社会主义前途发展。

前进！新中国的儿女们，

我们忠诚团结，一致奋勇，

努力掌握最进步的科学技术，

一定要把！新中国建设成功！

---

* 录自中国人民大学档案馆档案。

庆祝长江大桥通车*

（1957年10月15日）

滚滚长江东适，
一桥南北沟通；
天堑也能飞渡，
人力巧夺天工。

---

* 录自《十老诗选》，中国青年出版社1979年版，第124页。

丁酉八十初度有感，兼酬董老（必武）同志同游七星岩诗*

（1958年1月26日）

人生七十古来稀，

我今八十身犹健；

意志坚强嗜欲少，

热爱劳动可延年。

附：祝吴老八十初度大庆[①]

董必武

（1958年2月5日）

八十身犹健，

勤劳世所钦。

人称老斗士，

字改旧拼音。

算历阴阳异，

关心日月深。

北归急公事，

松柏耐寒侵。

一九五八年二月五日必武未是草，录送吴老乐正。

---

* 录自《吴玉章诗选》，四川人民出版社1983年版，第59页。

① 录自荣县吴玉章故居陈列展档案，董必武祝贺吴老八十寿辰的贺信、贺诗。

十三陵水库落成颂*

（1958年7月1日）

"五八"七一，

我党诞辰。

五月十五，

明月照临。

移山造海，

百万大军。

奋斗五月，

弘我京城。

青山绿水，

美丽似锦。

十三陵下，

波平浪静。

改造自然，

人力可钦。

正逢佳节，

万众欢腾。

---

* 录自《吴玉章同志诞辰一百周年纪念专刊》，中国人民大学出版社1978年版，第8页。

自励诗(二首)*

(1959年11月12日、1960年5月)

一

人生在世,

事业为重。

一息尚存,

绝不松劲。

东风得势,

时代更新。

趁此时机,

奋勇前进。

一九五九年十一月十二日

二

春蚕到死丝方尽,

人至期颐亦不休。

一息尚存须努力,

留作青年好范畴。

一九六〇年五月

---

* 录自《吴玉章诗选》,四川人民出版社1983年版,第43~44页。

诗赠徐乾＊

（1960年3月26日）

佳媳传佳话，
时代出新人。
廿年如一日，
胜过孝子心。

＊ 录自《吴玉章年谱》，四川人民出版社1998年版，第507页。

观《黄河飞渡》电影后题 *

（1960 年 4 月 2 日）

> 要山低头，
> 要水让路。
> 万众一心，
> 降龙伏虎。

---

* 录自《吴玉章诗选注》，西南师范大学出版社 1991 年版，第 90 页。

悼伯渠同志（十二首）*

（1960年6月）

一

参加革命忆同盟，

民国虽成似梦空。

重组中华革命党，

伯渠襄赞著丰功。

二

十月光芒照万方，

联俄联共好主张。

中山改组国民党，

还仗伯渠作桥梁①。

三

志同道合手足亲，

我管党部你管军②。

革命中心称武汉，

汪陈一到大变更③。

---

* 录自《十老诗选》，中国青年出版社1979年版，第125～127页。

① 共产国际代表马麟到桂林会晤孙中山，系由李大钊同志函伯渠同志作介绍。——作者原注

② 武汉政府时期，我作国民党中央党部秘书，伯渠同志作军事委员会秘书长。——作者原注

③ 汪精卫、陈独秀四月五日于上海发表汪陈宣言后，四月九日一同到武汉大叫农民运动过火。——作者原注

四

当年北伐壮风云，

挥戈东下克南京。

人民功臣成"要犯"①，

蒋家换得小朝廷。

五

南昌"八一"红旗飘，

溽暑远征败汕潮。

流沙挥手天涯别②，

坚持革命志犹高。

六

三年同学莫斯科，

皓首钻研兴味多。

土地问题同著作③，

马列主义共切磋。

七

革新文字为工农，

消灭文盲大志同。

拉丁方案齐心造，

---

① 南京事件本系帝国主义对中国人民的大屠杀，但蒋介石反动政府顺从帝国主义意旨，反诬共产党人林祖涵为"宁案要犯"加以通缉。——作者原注

② 南昌起义部队在潮汕失败后，曾在流沙开会，决定分散，从此与伯渠同志分别，后伯渠同志经日本赴莫斯科，始再相见。——作者原注

③ 我和伯渠同志在莫斯科中国劳动共产主义大学学习时，曾共同写过一篇中国土地问题的论文。——作者原注

实际推行首著功①。

八

回国参加苏维埃，

财经工作展宏才。

长征二万五千里，

革命老人何壮哉！

九

抗战中心陕甘宁，

建设辉煌薄海钦。

领导全凭毛主席，

伯渠协力有殊勋。

十

中国革命庆成功，

从此东风压西风。

举世欢呼共产党，

万民歌唱毛泽东。

十一

全民跃进众腾欢，

我为文改到晋南。

万荣盛事期汇报②，

噩耗传来老泪潸。

---

① 伯渠同志在海参崴时，曾共同从事拉丁化方案的创造工作。以后在陕甘宁边区，在伯渠主席主持下，拉丁化新文字曾风行一时，卓著成效。——作者原注

② 我于五月初赴山西万荣县视察，拟返京将万荣的成绩向伯渠同志汇报，不意路过郑州，即闻噩耗，曷胜悲痛！——作者原注

十二

伯渠奋斗以终生，
为党为民一片心。
我虽年老当益壮，
誓承遗志慰忠魂。

纪念我党成立三十九周年（五首）*

（1960年7月1日）

一

东亚风云大陆沉①，

忠心赤胆为人民。

艰难困苦寻三岛，

不到西天去取经。

二

维新革命二十年，

成功失败总相连。

十月一声大炮响，

送来马列赛神仙。

三

我党成立面貌新，

人民革命有遵循。

领导全凭毛主席，

每一功成举世惊。

四

谁说大同志太高，

全民跃进尽英豪。

---

* 录自《人民大学》1960年7月1日，第1版。

① 1903年我到日本时，与无锡侯鸿鉴（保三）同住，他写了一首词，中有"东亚风云，大陆沉沉"之句，曾传诵一时，闻者鼓舞。——作者原注

六十年来存热望,
俨然出现在今朝。

五

今日风云东亚高,
太平洋上涌洪涛。
扶桑日出谁能阻,
东方红唱彻云霄。

初秋忆伯渠同志＊

（1960年9月15日）

共同奋斗过半生，

一心只是为人民。

才学虽不及万一，

交情能比马和恩①。

＊ 录自《吴玉章同志诞辰一百周年纪念专刊》，中国人民大学出版社1978年版，第10页。

① 一九四〇年一月十五日，陕甘宁边区政府和党给我祝六十一岁的时候，伯渠同志谈到我和他在长期的革命斗争中建立起来的深厚的革命友谊时说："我们都是马恩这两个伟大导师的忠实的学生，没有他们的伟大天才与不朽贡献，然而我们两人间多年战斗的友情是足以和他们前后辉映的。"——作者原注

庚子初冬《汉语拼音识字读本》编成忆伯渠同志 *

（1960 年 12 月 3 日）

每一问题初发现，
鼓励磋商总赖君。
今日新书成数帙，
故人永别泪沾巾。

---

* 录自《吴玉章同志诞辰一百周年纪念专刊》，中国人民大学出版社 1978 年版，第 11 页。

参观党史纪念馆*

（1961年4月9日）

春风和畅艳阳天，
访问当年屋几间。
四十年来功伟大，
推翻谬论与神仙。

---

* 录自《十老诗选》，中国青年出版社1979年版，第132页。

记任君季彭火化归土

（1961年5月8日）

季彭恨贼志可嘉，
自杀身亡岂足夸。
借君火葬归黄土，
作了人生第一家。

附：作者后记

　　一九五五年四、五月间，我游苏州、杭州，见路旁田间荒塚累累，力倡火葬归土之制。一九五八年回我家乡四川荣县，欲将我祖先坟墓启发，取出枯骨，火化归土，以无火葬场未果。今重游杭州，季彭之兄叔永君言，他二年前曾见西湖旁还存季彭愤世嫉俗自杀之墓，嘱为建议当局为之迁移，免碍建筑。但我是反对人死留墓的，因即商得当地各有关当局同意，启墓开发，火化归土。这是了结人生最好的方法，特借此得第一次实行，以为天下后世倡。

一九六一年五月八日

---

* 录自《吴玉章诗文选析》，四川人民出版社2017年版，第344页。

游西湖有感*

（1961年5月8日）

西湖胜迹素称奇，
自古相传信不虚。
山环树绕人竞丽，
日暖风和水带漪。
在昔帝王争南北，
而今宾客遍东西。
殖民帝国濒消灭，
世界和平可立期。

---

* 录自《吴玉章诗文选析》，四川人民出版社2017年版，第373页。

送李新同志回北京 *

（1961年5月29日）

同游结伴沪江滨，
百日辛勤事有成。
廿载沉疴欣好转，
卅年宿愿得偿清。
多承针灸医疗巧，
尤赖贤豪协助精。
更喜工农齐努力，
人寿年丰乐太平。

---

* 录自《吴玉章诗选注》，西南师范大学出版社1991年版，第117页。

赠张德远大夫 *

（1961年6月2日）

今日华佗又复生，
医疗针灸妙如神。
中华自古多奇绩，
光大发扬赖后人。

---

* 录自《吴玉章诗选注》，西南师范大学出版社1991年版，第119页。

纪念辛亥革命五十周年（八首）*

（1961年9月）

一

辛亥革命五十年，
当年志士半凋残。
且喜建成新中国，
巍然屹立天地间。

二

东亚风云大陆沉①，
浮槎东渡起雄心。
为求富国强兵策，
强忍抛妻别子情。

三

廿世纪初零五年，
东京盛会集群贤。
组成革命同盟会，
领袖群伦孙逸仙。

四

飘摇清室遇狂风，
革命潮流汇广东。

---

* 录自《十老诗选》，中国青年出版社1979年版，第133～135页。
① 故友侯鸿鉴在日本留学时，曾经写了一首词，其中有"东亚风云，大陆沉沉"之句，此处系借用。——作者原注

七十二贤成烈士，

至今凭吊有吴翁①。

五

丧权卖国震人心，

铁路风潮鼎沸腾。

武汉义旗天下应，

推翻专制共和兴。

六

革命党随革命消，

中山无力挽狂潮。

拱手让权袁世凯，

阴谋窃国祸心包。

七

辛亥革命未成功，

领导还须靠劳工。

自从建立共产党，

人间才得见春风。

八

世界风云今日高，

亚非拉美卷狂飙。

东方红日普天照，

殖民帝国正冰消。

---

① 辛亥广州起义，四川同盟会员曾用我的名义组织了一所起义机关，名曰吴老翁公馆。起义失败后，曾一度风传我已牺牲，做了烈士。其实起义之前，我即到日本买军火去了，等我赶到广州参加起义时，起义已经失败。——作者原注

纪念龙鸣剑烈士 *

（1961年9月）

      锦江饯别发高音，
      举座沉吟感慨深①。
      智借急流传警报，
      愤归故里起民军②。
      出门拔剑誓除赵，
      病榻遗言速灭清③。
      毕竟英雄人敬仰，
      万千父老哭忠魂。

---

 * 录自《十老诗选》，中国青年出版社1979年版，第139～140页。

 ① 一九〇七年，川籍同盟会员王仰思、秦彝鼎等前往云南少数民族地区发动革命，行前会员曾在东京的锦江春饭店为他们饯别，龙鸣剑于席间引吭高歌，举座为之感动。——作者原注

 ② 当一九一一年夏四川保路斗争达到高潮的时候，龙鸣剑等于成都城南农事试验场裁成木板数百片，写上要求各地响应成都人民斗争的号召，涂上桐油，包上油纸，然后投入河中，让其顺着四通八达的河流飘至下游各地。这种有效的通讯方法被称为"水电报"。这年八月，龙鸣剑等于四川荣县起义，这支起义军后与其他起义军合并，组成东路民军，龙任参谋长。——作者原注

 ③ 龙鸣剑率领起义军离开荣县城门的时候，曾拔剑起誓道："不杀赵尔丰，决不再入此门！"龙鸣剑于军中积劳成疾，临死前仍念念不忘革命工作。他对如何杀赵灭清提出了许多宝贵意见。——作者原注

纪念邹容烈士 *

（1961 年 9 月）

少年壮志扫胡尘，

叱咤风云《革命军》^①。

号角一声惊睡梦，

英雄四起挽沉沦。

剪刀除辫人称快，

铁槛捐躯世不平^②。

风雨巴山遗恨远，

至今人念大将军^③。

---

* 录自《十老诗选》，中国青年出版社 1979 年版，第 137～138 页。

① 邹容十八岁的时候（一九○三年），发表了著名的《革命军》一书，对宣传资产阶级旧民主主义革命思想起了很大的作用。——作者原注

② 一九○二年邹容留学日本时，曾因愤剪去清朝政府的留日陆军学生监督姚文甫的发辫。章太炎在狱中赠邹容的诗中有"快剪刀除辫"之句。邹容于一九○三年在上海下狱，一九○五年死于狱中。——作者原注

③ 一九一二年初，南京临时政府即将解散之际，由四川同盟会员申请经孙文大总统批准，邹容被追封为大将军。——作者原注

纪念喻云纪殉难五十周年[*]

（1961年9月）

当时年少正翩翩，
慷慨悲歌直入燕[①]。
几尺电丝难再续，
一筐炸弹奋当先[②]。
成仁烈迹惊环宇，
起义欢声壮故园[③]。
五十年来天下变，
神州春色遍人间。

---

[*] 录自《十老诗选》，中国青年出版社1979年版，第138页。

[①] 一九〇九年秋后，喻云纪与黄复生谋刺清朝摄政王载沣，潜赴北京，在琉璃厂开了一家守真照相馆，作为进行暗杀的机关。——作者原注

[②] 一九一〇年四月的一个晚上，喻云纪、黄复生到摄政王府附近的一个石桥下安放炸弹，因事前目测不准确，电线短了几尺，致未成功。一九一一年四月二十七日（阴历三月二十九日）广州起义时，喻云纪挂了一筐炸弹，奋勇当先，所向披靡。——作者原注

[③] 喻云纪被俘受审时，慷慨地说："学说是杀不了的，革命尤其杀不了。"然后英勇牺牲。一九一一年十一月，我们在喻云纪的家乡内江发动起义，获得胜利。——作者原注

洛阳旧城留诗*

（1961年10月28日）

六十年前愿，
如今幸得偿。
铜驼陌扩大，
永集少年欢。

---

* 录自《吴玉章年谱》，四川人民出版社1998年版，第517页。

参观三门峡水库感赋(二首)*

(1961年10月30日)

一

人道黄河多灾难,
神圣还须靠劳工。
水库建成三门峡,
河清胜过禹王功。

二

人道黄河隐患深,
水土流失不成形。
水库建成三门峡,
河清不必俟圣人。

---

* 录自《吴玉章诗选》,四川人民出版社1983年版,第77~78页。

悼念赵世炎、陈延年二同志就义三十四周年（六首）*

（1961年11月9日）

一

勤工俭学赴巴黎，

揭露伪装安那其。

二十年间假革命，

吴褚原是坏东西。

二

留法青年俊杰多，

组成团部开先河。

一闻国内成新党，

共同欢唱国际歌。

三

琼花雨树吐芬芳，

赵在燕京陈在羊。

我承二位英明教，

功成赢得好声光。

四

少年英俊出风尘，

解放泸江举国欣。

蒋贼摧残忠烈士，

---

* 录自《吴玉章同志诞辰一百周年纪念专刊》，中国人民大学出版社1978年版，第11～12页。

人民每念泪沾襟。

五

三十年来变化多，
内忧外患尽磋磨。
英明幸有毛主席，
领导人民奏凯歌。

六

列强军阀尽驱除，
十年建设好规模。
环球弱国欣来学，
群拓新邦旭日初。

访韶山冲＊

（1961 年 12 月 17 日）

  南下过长江，特访主席故乡韶山冲，得偿夙愿，不胜荣幸。因赋诗一首，以为纪念。

小驻长沙市，

来访韶山冲。

寒冬十二月，

松柏自青葱。

山川资俊杰，

时势造英雄。

红旗从此起，

飘扬遍域中。

楷模昭后进，

文章马列丰。

滚滚长江水，

万古流不穷。

＊ 录自《吴玉章诗文选析》，四川人民出版社 2017 年版，第 382 页。

庆贺党四十周年 *

（1961年）

> 庆贺党生四十年，
> 翻天覆地换人间。
> 西风已被东风压，
> 亚非拉美尽开颜。

---

* 录自《诗刊》1961年第4期，第14页。

过济南冒风重游大明湖趵突泉 *

（1961年）

甘冒狂风到历亭，
千年不再见诗人。
明湖似海常兴浪，
热血如泉耐久温。
漱玉衷词伤肺腑，
板桥诗画养心神。
嗟余重顾廿余载，
又向江南觅早春。

---

* 录自《中共五老诗词鉴赏》，中央文献出版社2008年版，第201页。

参观广州农民运动讲习所[*]

（1962年春节）

燎原星火起羊城，
革命功成举世惊。
马列重农新发展，
泽东思想最精深。

---

[*] 录自《吴玉章同志诞辰一百周年纪念专刊》，中国人民大学出版社1978年版，第13页。

为中州宾馆题 *

（1962年3月12日）

中原王气又复生，
四面凯歌欢乐声。
东方红曲齐高唱，
亚非拉美共欣闻。

---

* 录自《吴玉章诗选》，四川人民出版社1983年版，第99页。

重题《陶庵留碧》*

（1962年6月22日）

> 长虹碧血气冲天，
> 爱国英雄继万千。
> 且喜纪元新世界，
> 翻天覆地换人间。

---

* 录自《吴玉章诗选》，四川人民出版社1983年版，第100页。

忆赵世炎烈士（五首）*

（1962年7月19日）

一

十月传来炮一声，

中华儿女奋雄鹰。

翱翔四海求真理，

胼胝甘为劳动人。

二

故都千载夜漫漫，

红楼灯火照沙滩。

"三一八"流多少血？

血债必须用血还。

三

上海工人志气豪，

冲锋陷阵涌如潮。

三次起义君前导，

争得红旗沪上飘。

四

雨暴风狂天地昏，

---

* 录自《十老诗选》，中国青年出版社1979年版，第141～142页。

娘娘报警未闻声①。
临危毫不改颜色,
犹有从容计救人。

五

龙华授首见丹心,
浩气如虹铄古今。
千树桃花凝赤血,
工人万代仰施英。

---

① 一九二七年七月二日下午,敌探到家坐待赵世炎同志。世炎同志的岳母夏娘娘机警地将窗口的花盆推到马路上摔碎,为世炎同志报警,因雨倾盆,天昏地暗,未发生作用。——作者原注

悼念李硕勋烈士 *

（1962年8月3日）

锦城初识羡英华，
有志男儿爱国家。
北伐从军趋武汉，
南征转战别流沙。
几行墨迹明心迹，
万顷涛花涌血花。
遗骨琼州何处觅，
喜看红日照天涯。

---

* 录自《吴玉章诗文选析》，四川人民出版社2017年版，第357页。

忆杨闇公同志 *

（1962年8月）

> 锦官城外建红旗，
> 革命潮流卷华西。
> 为救万民于水火，
> 不辞千里转成渝。
> 打枪坝上留英迹，
> 扬子江中失健儿。
> 血沃鹃花红四野，
> 巴山蜀水更神奇。

---

* 录自《纪念杨闇公》，解放军文艺出版社1992年版，图片页。

无　题*

（1962 年 12 月 6 日）

过了一天又一天，
心中好似滚油煎。
毕生不作新民事，
枉在人间数十年。

---

* 录自《吴玉章诗文选析》，四川人民出版社 2017 年版，第 325 页。

访鸦片战争时虎门炮台 *

（1962年）

　　百年弱国耻，
　　于今幸得湔。
　　虎门忠烈士，
　　流芳亿万年。

---

* 录自《吴玉章诗文选析》，四川人民出版社2017年版，第384页。

春日即事有感*

（1963年2月16日）

浩气充天地，

静观事变来；

任凭风浪大，

稳坐钓鱼台。

努力传真理，

谬论必须排；

人民力量大，

革命气不衰。

加强反帝阵，

孤立岂吾侪。

殷勤培后代，

青春百花开。

东风终必胜，

深信莫疑猜。

昨晚读《北京晚报》见朱德同志登叠彩山赠徐老诗及徐老、谢老和诗。言为心声，诗以言志。今晨醒时，兴致盎然。回忆自从去年九月九日我国击落美帝侵略我国的U-2飞机以来，世界风云变化极大：印军入侵，我国进退裕如，自动停战后撤，创造和平共处局势，史无前例；我国出席世界各国各种会议的代表坚持真理正义立场，无往不利。这更证

---

* 录自中国人民大学档案馆档案，原文为手稿。

明马列主义的普遍真理正确伟大,毛泽东同志的思想博大精深,领导英明稳健。感而赋五言古诗一首,以请朱、徐、谢、董四老教正。

吴玉章
1963 年 2 月 16 日晨 5 时

附一:给徐特立的信

徐老:

  近日作了《春日即事有感》五言古诗一首。特送请教正。

  即致

敬礼!

吴玉章
二月廿六日

附二:给谢觉哉的信

谢老:

  近日作了《春日即事有感》五言古诗一首。特送请教正。

  即致

敬礼!

吴玉章
二月二十六日

和朱老、徐老游桂林攀登明月峰唱和诗一首，步原韵 *

（1963年2月20日）

> 越上越心雄，
> 朱徐到顶峰。
> 综观全世界，
> 革命靠东风。

附一：登叠彩山赠徐老

朱德

（1963年1月29日）

一九六三年一月二十九日同徐老登桂林叠彩山明月峰，是年徐老八十七岁。

> 徐老老英雄，
> 同上明月峰。
> 登高不用杖，
> 脱帽喜东风。

附二：步朱德同志韵

徐特立

（1963年1月29日）

> 朱总更英雄，

---

* 录自《吴玉章诗选注》，西南师范大学出版社1991年版，第184、186页。

同行先登峰。
拿云亭上望,
漓水来春风。

重游杜甫草堂 *

（1964年3月）

重来又是锦江春，
万紫千红满上林。
草堂足见归农意，
后世长钦爱国心。
艺为人民方有用，
诗称圣哲岂无因？
继承遗产须批判，
昂首高吟时代新。

＊ 录自《吴玉章诗文选析》，四川人民出版社2017年版，第390页。

对联 题词 挽幛

挽孙中山联 *

（1925年3月）

为东亚造和平，拯斯民于水火；
与列宁相伯仲，极世界之荣哀。

题赠胡素民联 **

（1926年）

悟礼教后兴，五色文章本平素；
到共和实现，群司奔走忠于民。

---

  * 录自《吴玉章对联导读》，四川人民出版社2010年版，第15页。
 ** 录自《吴玉章对联导读》，四川人民出版社2010年版，第18页。

挽王铭章联 *

（1938年5月9日）

奋战守孤城，视死如归，是革命军人本色；
决心歼强敌，以身殉国，为中华民族争光。

赠空军中队锦旗题联（二副）**

（1938年5月22日）

其一
德威并用；
智勇双全。

其二
气吞三岛；
威震九州。

---

* 录自《吴玉章对联导读》，四川人民出版社2010年版，第21页。此联由吴玉章与毛泽东、陈绍禹、秦邦宪、董必武联名致送。

** 录自《吴玉章对联导读》，四川人民出版社2010年版，第24页。此联由吴玉章与周恩来、陈绍禹、罗炳辉等代表中共中央和八路军办事处致送。

为世界青年学联代表团访问延安题词*

（1938年5月25日）

全世界青年联合起来！

挽"十·二三"烈士联**

（1938年12月5日）

蜀道魂归，激动同仇敌忾；

长江血洒，怒发自由之花。

挽范筑先联***

（1938年12月23日）

三友见精神，松体遒，竹身直，梅花亦自清高，梧老气苍，真到岁寒全晓节；

一门尽忠义，夫殉职，妻为民，子女都称勇武，顽廉懦立，共纾国难绍遗风。

---

* 录自《新华日报》1938年5月26日，第3版。

** 录自《吴玉章对联导读》，四川人民出版社2010年版，第27页。

*** 录自《吴玉章对联导读》，四川人民出版社2010年版，第30页。此联由吴玉章与董必武联名致送。

挽郭朝沛联*

（1939年7月）

先生为有道后身，衡门潜隐，克享遐龄，明德通玄超往古；
哲嗣乃文坛宗匠，戎幕奋飞，共驱日寇，丰功勒石励来兹。

挽平江惨案烈士联**

（1939年8月）

萁豆相煎，同类自残资敌笑；
天日可鉴，临危不苟动人哀。

---

* 录自《吴玉章对联导读》，四川人民出版社2010年版，第33页。此联由吴玉章与毛泽东、陈绍禹、秦邦宪、林伯渠、董必武、叶剑英、邓颖超联名致送。

** 录自《吴玉章对联导读》，四川人民出版社2010年版，第36页。此联由吴玉章与邓颖超、林伯渠、秦邦宪等联名致送。

为《新中华报》周年纪念题词*

（1940年2月7日）

声教达于四海

为《中国工人》创刊题词**

（1940年2月7日）

劳工神圣

挽吴承仕联***

（1940年4月19日）

爱祖国山河，爱民族文化，尤爱马列主义真理，学贯中西，善识优于苍水；
受军阀压迫，受同事排挤，终受敌寇毒刃摧残，气吞倭虏，壮烈比诸文山。

---

* 原载于《新中华报》1940年2月7日，第6版，录自《新中华报》综合版（整理本），江西人民出版社2016年版，第2175页。

** 录自《吴玉章年谱》，四川人民出版社1998年版，第256页。

*** 录自《吴玉章对联导读》，四川人民出版社2010年版，第44页。

挽蔡元培联 *

（1940年4月26日）

正气长存，文章盖世，尤堪幸组织大同盟力保人权，众话申江思盛德；
寇氛尚恶，傀儡登场，更可恨纵容宵小辈横施奸计，我凭延水吊英灵！

挽张自忠联 **

（1940年8月15日、1946年5月19日）

（一）

降志图存，岂让汉奸轻借口；
盖棺论定，只须殉国便成仁。

（二）

已使日寇灭亡，忠魂可慰；
再令生灵涂炭，民命何堪？

---

* 录自《吴玉章对联导读》，四川人民出版社2010年版，第41页。
** 录自《吴玉章对联导读》，四川人民出版社2010年版，第47、70页。

挽徐谦联 *

（1940年）

萁豆勿相煎，千里胡尘犹未扫；
薰莸终有别，十年往事忆先生。

挽张冲联 **

（1941年11月9月）

大计赖支持，内联共，外联苏，奔走不辞劳，七载辛勤如一日；
斯人独憔悴，始病热，继病疟，深沉竟莫起，数声哭泣已千秋。

---

* 录自《吴玉章对联导读》，四川人民出版社2010年版，第49页。此联由吴玉章与林伯渠、董必武联名致送。

** 录自《吴玉章对联导读》，四川人民出版社2010年版，第51页。此联由吴玉章与毛泽东、陈绍禹、邓颖超、林伯渠、董必武、秦邦宪联名致送。

贺李丹生先生八旬上寿 *

（1942年9月10日）

　　陕甘宁边区首届三三制参议员丹生先生八旬上寿，适值全世界反法西斯蒂统一战线完成，中苏英美四国联合今年打倒希特勒，明年打倒日本，胜算在握之际，七七造端之世界大战，可望于一九四四年凯旋，特献祝辞，以申贺悃。

　　八千为春，八千为秋，创制起三三，上寿八旬逢八月；
　　四国联盟，四国联合，惩凶重七七，凯歌四十有四年。

挽杨松联 **

（1942年11月26日）

　　二三载艰苦奔驰，倭奴未灭增君恨；
　　十四年共同奋斗，一个又弱益吾悲。

---

　　* 录自《解放日报》1942年9月10日，第4版。
　　** 录自《吴玉章对联导读》，四川人民出版社2010年版，第56页。

贺刘伯承寿辰联 *

（1942 年 12 月 17 日）

敌后苦撑持，百战英名惊日寇；

太行齐庆祝，万家生佛拜将军。

贺郭小川杜慧新婚联 **

（1943 年 2 月 3 日）

杜林深植慧；

小水汇为川。

为十九路军抗日十四周年题词 ***

（1946 年 1 月 28 日）

民族英雄

---

　　* 录自《吴玉章对联导读》，四川人民出版社 2010 年版，第 58 页。此联由吴玉章与林伯渠联名致送。

　　** 录自《吴玉章对联导读》，四川人民出版社 2010 年版，第 61 页。

　　*** 录自《新华日报》1946 年 1 月 28 日，第 4 版。

挽黄齐生联 *

（1946年4月19日）

服务人民，死而后已；

遗留事业，后者继之。

挽"四八"烈士联 **

（1946年4月19日）

因政协枝节横生，丧吾党一批优秀英才，此责终有人应负；

看运动阴谋层出，为祖国百年民主伟业，这斗争我辈当承。

为纪念"五四"运动题词 ***

（1946年5月4日）

"五四"运动是中国民主运动的新阶段，时间已经过去了二十七年，

---

* 录自《吴玉章对联导读》，四川人民出版社2010年版，第67页。此联由吴玉章与周恩来、董必武、陆定一联名致送。

** 录自《吴玉章对联导读》，四川人民出版社2010年版，第64页。此联由吴玉章与周恩来、董必武、陆定一、邓颖超、廖承志联名致送。

*** 录自《新华日报》1946年5月4日，第2版。

专制独裁反变本加厉，民不堪命矣。最近全国人民所渴望的民主的联合政府及民主的宪法，必须于最短期间促其实现。

纪念"七七"抗战殉国诸烈士题词*

（1946年7月7日）

提高民族自尊心，发扬民族自信心，继承诸先烈事业，为民族独立自由而奋斗，为中国和平民主团结统一而奋斗！

致刘光同志悼词**

（1946年7月23日）

刘光同志坚忍沉毅，做事踏实，生活刻苦，为群众服务，与群众打成一片，为群众特别为青年群众所热爱。今不幸病逝，实为我党我国之一大损失！

---

* 录自《新华日报》1946年7月7日，第3版。
** 录自《新华日报》1946年7月23日，第4版。

致李公朴、闻一多先生悼词 *

（1946 年 7 月 28 日）

国权丧失人人急，内战绵延处处哀。死为救民悲烈士，完成遗志恃吾侪。

挽陶行知联 **

（1946 年 8 月 4 日）

四日杀二贤，人人激愤，愤激夺去了我公生命；
殃民复祸国，个个怒吼，吼怒起来了大地光明。

---

* 录自《新华日报》1946 年 7 月 28 日，第 4 版。
** 录自《吴玉章对联导读》，四川人民出版社 2010 年版，第 75 页。

徐老特立七十大寿 *

（1947年1月10日）

七十更强歌战士

万方救难赖人师

为号召人民反抗国民党反动派的进攻题词 **

（1947年1月12日）

千万人民的正义呼声，胜过独裁者的百万雄兵。

挽续范亭联 ***

（1947年9月26日）

取义孙陵，悲愤填膺因救国；

建功晋北，山河变色在新天。

---

* 录自《解放日报》1947年1月10日，第Z1版。
** 录自《新华日报》1947年1月12日，第3版。
*** 录自《吴玉章对联导读》，四川人民出版社2010年版，第80页。

华北大学校训 *

（1948 年 8 月 24 日）

忠诚　团结　朴实　虚心

为华北大学成立题词 **

（1948 年 8 月）

建立新民主主义的文化中心

挽杜斌丞联 ***

（1948 年 10 月 7 日）

为民主而牺牲，精神不死；

陷生灵于水火，国贼当诛。

---

* 录自《华北大学成立典礼特刊》，华北大学成立典礼筹备委员会编，1948 年版，第 11 页。

** 录自《华北大学成立典礼特刊》，华北大学成立典礼筹备委员会编，1948 年版，第 3 页。

*** 录自《吴玉章对联导读》，四川人民出版社 2010 年版，第 82 页。

中共中央贺吴老七十寿辰寿联 *

（1948年12月30日）

高举新中国文化旗帜

学习老寿星革命精神

校长题词 **

（1949年7月）

希望新团员入团后，好好过组织生活，学习马列主义毛泽东思想，加紧改造自己，成为新时代的有力青年。

为华北大学校庆题词 ***

（1949年9月30日）

努力完成为革命培养干部的任务

---

* 录自荣县吴玉章故居陈列展档案。
** 录自《华北大学团员纪念手册》，1949年7月北平版，第4页。
*** 录自《华大生活》1949年9月30日，第1版。

为《语言与文化》题词 *

（1950 年 1 月）

语文发展和社会发展联系起来加深我们的研究

挽"三三一"惨案烈士联 **

（1950 年 3 月 31 日）

想当时小丑跳梁，未克事先预防，深为遗恨；
看今日群魔歼灭，已能功毕一役，大快人心。

挽任弼时联 ***

（1950 年 10 月）

帝国主义尚未灭亡，雄心犹有遗恨；
和平阵营已趋巩固，众志必可成城。

---

* 录自《语言与文化》，国立北京大学 1950 年版，扉页。
** 录自《吴玉章对联导读》，四川人民出版社 2010 年版，第 84 页。
*** 录自《吴玉章对联导读》，四川人民出版社 2010 年版，第 86 页。

为国庆和校庆纪念题词 *

（1951年10月7日）

更加努力来完成我们的战斗任务

一九五一年　纪念国庆和校庆　吴玉章

为国庆、校庆、亚洲和平会议题词 **

（1952年10月5日）

庆祝国庆、校庆和亚洲及太平洋区域和平会议，我们应该努力学习，加强爱国主义和国际主义运动，团结全世界一切爱好和平的人民，为争取和平而斗争。

为中国人民大学庆祝十月革命三十五周年题词 ***

（1952年11月7日）

中国人民大学庆祝十月革命三十五周年，我们要深深感谢苏联对于中

---

* 录自《人民大学周报》1951年10月7日，第1版。
** 录自《人民大学周报》1952年10月5日，第1版。
*** 录自《人民大学周报》1952年11月7日，第1版。

国人民的帮助,特别要感谢苏联顾问、专家们给我们学校的帮助。他们大公无私地把苏联大学宝贵的教学制度、教育计划、教学方法、科学技术、政治理论等一切崭新的东西教给我们,使我们新型的正规大学能够建立起来,并获得了不少成绩。尤其是他们工作时间比在苏联要多一倍以上,甚至体重大减,虽有伤病亦不肯休息。这种积极的辛勤、忘我的劳动,更使人无限感激。我们必须学习他们的国际主义精神和崇高的品质,更要努力完成我们的教学任务,才不负我们亲爱的国际同志的殷厚的希望。

挽斯大林联 *

(1953年3月8日)

全人类伟大导师永垂不朽;
新社会革命事业万古长青。

挽张澜联 **

(1955年5月13日)

奋斗五十年,与吾党同争得人民共和,雄心已遂;
结交卅六载,惜我公未得见台湾解放,遗恨犹存。

---

* 录自《吴玉章对联导读》,四川人民出版社2010年版,第88页。
** 录自《吴玉章对联导读》,四川人民出版社2010年版,第90页。

为中国人民大学第一次学生科学报告会开幕题词 *

（1956年4月21日）

 为争取在十二年内使我国最急需的科学部门接近世界的先进水平而奋斗！

给《高等学校俄语教学》创刊号的题词 **

（1958年9月17日）

 发动群众办好这个刊物，使它真正发挥交流经验、指导高等学校俄语教学的作用，以适应国家当前大跃进的形势。

为吉林师范大学附属中学《劳动者》杂志题词 ***

（1958年10月17日）

 青年同志们！

---

* 录自《人民大学周报》1956年4月21日，第1版。

** 录自《高等学校俄语教育》1958年创刊号。

*** 录自《大事记——东北师范大学附属中学（1950—2000）》，东北师范大学附属中学2000年版，第24页。此处"吉林师范大学附属中学"系今东北师范大学附属中学的曾用名。

在全国生产大跃进的时期,你们一面学习,一面生产劳动,以半工半读的精神创造了许多奇迹,祝你们跃进,再跃进!

为哈尔滨普通话学习成绩观摩会题词 *

(1958年10月24日)

大力推广普通话,促进汉语的统一,使我们的语言更好地为社会主义和共产主义建设服务;积极推行汉语拼音字母,用来巩固和提高扫盲成果,以促进文化革命和技术革命。

题书联 **

(1958年11月18日)

好雨知时节;

时势造英雄。

---

* 录自《文字改革文集》,中国人民大学出版社1978年版,图片页。
** 录自《吴玉章对联导读》,四川人民出版社2010年版,第93页。

吴玉章题词*

（1958年11月18日）

建厂建社
炼钢炼人

为上海市控江二村小学题词**

（1959年1月7日）

培养青年一代成为建设社会主义和共产主义的接班人

题李大钊选集***

（1959年5月）

"青春"之气，
万古常青。

---

* 录自《人民大学》1958年11月26日，第1版。
** 录自《吴玉章年谱》，四川人民出版社1998年版，第498页。
*** 录自《李大钊选集》，人民出版社1959年版，扉页。

为先进代表大会的题词

（1960年1月28日）

正当二十世纪进入六十年代第一个新春，在中国社会主义建设新阶段，继续大跃进、开门红的时期，作一个先进生产者和先进工作者，是人生很大的光荣。

为谢觉哉夫人王定国题书

（1960年3月20日）

艰苦奋斗，乐观其成

——定国同志纪念

---

* 录自中国人民大学档案馆档案，原文为手稿。
** 录自《吴玉章年谱》，四川人民出版社1998年版，第507页。

为《万荣画册》题词 *

（1960年3月）

注音扫盲是个好办法，拼音字母不仅能帮助扫盲，而且有利于巩固和进一步提高，在扩大识字量，提高语文水平上，拼音字母是个经常起作用的因素。

为中国农业发展题词 **

（1960年12月3日）

农业是整个国民经济发展的基础，支援农业是一项极其光荣的任务。

为上海鲁迅纪念馆题联 ***

（1961年3月3日）

文化健将；

---

* 录自《万荣画册》，文字改革出版社1960年版，扉页。
** 录自《中国青年报》1960年12月27日，第3版。
*** 录自《吴玉章对联导读》，四川人民出版社2010年版，第98页。

民族英雄。

题《革命烈士诗抄》联*

（1961年6月11日）

言炳丹青，德合天地；
功昭日月，行作楷模。

访韶山冲题联**

（1961年12月17日）

山川资俊杰；
时势造英雄。

---

* 录自《吴玉章对联导读》，四川人民出版社2010年版，第101页。
** 录自《吴玉章对联导读》，四川人民出版社2010年版，第104页。

给元勇题词*

（1962年7月24日）

青年人首先要树雄心、立大志；其次就要度德量力，决心为国家、人民作一个有用的人才，为此就要选择一个奋斗的目标来努力学习和实践。目标既定，在学习和实践过程中，无论遇到什么困难曲折都不灰心丧气，不轻易改变自己决定的目标，而努力不懈去学习和奋斗。如此才会有所成就，而达到自己的目的。

春　联**

（1962年12月30日）

（一）

人事几回伤晚适；

山河仍旧送新来。

（二）

龙蛇归大海；

鲲鹏震九霄。

---

* 录自《吴玉章年谱》，四川人民出版社1998年版，第521页。
** 录自《吴玉章对联导读》，四川人民出版社2010年版，第106、108页。

题赠吴本清联 *

（1963年1月24日）

（一）

百年丕振延陵绪；

三让犹存泰伯心。

（二）

荆树有花兄弟乐；

书田无税子孙耕。

（三）

创业难，守业更难，须知物力维艰，事事莫争虚体面；

居家易，治家不易，欲自我身作则，行行当立好规模。

关于开展学习雷锋同志活动的题词 **

（1963年3月10日）

我们学校正在开展学习雷锋同志的活动，这对提高我们的阶级觉悟和政治思想水平极为重要。全体师生员工必须认真深入地进行学习。学习雷锋，我觉得主要的应该从他平凡而伟大的事迹和朴实而高贵的品德中，学习他坚定的无产阶级立场和革命的英雄主义气概以及全心全意为

---

* 录自《吴玉章对联导读》，四川人民出版社2010年版，第110、112、114页。

** 录自《人民大学》1963年3月16日，第1版。

人民服务的精神,从而找到建立自己共产主义人生观的正确途径,真正实现又红又专。

游峨眉山题联 *

（1964年春）

　　　　　　　　艺为人民方有用；
　　　　　　　　诗称圣哲岂无因？

＊ 录自《吴玉章对联导读》，四川人民出版社2010年版，第116页。

编后记

《吴玉章全集》经中国人民大学党委书记张东刚教授和校长林尚立教授的科学决策和精心规划，在中国人民大学重大规划项目"吴玉章全集"（批准号23XNLG07）获准立项的基础上，于2023年由中国人民大学出版社出版发行。回顾《全集》的出版，离不开中国人民大学党委副书记郑水泉教授、副校长王轶教授的科学统筹，离不开中国人民大学信息学院吴本立教授及其家人的全力支持，离不开中国人民大学图书馆、档案馆和校史馆的文献史料收藏和整理，更离不开中国人民大学复校以来历届领导和广大师生的共同期待。

《全集》的面世，使编者想起1984年夏秋，面对迫在眉睫的高校学分制教学改革，许多令人费解的困惑亟待解答。后来我们从当年1月发表的两篇回忆吴玉章老校长的文章中找到了答案。这年的1月14日，《人民日报》刊登了中共中央党校第一副校长、教育部原部长蒋南翔的文章《纪念我国无产阶级教育家吴玉章同志》。文章写道："吴玉章同志既是一位革命家，又是一位教育家"，也是"中国新型高等教育的开拓者"；"他不是'为教育而教育'，也不是抱有'教育救国'的空想，更不"走旧中国盲目抄袭欧美教育的老路"①。不久，《人民日报》刊登中国人民大学名誉校长郭影秋的文章《吴老与中国人民大学——纪念吴玉章同志诞辰

---

① 蒋南翔. 纪念我国无产阶级教育家吴玉章同志. 人民日报，1984-01-14（4）.

一百零五周年》。郭影秋回忆:"少奇同志说:中国人民大学'与过去旧大学有本质的不同,是为工农服务,是要教育出为工农服务的干部;只有用马克思列宁主义的基本观点,实事求是的精神,才能把工作做好,学习搞好,学校办好'。"[1]正是这两篇文章使我们解开心结,引导我们制定和实施了中国特色的学分制改革办法。我们敢于下这个决心,其中的力量源自吴老与时俱进的办学思想,源自吴老始终坚持党的领导者赋予中国人民大学的办学精神。此后,每当遇到难题我们都会想到吴老,想到从他的办学思想中寻找前行的路径和解疑释惑的方法。

1984年4月4日,《人民日报》刊登中央军委副主席杨尚昆的署名文章《一辈子做好事 一贯的有益于革命——缅怀吴玉章同志》。他说:"吴老从参加辛亥革命起,一生坚持革命,总是站在革命斗争的最前列,不断跟着时代前进。他一生勤奋工作和学习,孜孜不倦,从不松懈。他作风民主,和蔼可亲,十分关心爱护干部。他全心全意为人民服务,一贯有益于革命,是我们的光辉榜样,是建设社会主义精神文明的楷模。他的名字将与人民同在。"[2]这段话,使编者时时想到吴老的谆谆教诲,想到怎样从他那里获得面对和解决问题的方式方法。1987年10月15日,邓小平"为建在中国人民大学的吴玉章雕像题字:'我国杰出的无产阶级革命家、教育家、历史学家、语言学家吴玉章'"[3]。这一崇高的评价,更使编者懂得了怎样完整准确地理解毛泽东那段感人肺腑的话,即:"一个人做点好事并不难,难的是一辈子做好事,不做坏事,一贯的有益于广

---

[1] 郭影秋. 吴老与中国人民大学:纪念吴玉章同志诞辰一百零五周年. 人民日报,1984-01-23(5).
[2] 杨尚昆. 一辈子做好事 一贯的有益于革命:缅怀吴玉章同志. 人民日报,1984-04-04(5).
[3] 中共中央文献研究室. 邓小平年谱:第5卷. 北京:中央文献出版社,2020:509.

大群众，一贯的有益于青年，一贯的有益于革命，艰苦奋斗几十年如一日，这才是最难最难的啊！"①学习吴老，不仅要学习他时刻以传承中华民族优秀文化律己为人，更要学习他有始有终、追求真理、与时俱进、养成育人、融通中外、依史鉴人、继往开来等精神品格和思想观念。诸如：1917年5月27日，他在《在北京留法俭学预备学校开学典礼上的演说》中谈道："留法俭学会……其目的约有四端：一曰扩张国民教育，二曰输入世界文明，三曰阐扬儒先哲理，四曰发达国民经济。"1940年1月，他在《六十自述》中说："俗话说：'作饭不难洗碗才难。'人都喜欢作热闹事不愿作冷背事。我以为前一事的善后作得好，后一事的发展才有望，所谓历史事件有连续性。只看见事的表面，而不考究其根基，是不能了解事之所以荣枯的根源。所以我认为：前事之结束，是后事的开始，特别更要重视。"1942年，他在《吴玉章自传》中写道："我奋斗不懈，为的是追求人生的真理，人类的解放，常人颇难了解，而我终于得到了人类最宝贵的马列主义，彻底了解了宇宙和人生的究竟，比那些糊涂一生的人快活得多。"1948年8月24日，他在华北大学成立大会上的讲话中说："世界在不断地进步，不是与日俱进，而是与时俱进"。1955年11月18日，他在《为贯彻执行提高教育质量的方针而斗争》中写道："我们不但要在政治生活和教学工作中养成勤恳朴实的作风，而且也要在科学研究和学习方面养成勤恳朴实的作风。"1956年5月，他在《为迅速赶上世界科学先进水平而奋斗》中提出："……使我国的科学技术特别是那些最急需的部门接近或达到世界先进水平！"同年8月，他又在《让青年发挥更多的独立精神》中讲道："如果青年能懂得中外古今更多的新知识，就会感觉世界的变化无穷，一人的知识有限，那末他也就骄傲不

---

① 吴玉章同志六秩寿诞 中共中央举行祝贺大会 毛泽东同志等亲临致祝词"学习他对于革命的坚持性". 新中华报，1940-01-24（4）.

起来了。"1964年1月1日，他在《新年话家常》中说："把我们的后代培养成经得起风险的、真正可靠的革命事业接班人。"1966年10月底，他在《给青年的话》中谈道："看问题，就要学会看历史，看历史发展。"

进入新世纪，编者在搜集整理吴老相关文献史料的过程中，时刻注重吴老"一面养成自治，一面接近社会"①的养成育人思想，应用其研究和解决实践党办大学的相关问题，并且有了许多收获，先后形成了《高校学生素质养成研究》《高校学生素质养成实践》《管理理论新探》《西学东渐三十年：关于建设中国特色世界一流大学的观察和思考》等成果。此间，为使吴老的思想观念受益于人，编者与中国人民大学校史馆的领导和同事通力合作编辑整理了《吴玉章论教育》一书，此书于2021年由中国人民大学出版社出版；同年，编者与四川荣县吴玉章故居陈列馆合作印发《吴玉章教育箴言（五十条）》（以下简称《箴言五十条》）。中国人民大学原党委书记程天权教授为《箴言五十条》题词："真理明白，大道至简。就吴老的五十条语录，一个人能照着实践了，所向无阻，一世无碍。"多年以来，编者收藏整理各类吴老相关文献史料等约300万字。因此，编者期待着能够编纂出版《全集》。万事俱备，只欠东风。

张东刚书记指出："红色基因是人大的底色、本色和亮色，其内核就是坚持教育为党和人民事业服务的方向，坚守为党育人、为国育才。传承好革命传统和红色基因的核心就在于让听党话、跟党走的信念成为师生的自觉追求。"②正因如此，在弘扬吴老红色教育家精神，努力建设中国特色世界一流大学的今天，《全集》的出版可谓顺势而成。在编纂《全集》的过程中，编者无时不感念延安五老之一的谢觉哉老人于1948年8月写的《走笔答吴玉章老》一诗："高清不肯染纤尘，垂老犹然日省身。

---

① 吴玉章. 吴玉章教育文集. 成都：四川教育出版社，1989：36.
② 涂铭，魏梦佳. 走新路 创新知 育新人. 瞭望，2023（18）：17.

石比坚兮松比直，谷论虚更海论深。童颜谁谓年龄暮，鹤发同迎世界新。况有三千诸弟子，东西南北立功勋。"这首诗不能不使人想起孔子晚年回乡，一面整理典籍、专修《春秋》，一面开展教育事业，收弟子三千人，其中精通六艺的著名弟子有72人的经历。吴老一生不断跟着时代前进，他不仅始终投身于中国的革命和建设事业，更从未离开中国的文化教育事业。为了这个国家，他成功地培养了万千干部人才。回看吴老一生，先后任四川荣县小学教员、北京/四川留法俭学预备学校校长、成都高等师范学校校长、重庆中法大学（中学部）校长、四川嘉陵高中校长、黄埔军校校务委员、苏联科学院远东分院中国部主任及海参崴远东工人列宁主义学校教员、莫斯科东方大学中国部主任和教员、陕北公学筹备委员会委员和董事会成员、延安鲁迅艺术学院院长、延安自然科学研究会主任、延安新文字干部学校校长、延安大学校长、陕甘宁边区政府文化工作委员会主任、华北大学校长、中国人民大学校长兼中央社会主义学院院长、中国教育工会全国委员会主席、中国科学院学术评审委员会委员、中国文字改革委员会主任等职务。吴老坚持始终的自律精神、通古达今的人文智慧、中西合璧的思想结晶，以及他科学总结的经典语录，无不值得后辈学人永远学习、研究、总结和传承。

在《全集》文献史料的准备阶段，中国驻摩尔多瓦共和国大使、中国人民大学校友闫文滨及时提供了相关文献史料及来源信息；与此同时，中国人民大学科研处、北京理工大学校史馆、四川大学档案馆和延安大学校史馆等单位，尤其是四川荣县吴玉章故居陈列馆，均给予了无私的援助。在实现《全集》文献史料电子版转化的阶段，中国人民大学党委宣传部陈卓副部长和杨默副编审等组织师生，以高度自觉和辛勤的工作，确保了《全集》达到编纂出版所需的时间要求和质量标准。在《全集》编辑出版阶段，中国人民大学出版社的编校团队，以严肃认真、加班加点、连续作战的方式,按时保质地实现了《全集》的顺利出版;校史馆王丹馆长和吕鹏军副编审更是自始至终于百忙中仍坚持为保障《全集》的编纂质量竭尽心力。令人难忘的是,每当编者遇到疑难请教专家学者时,他们都以不厌其烦的态度给予科学审慎的回复。他们是:中国人民大学哲学院张立波教授,马克思主义学院王向明教授、邱吉教授,中共党史党建学院刘辉教授、董佳教授和李坤睿副教授;复旦大学马克思主义学院杨德山教授;北京体育大学马克思主义学院李庚全教授;北京联合大学马克思主义学院郜世奇教授;延安大学历史文化学院张雪梅教授;四川荣县吴玉章故居陈列馆吕远红馆长;等等。需要特别感谢的还有那些为《全集》出版默默奉献的亲属、同人和朋友,是他们为《全集》的顺利出版提供了最有力的后援。在此,一并由衷致谢。

最后,需要说明的是,《全集》所收内容,均有鲜明的时代印记,反映了特定时代的思想观念,具有独特的史料研究价值,故在编纂中我们保持文献原貌,以给研究者提供可靠的研究资料。虽然已作诸多努力,但是《全集》编纂尚有不充分之处,待出版补集时进一步完善。

王学军　周石
2023 年 10 月 10 日

图书在版编目（CIP）数据

吴玉章全集. 第六卷 / 王学军，周石主编. —— 北京：中国人民大学出版社，2023.12
（中国人民大学校史文库 / 张东刚，林尚立总主编）
ISBN 978-7-300-32349-7

Ⅰ.①吴… Ⅱ.①王…②周… Ⅲ.①吴玉章（1878—1966）—全集 Ⅳ.①C52

中国国家版本馆 CIP 数据核字（2023）第 220769 号

中国人民大学校史文库
总主编　张东刚　林尚立
吴玉章全集　第六卷
主　编　王学军　周　石
Wu Yuzhang Quanji　Di-liu Juan

出版发行	中国人民大学出版社			
社　　址	北京中关村大街 31 号		邮政编码	100080
电　　话	010-62511242（总编室）		010-62511770（质管部）	
	010-82501766（邮购部）		010-62514148（门市部）	
	010-62515195（发行公司）		010-62515275（盗版举报）	
网　　址	http://www.crup.com.cn			
经　　销	新华书店			
印　　刷	北京尚唐印刷包装有限公司			
开　　本	720 mm × 1000 mm　1/16		版　次	2023 年 12 月第 1 版
印　　张	33.25 插页 4		印　次	2024 年 5 月第 2 次印刷
字　　数	406 000		定　价	1180.00 元（全 6 卷）

版权所有　侵权必究　印装差错　负责调换